Michael Moll

DIE SCHÖNSTEN ROUTEN DURCH SÜDSCHWEDEN

„Reich ist, wer zufrieden ist.“
Schwedisches Sprichwort

114sw Abb.: www.imagebank.sweden.se © Lola Akinmade Åkerström

Die schönsten Routen durch Südschweden

Impressum

Michael Moll
Die schönsten Routen durch Südschweden

erschienen im Reise Know-How Verlag Peter Rump GmbH, Bielefeld
Osnabrücker Straße 79, 33649 Bielefeld

Herausgeber: Klaus Werner

5., neu bearbeitete und komplett aktualiserte Auflage 2016

Gestaltung: amundo media GmbH
Fotos: siehe Bildnachweis S. 239
Landkarten im Innenteil: amundo media GmbH, der Verlag
Routenatlas: world mapping project
Druck und Bindung: Media-Print, Paderborn

ISBN 978-3-8317-2698-1
Printed in Germany

Dieses Buch ist erhältlich in jeder Buchhandlung Deutschlands, Österreichs, der Schweiz, Belgiens und der Niederlande. Bitte informieren Sie Ihren Buchhändler über folgende Bezugsadressen:
Deutschland: Prolit GmbH, Postfach 9, D-35461 Fernwald (Annerod)
sowie alle Barsortimente
Schweiz: AVA Verlagsauslieferung AG, Postfach 27, CH-8910 Affoltern
Österreich: Mohr Morawa Buchvertrieb GmbH, Sulzengasse 2, A-1230 Wien
Niederlande, Belgien: Willems Adventure, www.willemsadventure.nl

Wer im Buchhandel trotzdem kein Glück hat, bekommt unsere Bücher auch über unseren Büchershop im Internet: www.reise-know-how.de

INHALTSVERZEICHNIS

VORWORT

Schweden ist kalt und einsam. Dies sind Vorurteile, die ich gelegentlich höre, wenn ich von meinen Reisen in Skandinavien erzähle. Keines davon kann man so stehen lassen, doch um sie zu widerlegen, muss man ein wenig ausholen. Als ich im Jahr 2002, damals noch mit einem VW-Bus, lange Zeit durch den Süden Schwedens fuhr, hörte ich in den Nachrichten, dass es in Deutschland, Österreich und Tschechien regnete. Es regnete so lange, bis der Nachrichtensprecher nach einigen Tagen das erste Mal von einem Elbe-Hochwasser berichtete. Zur gleichen Zeit stand ich in kurzer Hose und T-Shirt in einem schwedischen Supermarkt und las auf dem Titelblatt der Tageszeitung „Aftonbladet", dass auf Gotland 36 °C herrschen und dies einen Rekord darstelle. Als ich schließlich braun gebrannt nach Deutschland zurückkehrte, wollte mir keiner glauben, dass ich im hohen Norden war und jeden Tag in der Ostsee geschwommen bin. Zu der Zeit als die deutsche Fußballnationalmannschaft 2:0 gegen die schwedische bei der Weltmeisterschaft 2006 gewann, herrschten 30 °C in Orsa, der nördlichsten Stadt Schwedens, die hier im Buch bereist wird. Und selbst in Jokkmokk am fernen Polarkreis kletterte das Quecksilber auf angenehme 22 °C. Zugegebenermaßen ist es im Winter extrem kalt, jedoch ist die gefühlte Kälte eine andere als im deutschen Winter. Sie gilt als trockene Kälte und selbst –20 °C lassen sich ertragen.

Einsam hingegen ist es in Schweden in der Tat, vorausgesetzt man möchte es. Es ist nicht schwer, einen ruhigen und abgelegenen See zu finden oder stundenlang durch einen Wald zu spazieren, ohne einer Menschenseele zu begegnen. Doch genauso leicht ist es auch, die Nähe zu anderen Menschen zu finden. In Schweden herrscht eine gute Mischung zwischen Einsamkeit und geselligem Treiben. So kann man sich selbst aussuchen, was man möchte.

Meine erste Schweden-Reise führte mich an die Westküste in eines der typischen rot-weißen Schwedenhäuser. Das Kaminfeuer war angenehm und der Wald drum herum hatte sehr viel zu bieten. Jedoch war ich damals gezwungen, nach Ausflügen immer wieder in das Holzhaus zurückzukehren. An einem Tag fuhr ich 300 km für einen Tagesausflug nach Mora, an einem anderen Tag waren es 400 km, um Stockholm zu besichtigen. Die Angaben beziehen sich dabei lediglich auf die Hinfahrt, abends ging es dieselbe Strecke zurück. Ich war mir nach dieser Reise sicher, ich werde Schweden wieder bereisen, aber beim nächsten Mal wollte ich mobiler sein. So folgten nach Fahrradreisen sowie Pkw-Rundreisen Fahrten mit dem Wohnmobil.

Mit diesem Buch möchte ich nun meinen Erfahrungsschatz aus dem Land der Elche veröffentlichen und Ihnen den „kühlen" Norden wärmstens ans Herz legen und zum einen die wunderbare, noch intakte Natur näher bringen, die sich mit einem mobilen Dach über dem Kopf bestens bereisen lässt. Zum anderen kläre ich über so interessante Dinge aus dem alltäglichen Leben auf wie zum Beispiel Wartemarken, gesüßtes Brot und Corn-Flakes-Pakete in Übergröße.

In den neun Routen, die Sie durch den Süden Schwedens bringen, sind die individuellen Bedürfnisse berücksichtigt. So sind alle Campingplätze, alle mir bekannten Wohnmobilstellplätze, Ver- und Entsorgungsstationen sowie Trinkwasserstellen aufgeführt. Dazu finden Sie einige Tipps zum freien Stehen in der Natur. Dies alles wird mit der Angabe von GPS-Daten abgerundet, sodass jeder Reisende, ob mit Karte oder Unterstützung von Satelliten, jeden erwähnten Ort genau und problemlos findet.

Ich wünsche Ihnen eine gute Reise und viel Freude in Schweden. Und vergessen Sie bitte nicht, auch kurze Kleidung für heiße Sommertage einzupacken.

Michael Moll

GPS-KOORDINATEN IN DIESEM BUCH

Alle GPS-Daten in diesem Buch sind als ***geografische Koordinaten*** *(Breite/ Länge; Lat./Lon.) in* ***Dezimalgrad*** *(hddd,dddd) angegeben, also z. B. N55,86594 E012,82473. Alle modernen GPS-Geräte akzeptieren dieses Format, gegebenenfalls muss das Eingabeformat in den Einstellungen des Gerätes aber erst ausgewählt werden, sonst weicht der angesteuerte Punkt deutlich vom erwarteten ab. Einige Geräte verlangen möglicherweise statt des Kommas einen Punkt als Trennzeichen. Kartendatum ist WGS84.*

Umrechnung der GPS-Koordinaten

Wenn Sie die Angaben ***von Dezimalgrad in Dezimalminuten*** *(dd°mm,mmm') umrechnen müssen, so beachten Sie bitte, dass ein Grad 60 (nicht 100!) Minuten hat. Die Angaben in Dezimalgrad können daher nicht einfach durch Kommaverschiebung in Dezimalminuten umgewandelt werden! 55,86594°N sind nicht gleich 55°86,594', sondern 55° 51,956'. Wer dies nicht beachtet, erhält beträchtliche Fehler. Ein Datenkonverter wie z. B. im Internet unter http://gpso.de/maps erleichtert die Umrechnung beträchtlich.*

Nutzung der GPS-Koordinaten

Wer ein ***GPS-Gerät oder Navigationssystem*** *benutzt, das Wegpunkt-Eingaben akzeptiert, der kann sich von diesem Gerät direkt zu den jeweiligen Punkten führen lassen. Praktisch alle GPS-Handgeräte bieten diese Möglichkeit, während die Navigationssysteme leider oft nur Eingaben von Adressen akzeptieren – und Park- oder Stellplätze haben nicht immer eine Adresse.*

Einige ***Internet-Kartendienste oder Routenplaner*** *wie GoogleMaps™ (www.google.de/maps) zeigen nach Eingabe der geografischen Daten den gesuchten Punkt an, auf Wunsch mit Luftbildansicht und an vielen Stellen mit StreetView-Funktion. (Achtung: Unter GoogleMaps™ muss statt des Kommas ein Punkt eingegeben werden, z. B. 55.86594 12.82473).*

Service für Smartphones und Tablets

Durch Einscannen des QR-Codes auf dem Umschlag bzw. durch Eingabe der Internet-Adresse ***www.reise-know-how.de/wohnmobil-tourguide/suedschweden16*** *wird ein für den mobilen Einsatz optimierter Internet-Dienst aufgerufen. Damit kann die Lage der Campingplätze im Browser auf einer Karte und die Route dorthin angezeigt werden. Voraussetzung ist eine Datenverbindung über das Mobilfunknetz oder WLAN.*

Koordinaten zum Download

Auf der Produktseite des Buches unter www.reise-know-how.de finden Sie alle Campingplatzkoordinaten aus diesem Buch zum Download auf den PC. Von dort können Sie die gesamte Liste auf Ihr GPS-Gerät oder Navi übertragen. Bei Bedarf kann die Umrechnung in ein anderes Datenformat beispielsweise auf der Seite www.gpsvisualizer.com erfolgen.

003sw Abb.: mm

052sw Abb.: mm

005sw Abb.: mm

051sw Abb.: mm

PRAKTISCHE REISETIPPS A–Z

ANREISE

Vor der Abreise nach Schweden stellen sich zuallererst ein paar grundsätzliche Fragen. Da wäre zum Beispiel zu klären, ob man die Ostsee mit der Fähre oder über die Öresundbrücke überquert und ob man überhaupt mit dem eigenen Wohnmobil reist oder sich lieber ein Wohnmobil leiht, ganz gleich ob in Deutschland oder Schweden.

ROUTENPLANUNG

Egal aus welchem deutschsprachigen Land man anreist, es geht immer Richtung Norden. An der Küste angelangt, muss man sich entscheiden, wie man die Ostsee passieren will.

Zur Auswahl stehen zahlreiche **Fährverbindungen** und Fährlinien (s. Kapitel „Fähren/Öresundbrücke"). Diese Möglichkeiten wiederum verteilen sich auf Abfahrtsorte in Mecklenburg-Vorpommern, Schleswig-Holstein, Dänemark und auch Polen. Letzteres klingt vielleicht etwas abwegig, weil Polen eigentlich im Osten liegt. Doch der Fährhafen befindet sich nur wenige Kilometer hinter der deutschen Grenze, ist also für Reisende aus dem Bereich Sachsen, Brandenburg und Berlin ebenfalls eine Alternative. Die populärste Fährlinie ist Scandlines. Die Gesellschaft fährt rund um die Uhr von zwei deutschen Häfen direkt nach Schweden. Abfahrt ist in Rostock oder Sassnitz auf Rügen und die Ankunft findet im südschwedischen Städtchen Trelleborg statt.

Entfernungen bei der Anfahrt nach Schweden

- Hamburg – Rødby – Helsingborg (Vogelfluglinie) = ca. 340 km (zwei Fährpassagen mit insgesamt etwas über einer Stunde Fahrzeit)
- Hamburg – Rødby – Malmö = ca. 310 km (eine Fährpassage mit etwas weniger als einer Stunde Fahrzeit und einer Brückenüberquerung für ca. 90 Euro)
- Hamburg – Kolding – Malmö = ca. 490 km (keine Fähre, zwei Brückenüberquerungen für ca. 120 Euro)
- Hamburg – Kolding – Frederikshavn/Göteborg = ca. 510 km (eine Fährverbindung mit ca. zwei bis vier Stunden Fahrzeit)
- Hamburg – Kolding – Grenaa/Varberg = ca. 400 km (eine Fährverbindung mit ca. vier Stunden Fahrzeit)
- Hamburg – Kiel – Göteborg = ca. 100 km (eine Fährverbindung mit ca. 14 Stunden Fahrzeit)
- Hamburg – Travemünde – Trelleborg = ca. 76 km (Fährverbindung dauert ca. sieben Stunden)
- Hamburg – Rostock – Trelleborg = ca. 190 km (Fährverbindung dauert ca. fünf bis sechs Stunden)
- Hamburg – Sassnitz – Trelleborg = ca. 320 km (Fährpassage dauert ca. vier Stunden)

Vorseite: Runensteine erinnern an die Zeit der Wikinger

Des Weiteren bietet Scandlines das sogenannte Schweden-Ticket an. Das bedeutet, von Rostock oder von Puttgarden auf Fehmarn setzt man mit der Fähre nach Dänemark über, dort fährt man weiter bis man nördlich von Kopenhagen die Ortschaft Helsingør erreicht. Jede Viertelstunde setzt von dort eine Fähre über in den schwedischen Ort Helsingborg. Neben Scandlines existieren noch die Fährlinien TT-Line und Stena Line.

Man kommt aber auch ohne Schiffspassage nach Schweden. Jedoch ist die Fahrt über Land etwas weiter. Hierfür benutzt man die A7 nach Flensburg und fährt weiter durch das dänische Festland bis nach Kolding. Dort geht es über die Størebelt- und **Öresundbrücke** direkt nach Malmö. Diese Fahrt ist die zeitaufwendigste, aber deswegen nicht die billigste. Zu erhöhten Kraftstoffkosten kommen noch die Gebühren für die Brücken. Alleine die Öresundbrücke schlägt mit 90 Euro je Fahrt mit einem Womo zu Buche. Allerdings kann die Brücke auch in Kombination mit einer Fähre von Deutschland nach Dänemark genutzt werden (s. Kapitel „Fähren/Öresundbrücke").

Die gesamte Strecke ist auf deutschen, dänischen und schwedischen Straßen, abgesehen von den Brücken, **mautfrei.**

Literaturtipp

„Südschweden", Reise Know-How Verlag. Dieser umfassende Reiseführer beschreibt die interessantesten Strecken durch Südschweden.

Strecke Westdeutschland/Süddeutschland – Helsingborg

Für Reisende aus dem Süden und Westen führt die Route in der Regel über Hamburg. Bequem zu erreichen ist die Hansestadt über die A1 oder A7. Beide Autobahnen treffen südlich von Hamburg aufeinander, A7-Reisende wechseln hier ebenfalls auf die A1 und folgen dieser nach Lübeck. Im Übrigen handelt es sich bei der A1 um die E22, die bis kurz vor Stockholm verläuft. Aufgrund der weiten Anfahrt ist es sinnvoll, zwischendurch eine Übernachtung einzulegen. Die Fähre von **Puttgarden** nach Rødby ist etwas weniger als eine Stunde unterwegs und bietet daher nicht genügend Zeit für ausreichenden Schlaf. Sinnvoll ist daher eine Übernachtung auf Fehmarn.

Wohnmobilplatz Johannisberg

N54,499829 E011,179205

Stellplatz für 50 Wohnmobile. **Lage/Anfahrt:** 3 km westlich vom Fähranleger Puttgarden. Puttgarden in Richtung Gammendorf auf der K63 verlassen; **Untergrund:** Wiese; **Ver-/Entsorgung:** Strom, Chemie-WC, Frischwasser; **Preise:** 15 € pro Fahrzeug inkl. Personen in der Hauptsaison zzgl. Strom, Entsorgung und Frischwasser; **Kontakt:** Johannisberg 4, 23769 Fehmarn, Tel. 04371 9131, www.womoplatz-fehmarn.de

Camping Miramar

N54,40482 E011,13978

Großer, lebhafter Campingplatz. **Lage/Anfahrt:** am Südrand der Insel Fehmarn; erste Abfahrt hinter der Fehmarnsundbrücke rechts, in Avendorf rechts und ab Fehmarnsund Beschilderung folgen; **Untergrund:** Wiese; **Ver-/Entsorgung:** Strom, Trinkwasser; **Preise:** 9 €/Fahrz., 7 €/Pers.; **Geöffnet:** ganzjährig; **Kontakt:** Heinrich Klahn, Camping Miramar, 23769 Fehmarn, Tel. 04371 3220, www.camping-miramar.de

Campingplatz Ostsee
N54,44310 E011,279008

Lebhafter, familienfreundlicher und lauter Campingplatz. **Lage/Anfahrt:** am östlichen Ufer der Insel; hinter der Brücke die zweite Abfahrt benutzen und durch Burg nach Katharinenhof fahren; **Untergrund:** Wiese; **Ver-/Entsorgung:** Strom, Trinkwasser, Abwasser, Chemie-WC; **Preise:** 11,50 €/Stellplatz, 7 €/Pers., Strom 2,50 €; **Geöffnet:** Anfang April–Mitte Okt.; **Kontakt:** Familie Kühl, Campingplatz Ostsee, 23769 Katharinenhof auf Fehmarn, Tel. 04371 9032, www.camping-katharinenhof.de

Camping Bauernhof Kleingarn
N54,45925 E011,04383

Kleiner, idyllischer Stellplatz an einem Bauernhof. **Lage/Anfahrt:** im Südwesten der Insel; nach der Brücke erste Abfahrt links, durch Landkirchen, links Richtung Orth und durch die Ortschaften Altjellingsdorf, Lemkendorf, Petersdorf und Kopendorf; **Platzanzahl:** 10; **Untergrund:** Wiese; **Ver-/Entsorgung:** Strom; Entsorgungsmöglichkeit in einem Kilometer Entfernung; **Preise:** 5 €/Wohnmobil, 4 €/Pers.; **Geöffnet:** April–Oktober; **Kontakt:** Familie Kleingarn, Am Dorfteich 10, Sulsdorf, 23769 Fehmarn, Tel. 04372 707, www.bauernhof-kleingarn.de. In der Hochsaison ist unter Umständen eine vorherige Reservierung notwendig.

Nach der Ankunft auf dänischer Seite in **Rødby** folgt man schlicht der Beschilderung nach Kopenhagen und bleibt auf der E47 bis **Helsingør.** Im Ort folgt man hinter dem Kreisverkehr entweder der Autokolonne, die sich zum Fährterminal bewegt oder der Ausschilderung. Der Hafen ist jedoch nicht zu übersehen.

Die Abfertigung geht sehr zügig vonstatten und auch die Überfahrt in das schwedische **Helsingborg,** das schon deutlich zu sehen ist, dauert nur wenige Minuten.

Strecke Westdeutschland/Süddeutschland – Malmö

Bis **Kopenhagen** entspricht es demselben Streckenverlauf wie bei der Strecke „Westdeutschland/Süddeutschland – Helsingborg" beschrieben. Doch kurz vor Kopenhagen verlässt man die E47 und benutzt die E20. Sie ist in Richtung Kopenhagen Zentrum und nach Malmö ausgeschildert. In Schweden und Dänemark ist es üblich, dass das Zentrum einer Stadt meistens nur mit einem weiß unterlegten C markiert ist, welches man auch schon mal übersehen kann. Wer seine Schwedenrundreise mit einer Besichtigung der dänischen Hauptstadt mit dortiger Übernachtung beginnen möchte, der verlässt die E20 und sucht einen der nahe gelegenen Campingplätze auf. Doch wer bereits am Schild „Letzte Ausfahrt in Dänemark/Last exit in Denmark" vorbei ist, der kann nicht mehr umkehren und befindet sich auf dem besten Weg, den Öresund kennenzulernen. Die Mautstation für die **Öresundbrücke** befindet sich erst auf schwedischer Seite.

Alternativ kann man auch ab Hamburg über die Autobahn 7 in Richtung Flensburg fahren, bis man beim dänischen Kolding von der E45 auf die E20 wechselt. Dies hat den Vorteil, dass man gar kein Schiff

benutzen muss. Jedoch ist zwischen den beiden dänischen Inseln Fyn und Seeland noch eine weitere Brücke zu überqueren, die rund 3 km länger ist als die Öresundbrücke. Die Nutzung beider Brücken kostet je nach Größe des Wohnmobils zwischen 120 € und 245 €.

Die Öresundbrücke: Am anderen Ende liegt Kopenhagen

Camping Charlottenlund Fort

N55,74491 E012,58411

Kleiner, angenehmer Platz. **Lage/Anfahrt:** mitten in einem alten Fort aus dem 19. Jahrhundert, daher mit Schutzwällen umgeben, 6 km nördlich von Kopenhagen; auf der Autobahn nach Norden an der Abfahrt 17, Richtung Jägersborg, Charlottenlund und am Ende rechts; **Platzanzahl:** 45; **Untergrund:** Schotterrasen, Wiese; **Ver-/Entsorgung:** Strom, Trinkwasser; **Preise:** 60 DKK/Fahrz., 100 DKK/Erw.; **Geöffnet:** März–Ende Sept.; **Kontakt:** Strandvejen 144 B, 2920 Charlottenlund, www.campingcopenhagen.dk.

City Camp Kopenhagen

N55,654639 E012,555742

Stellplatz für Stadtbesichtigungen oder für die Durchreise. **Lage/Anfahrt:** Rund 20 Minuten Fußweg von einem der Schiffe, mit denen man bequem in das Zentrum fahren kann. Klassischer Stellplatz in unschöner Lage (Industrie- und Hafengebiet), der sich als Ausgangspunkt für eine Stadtbesichtigung anbietet. Anfahrt über die Ringstraße 02 bis Toldkammared. Von dort der Beschilderung durch das Industriegebiet folgen. **Platzanzahl:** 100; **Untergrund:** Asphalt, Schotter, Schotterrasen; **Ver-/Entsorgung:** Strom, Trinkwasser, Abwasser, Chemie-WC; **Sicherheit:** umzäunt, bewacht; **Preise:** 100 DKK/Fahrz. (ca. 15 €), 75 DKK/Erw. (ca. 10 €); **Geöffnet:** Mai–Sept.; **Kontakt:** Elværksvej 7, Kopenhagen, Tel. 021 425384, www.citycamp.dk

Strecke Westdeutschland/Süddeutschland – Trelleborg

Ohne Brücke und ohne Fahrt auf dänischem Boden, aber mit der längsten Schiffspassage geht es von **Rostock** nach Trelleborg. Als Alternative hierzu bietet sich die Möglichkeit, von **Travemünde** aus nach Trelleborg zu fahren.

Für letzteres muss der Reisende die A1 nördlich von Lübeck am Autobahndreieck Bad Schwartau verlassen und sich auf die A226 Richtung Travemünde begeben. Nach wenigen Kilometern endet die Autobahn und der Weg verläuft über die B75 nordwärts direkt bis zum Fährhafen von Travemünde.

Wohnmobilstellplatz Elmenhorst

N54,153116 E012,016269

24 Stellplätze, fünf davon mit einer Länge bis zu 12 Metern. **Lage/Anfahrt:** Am Südrand der Gemeinde Elmenhorst in einem kleinen Gewerbegebiet, ideal für eine Übernachtung vor der Überfahrt nach Schweden; **Untergrund:** gepflastert; **Ver-/Entsorgung:** Strom, Frischwasser, Entsorgung; **Preise:** 10 €; **Kontakt:** Bärbel Winkler, Gewerbeallee 3a, 18107 Elmenhorst, Tel. 0171 9833443, www.stellplatz-elmenhorst.de

Rostockreisende aus Süd- und Westdeutschland verlassen die A1 bereits vor Lübeck am Autobahnkreuz Hamberge. Dort geht es über die A20 (auch Ostseeautobahn genannt) bis zum Kreuz Rostock. Dort wechselt man auf die A19 Richtung Rostock-Hafen. In Rostock-Warnemünde befindet sich schließlich der Abfahrtsterminal für die Fähren nach Trelleborg.

Camping- und Ferienpark Markgrafenheide

N54,193342 E012,155636

Großer, lebhafter Platz direkt an der Ostsee mit Baumbewuchs. **Lage/Anfahrt:** östlich der Warnemünde; über die L22 und an der Markgrafenheider Straße bis Markgrafenheide; **Platzanzahl:** 200; **Untergrund:** Schotterrasen, Wiese, Sand; fest; **Ver-/Entsorgung:** Strom, Trinkwasser, Abwasser, Chemie-WC; **Preise:** 18–35 € (je nach Lage des Stellplatzes, inkl. zwei Pers.); **Geöffnet:** ganzjährig; **Kontakt:** Budentannenweg 2, 18146 Markgrafenheide, Tel. 04544 80031314, www.baltic-freizeit.de

Alternative Strecken aus West- und Süddeutschland

Weiter im Norden existieren zwei weitere Fährverbindungen. Zum einen vom dänischen **Frederikshavn aus nach Göteborg** und ein wenig weiter südlich, aber ebenfalls von Dänemark aus, die Verbindungen zwischen **Grenaa und Varberg.** Beide Strecken sind eher unwirtschaftlich und nur für Reisende interessant, die den südlichsten Teil

Schwedens komplett auslassen oder lieber noch ein bisschen von Dänemark kennenlernen möchten.

Zu erreichen sind die Städte Frederikshavn und Grenaa über die A7 Hamburg – Flensburg, die in Dänemark die Europabezeichnung E45 trägt und über Kolding verläuft. In Århus verlässt man die Autobahn und fährt noch rund 60 km auf der Landstraße 15 bis Grenaa. Um Frederikshavn zu erreichen, bleibt man auf der E45 bis zu ihrem Ende.

Die wohl kürzeste Fahrstrecke mit der am nördlichsten gelegenen Ankunftsmöglichkeit in Schweden bietet sich schließlich noch von **Kiel bis Göteborg.**

Strecke Ostdeutschland – Trelleborg

Reisende aus Sachsen, Sachsen-Anhalt, Berlin und Mecklenburg-Vorpommern werden in den seltensten Fällen die Anreise über Hamburg wählen. Dafür liegen die Häfen Rostock und Sassnitz zu günstig.

In der Regel wird man jedoch über Berlin anreisen und zuerst die A24 nach Hamburg nutzen. Doch am Autobahndreieck Wittstock wechselt man auf die A19 nach **Rostock** und bleibt auf dieser bis zum Fährhafen in Rostock-Warnemünde.

Eine Alternative hierzu bietet sich 7 km vor dem Rostocker Hafen. An der Autobahnausfahrt Rostock-Ost verläuft die B105 bis in das weiter östlich gelegene Stralsund. Dort wechselt man auf die B96 und reist auf der Insel Rügen bis nach **Sassnitz,** wo ebenfalls eine Fährverbindung mit Trelleborg besteht.

Noch weiter östlich, aber nicht mehr von deutschem Boden aus, geht es zudem nach Ystad. Kurz hinter der deutsch-polnischen Grenze befindet sich auf dem polnischen Teil der Insel Usedom die Ortschaft **Świnoujście (Swinemünde).** Von dort verkehrt die polnische Fährgesellschaft Polferries. Seitdem Polen dem Schengen-Abkommen beigetreten ist, besteht die Möglichkeit, über das Seebad Ahlbeck direkt nach Świnoujście zu fahren. Im polnischen Ort muss man lediglich die kostenfreie Fähre über den Fluss benutzen, um zum Fähranleger nach Schweden zu gelangen. Folgen Sie hier aber auf der Straße 93 der Beschilderung nach Karsibór, denn die innerstädtische Fähre namens Bielik darf von Nicht-Einheimischen nur nachts und am Wochenende genutzt werden.

Camping Relax (No 44)

N53,91894 E014,25797

Gilt in Polen als einer der besten Plätze des Landes. **Lage/Anfahrt:** 200 m von der Ostseeküste in Swinemünde entfernt; über die Autobahn an Stettin vorbei, Richtung Świnoujście fahren, dort der Beschilderung folgen oder von Ahlbeck kommend dort ebenfalls der Beschilderung folgen; **Platzanzahl:** 350; **Untergrund:** Wiese; **Ver-/Entsorgung:** Strom, Trinkwasser; **Geöffnet:** ganzjährig; **Preise:** 35 Złoty/Womo, 16,50 Złoty je Person (ca. 8,30 €/Womo, 3,90 €/Pers.); **Kontakt:** ul. Słowackiego 1, PL-72-600 Świnoujście, Tel. +48 (091) 3213912, www.camping-relax.com.pl

Strecke Ostdeutschland – Malmö/Helsingborg

Auch Reisende aus den östlich gelegenen Bundesländern haben die Möglichkeit, ohne einen größeren Umweg über Dänemark anzureisen. **Rostock** ist auch mit dem dänischen **Gedser** auf der Insel Lolland durch eine Schiffslinie verbunden. Von dort geht es dann über die E55 weiter, bis man auf die Autobahn nach **Kopenhagen** trifft. Dort wiederum bestehen – wie bereits weiter vorne im Buch beschrieben – die Möglichkeiten, weiter nach Helsingborg oder nach Malmö zu fahren.

MIETWAGEN

Womobesitzer dürften sich für dieses Kapitel kaum interessieren, doch auch unter ihnen soll es solche geben, die die lange Anreise mit dem Fahrzeug vermeiden möchten und lieber mit dem Flugzeug oder der Bahn anreisen und sich in Schweden mit einem geliehenen Wohnmobil das Land anschauen. Dieses Unterfangen hat natürlich seine Vor- und Nachteile. Der größte Nachteil ist wohl der Preis, denn das Leihen eines Mobils inkl. anderweitiger Anreise dürfte zu einem kostspieligen Abenteuer werden, besonders in der Hauptsaison. Des Weiteren besteht noch das Problem, dass man nicht nur sich, sondern auch sein Gepäck dorthin befördern muss. Und welcher Wohnmobilist reist schon gerne mehrere Wochen nur mit ein oder zwei Koffern voll Gepäck durch die Gegend, wenn es doch so viele Staumöglichkeiten gibt?

Dennoch haben sich einige Anbieter in Schweden auf die Vermietung von Wohnmobilen spezialisiert. Meistens sind diese sehr gut ausgestattet und bieten Campingmöbel, Fahrräder, DVD-Player, Geschirr, Besteck, Gesellschaftsspiele, Bettwäsche, einen Grill und noch einige Sachen mehr. Der Wagen ist in der Regel **vollkaskoversichert** mit einer Selbstbeteiligung von 3000 Skr. je Schaden.

Normalerweise wird wochenweise verliehen, in der Regel ist der Samstag **Übergabetag.**

Der **Mietpreis** ist auch abhängig von der Fahrzeugart und -größe, liegt aber in der Hauptsaison bei ca. 10.000 Skr. inkl. einer bestimmten Kilometeranzahl. Diese sollte auf keinen Fall unterschätzt werden, Schweden ist ein großes Land und die in diesem Buch beschriebene Gesamtroute übertrifft die freien Kilometer der meisten Anbieter bei Weitem.

Autovermieter

- **Hyrhusbil:** Danderyd, Stockholm, Tel. 08 6188205, Fax 290403, www.hyrhusbil.se. Vom gemütlichen Carado A 464 auf Ford-Transit-Basis bis hin zum Hymer Camp 544 GT bietet die Firma mehrere Fahrzeugtypen an.
- **Kabe Rental AB:** Jönköpingsvägen 21, Tenhult, Tel. 036 393725, Fax 393684, www.kaberental.se.

BARRIEREFREIES REISEN

Viele Gemeinden in Schweden sind bemüht, ein barrierefreies Reisen zu ermöglichen. Nichtbehinderten fallen viele Dinge nicht auf, wie z. B. Rampen oder elektrische Türöffner. Doch es fängt schon an Fußgängerampeln an. Diese sind meist mit einer kleinen Tafel ausgestattet, auf der Blinde ertasten können, wie viele Fahrspuren sie zu überqueren haben. Des Weiteren existiert die Organisation **„Turism för alla"**, die mit anderen europäischen Organisationen zusammen Projekte entwickelt, um behinderten Menschen das Reisen zu erleichtern.

Handicap-Reisen

Die schwedischsprachige Website www.turismforalla.se wurde ins Leben gerufen, um für Reisende mit Behinderungen eine Kommunikationsplattform zu bieten.

DIPLOMATISCHE VERTRETUNGEN

SCHWEDISCHE BOTSCHAFTEN

› **Deutschland:** Rauchstr. 1, 10787 Berlin, Tel. 030 505060, Fax 50506789, www.swedenabroad.com/berlin, ambassaden.berlin@gov.se
› **Österreich:** Liechtensteinstr. 51, 1090 Wien, Tel. +43 (0) 1217530, Fax 121753370, www.swedenabroad.com/wien, ambassaden.wien@gov.se
› **Schweiz:** Bundesgasse 26, 3001 Bern, Tel. +41 (0) 313287000, Fax 313287001, www.swedenabroad.com/bern, ambassaden.bern@gov.se

VERTRETUNGEN IN SCHWEDEN

Deutsche Vertretungen

› **Botschaft:** Skarpögatan 9, 11527 Stockholm, Tel. +46 (0) 86701500, Fax 86701572, www.stockholm.diplo.de, info@stockholm.diplo.de
› **Honorarkonsulate:** Joen Magnusson, Norra Vallgatan 70, 21122 Malmö, Tel. +46 (0) 406118595; Frederik Vinge, Nordstadstorget 6, 41105 Göteborg, Tel. +46 (0) 106141600. Weitere Honorarkonsule unter www.stockholm.diplo.de.

Österreichische Vertretungen

› **Botschaft:** Kommendörsgatan 35/V, 11458 Stockholm, Tel. +46 (0) 86651770, Fax 6626928, www.aussenministerium.at/stockholm, stockholm-ob@bmeia.gv.at
› **Honorarkonsulate:** Kyrkogatan 48, 41108 Göteborg, Tel. +46 (31) 161078, franziska.vikgren@oesterrikes-generalkonsulat.se; Baltzarsgatan 18, 21136 Malmö, Tel. +46 (0) 4079945, austria.consulat.malmo@bredband.net

Schweizer Vertretungen

› **Botschaft:** Valhallavägen 64, 10041 Stockholm, Tel. +46 (0) 86767900, Fax 8211504, www.eda.admin.ch/stockholm, sto.vertretung@eda.admin.ch

101sw Abb.: mm

Einkaufen in Schweden bedeutet meist Supermarkt am Rande der Stadt

EINKAUFEN

Shoppen und Campen
N57,135692 E012,713968
Der angeblich größte Supermarkt der Welt ist Gekås in Ullared und bietet auch einen Campingplatz.

Schweden ist teuer. Diesen Satz hört man oft, wenn es um die Preise und das Einkaufen im Land von Ikea geht. Generell ist diese Aussage auch richtig, dennoch wird eine Reise nach Schweden in Bezug auf die **Lebenshaltungskosten** kein extrem großes Loch in die Reisekasse reißen. Besonders wenn man umsichtig mit dem Reisebudget umgeht und Preise vergleicht. Neben den etwas höheren Kosten gibt es aber auch noch weitere gravierende Unterschiede und Besonderheiten, die beim Einkauf in Schweden zu beachten sind.

So geht Schweden sehr freizügig mit den **Ladenöffnungszeiten** um. Kaum ein Supermarkt, der nicht bis mindestens 22 Uhr geöffnet hat, manche auch bis 23 Uhr. Zudem haben größere Supermärkte oder Einkaufszentren auf der sogenannten grünen Wiese vor den Toren der Stadt auch sonntags geöffnet. Zu erkennen ist dies meist durch die Beschriftung „Öppet alla dager“, was soviel wie „an allen Tagen geöffnet“ bedeutet.

Marktbeherrschende **Einzelhandelskette** ist die Firma ICA. Sie ist in fast jedem Ort vertreten und passt ihre Geschäfte der Gemeindegröße an. So existieren normale ICA-Läden und Maxi-ICA, die meist vor den Toren der Stadt mit zahlreichen Parkplätzen aufwarten. Kleinere Ladenketten haben kaum eine Chance auf dem Markt, daher gab es bis vor wenigen Jahren kaum erwähnenswerte Konkurrenz bis auf die Supermarktketten Coop, Willy's und Konsum, die zwar etwas günstiger, aber mit weitaus weniger Filialen nur spärlich vertreten sind.

Mittlerweile gibt es auch fast 170 Filialen des deutschen Lebensmitteldiscounters Lidl, die sich auf ganz Schweden verteilen. Als die ersten Märkte im Jahr 2003 auftauchten, hatte die Kette große Imageprobleme, doch mittlerweile ist Lidl bei den Schweden etabliert, wenn auch nicht ganz so beliebt wie die teureren Geschäfte von ICA.

In kleineren Städten, in denen es eine Fußgängerzone mit einigen kleinen Boutiquen, Souvenirgeschäften und Dienstleistungsbetrieben wie Reisebüros gibt, sind die Öffnungszeiten nicht so ausgedehnt. Hier wird manchmal schon um 18 Uhr geschlossen. Spätestens um 20 Uhr ist auf den Straßen nicht mehr viel los. Sonntags herrscht generell Leere in den Einkaufstraßen, doch dies gilt, wie gesagt, nur in den Innenstädten.

LEBENSMITTEL

Jeder Supermarkt, gleich welcher Kette, bietet eine riesige Auswahl an **Brotwaren.** Brot in Scheiben, Brot am Stück, runde, eckige, lange, weiche, harte und sogar giftgrüne Backwaren werden feilgeboten. Doch bei manchen muss sich der Gaumen erst einmal an den Geschmack gewöhnen. Viele Brote werden mit **Sirup** (auf Schwedisch *Sirap*) gebacken, was dementsprechend süß ist. Ich freue mich vor jeder Schwedenreise auf „Hönökaka“, ein flaches Brot, ähnlich wie

Handscanner

„Was kann das sein?“ – „Ich weiß nicht, vielleicht eine Handyhalterung, weil man im Supermarkt nur mit einer Freisprecheinrichtung unterwegs sein darf?“ So witzelten meine Freundin und ich auf einer unserer Reisen durch Schweden, als wir bei ICA einkaufen gingen und uns über eine merkwürdige Metallhalterung am Einkaufswagen Gedanken machten. Des Rätsels Lösung erhielten wir, als wir mitten zwischen Getränkeflaschen und Brotkörben eine Kundin fragten, was sie denn da in der Hand hielte. Es handele sich um einen Handscanner, den sich ein Kunde beim Betreten des Geschäftes nehmen darf – vorausgesetzt er besitzt eine Kundenkarte der Supermarktkette. Mit dem Handscanner erfasst jeder Kunde seine Waren selbst, kann diese noch vor dem Bezahlen in seine Einkaufstasche stecken und benutzt schließlich eine separate Kasse. An dieser wiederum wird nur noch der Scanner ausgelesen, bezahlt und der Kunde kann passieren. Dieses kundenfreundliche und auf Vertrauen basierende System dient sicherlich auch dem Abbau von Arbeitsplätzen, da der Bezahlvorgang wesentlich schneller verläuft, doch als Kunde hat man dadurch in der Tat einige Vorteile. Als wir schließlich das Geschäft verließen, sahen wir dann auch die modernen Geräte, wie sie in einer Wandhalterung auf den nächsten Kunden warten, während nebenan ein Informationsvideo den ganzen Vorgang erklärt. Somit lagen wir mit dem Verdacht der Handyhalterung gar nicht so verkehrt, denn für den Handscanner ist genau diese gedacht.

Crêpes, das mit Nuss-Nougat-Creme ein herrliches Frühstück ergibt. In der Regel sind alle Backwaren frisch zubereitet und noch warm.

SCHWEDISCHE PRODUKTE

Neben dem gerade beschriebenen Brot gehören zu den typischen Speisen der Schweden natürlich auch Produkte aus **Elch- und Rentierfleisch.** Ob Salami, Wurst oder Gehacktes, diese Tiere stehen bei den Schweden auf dem Speisezettel. Schwein und Rind sowie Geflügel wie man es von deutschen Supermärkten kennt, ist in Schweden aber genauso populär. Das mag aber auch daran liegen, dass Elch- und Rentierprodukte wesentlich teurer sind als herkömmliches Fleisch.

Ein weiteres typisch schwedisches Produkt ist **Köttbullar.** Dabei handelt es sich um kleine Hackfleischbällchen, die über Schwedens Grenzen hinaus bekannt geworden sind – und zudem sehr gut schmecken.

PFANDSYSTEM

Ob mit oder ohne Kohlensäure, ob Limonade oder Milch, ob alkoholfrei oder nicht: Schweden verfügt über ein vorzügliches Pfandsystem, das keine Wünsche offen lässt. Wer bei ICA in Trelleborg eine Flasche Wasser kauft, der kann sie in Stockholm bei Coop wieder abgeben. Einfach vor dem Einkauf in einen Automaten am Eingang gesteckt, auf den richtigen Knopf gedrückt und schon bekommt man einen Bon, den man beim folgenden Einkauf an der Kasse mit abgibt. Bei manchen Automaten existieren zwei Knöpfe, der zweite ist dann als Spende für das Rote Kreuz vorgesehen und man erhält dementsprechend keinen Wertgutschein. Pfandflaschen gibt es in drei verschiedenen Größen und das Pfand beläuft sich je nach Größe auf 50 Öre, eine oder zwei Kronen. Der Clou an der Sache ist aber der, dass das System länderübergreifend funktioniert. So sind auf dem Etikett zwei Pfandpreise angegeben, einer für Schweden und einer für Norwegen, wo die Flaschen auch überall abgegeben werden können.

EINREISEBESTIMMUNGEN

Schweden gehört seit 1995 der Europäischen Union an und hat auch das **Schengener Abkommen** unterzeichnet. Das bedeutet, dass Grenzkontrollen weggefallen sind. Das gilt sowohl bei der Einreise von Deutschland als auch von Dänemark, welches ebenfalls das Schengener Abkommen unterzeichnet hat. Zeitweilige Änderungen der Kontrollpolitik sind dennoch möglich. Auf jeden Fall müssen entsprechende Dokumente mitgenommen werden. Der **Personalausweis** kann grundsätzlich erfragt werden. Bei einer Einreise mit dem Wohnmobil müssen zudem natürlich der **Fahrzeugschein und der Führerschein** vorhanden sein. Ein Nationalitätskennzeichen ist nicht erforderlich, wenn das Kfz-Kennzeichen mit dem blauen Nationalitätssymbol ausgestattet ist.

ESSEN UND TRINKEN

Schwedens kulinarische Traditionen beruhen auf Vorratshaltung. In der kurzen Erntezeit wurde alles Essbare schnell haltbar gemacht, um den langen Winter zu überstehen. Geprägt ist die schwedische Küche von einfacher **Hausmannskost** bis zu deftigen Speisen, damit die Bauern auf dem Land gut gestärkt waren, die harte Feldarbeit zu verrichten.

Neben **Fischgerichten** gibt es zahlreiche fleischhaltige Rezepte. Der größte Unterschied zur kontinentalen Küche ist die Tatsache, dass in Schweden regionale Tiere verspeist werden. Elch und Rentier sind übliche **Fleischgerichte,** wobei letzteres eher im Norden des Landes anzutreffen ist und selbst dort teurer ist als „handelsübliches" Fleisch wie Schwein und Rind. Besonders beliebt und dank der großen Möbelkette mit den vier Buchstaben auch in Deutschland bekannt geworden sind **Köttbullar.** Dabei handelt es sich um kleine Rindfleischbällchen, die geschmacklich einer Frikadelle ähneln.

Ferner gilt zu sagen, dass in Schweden gerne süß gegessen wird. Kaum ein Mittagessen, bei dem es keinen **Nachtisch** gibt. Dieser besteht im Normalfall aus süßem Gebäck oder gar Torte. So wundert es auch nicht, dass das Brot Schwedens in der Regel mit Sirup gesüßt ist. Für viele mitteleuropäische Gaumen etwas gewöhnungsbedürftig.

Allgemein bekannt sein dürfte, dass **Alkohol** in Schweden teurer ist als in Deutschland. Viele Schweden produzieren deshalb ihren Alkohol selber oder versuchen, aus anderen Ländern gewisse Sorten zu importieren und zu verkaufen – was natürlich nicht erlaubt ist. Außerdem dürfen Bier und Spirituosen erst ab 18 Jahren gekauft werden.

Knäckebrot

Das schwedische Wort für knacken lautet Knäcka. In der Regel knackt etwas, wenn es hart und porös ist, also kaum Wasser enthält. So ist es beim Knäckebrot. Es hat einen Wasseranteil von unter 10 % und kann daher bei trockener Lagerung lange aufbewahrt werden. Entstanden ist Knäckebrot auf Grund der Tatsache, dass Konservierung in früheren Zeiten noch unbekannt war und man das Brot zur Aufbewahrung hat trocknen müssen. Hauptbestandteile des knusprigen Gebäcks sind Roggenschrot sowie Weizen- und Roggenmehl.

FÄHREN/ÖRESUNDBRÜCKE

ROUTEN

Wie bereits erwähnt, existieren zahlreiche Kombinationsmöglichkeiten von verschiedenen Häfen mit verschiedenen Fährlinien, um nach Schweden zu reisen. Die Ostseefähren, gleich welcher Gesellschaft, gelten als die sichersten in Europa. Dies attestiert der Automobilclub ADAC, der in regelmäßigen Abständen Europas Fähren testet.

Der populärste Anreiseweg ist die sogenannte **Vogelfluglinie.** Sie beginnt in Puttgarden auf der deutschen Insel Fehmarn und verläuft über das dänische Rødbyhavn, Kopenhagen nach Helsingør, wo es dann schließlich nach Helsingborg geht. Auch von Rostock aus geht es nach Dänemark, genauer gesagt nach Gedser. Dort bewegt man sich mit dem eigenen Fahrzeug ebenfalls weiter bis Helsingør. Andere deutsche Häfen sind Kiel, Travemünde und Sassnitz auf Rügen. Von Polen aus erreicht man Schweden über Świnoujście (Swinemünde) auf Usedom. Dänemark besitzt zudem die Fährhäfen Grenaa und Frederikshavn.

Zwischenstopp auf Bornholm

Wer von Sassnitz oder Polen aus startet, sollte sich überlegen, ob ein Zwischenstopp auf der dänischen Insel Bornholm nicht eine Überlegung wert wäre. Naturliebhaber werden ihre Freude an den weiten Stränden haben, deren Sand früher zur Herstellung von Sanduhren genutzt wurde, während Technikverliebte sich auf die spätere Fahrt nach Ystad freuen können. Dort wurde im Sommer 2011 der Fährbetrieb um dem nagelneuen Schnellkatamaran „Leonora Christina" ergänzt.

TAGES- ODER NACHTPASSAGE

Die Frage nach Tages- oder Nachtpassage ergibt sich nicht auf allen Fährstrecken. Auf der **Vogelfluglinie** (Puttgarden – Rødbyhavn und Helsingør – Helsingborg) fahren die Schiffe durchgehend. Von Puttgarden legt das Schiff im Stundentakt ab und nach Helsingborg fährt alle 20 Minuten ein Schiff los. Aufgrund der kurzen Dauer der Fahrstrecke existieren auf dieser Route keine Kabinen.

Vogelfluglinie

Der Begriff Vogelfluglinie erinnert an den Weg, den die Zugvögel seit Menschengedenken benutzen, um von ihrem Winterquartier im Süden zu den nördlich gelegenen Brutplätzen zu gelangen.

Anders sieht es bei der Strecke von **Rostock nach Trelleborg** aus. Dort besteht die Möglichkeit, eine **Kabine** zu buchen, was auf der Nachtstrecke auch sinnvoll sein kann. Das Schiff legt um 22.45 Uhr ab und erreicht den Hafen von Trelleborg am nächsten Morgen um 6.15 Uhr. So kann man sich bei einer längeren Anreise eine Übernachtung auf einem Campingplatz sparen und erholt sich auf dem Schiff.

Auf der Strecke ab **Sassnitz** verkehrt die „FS Sassnitz" in den Sommermonaten zweimal am Tag und ist nach etwas über vier Stunden in Trelleborg. Die Abfahrt erfolgt um 13 und um 23 Uhr. Außerhalb der Hochsaison fährt das Schiff nur einmal täglich um 17.15 Uhr.

Die Strecke von **Travemünde nach Trelleborg** dauert ähnlich lange wie von Rostock aus und es werden dieselben Annehmlichkeiten in der Nacht geboten.

Auf der längsten Passage zwischen **Kiel und Göteborg** ist bei einer Buchung mit einem Fahrzeug eine Fahrt ohne Kabine gar nicht erst möglich. Das Schiff fährt täglich um 18.45 Uhr los und erreicht seinen Bestimmungsort am nächsten Morgen um 9.15 Uhr.

So hat die Nachtpassage auf allen möglichen Routen den Vorteil, dass man ausgeruht sein Ziel erreicht, jedoch sind diese Fahrten aufgrund der Kabine kostspieliger. Doch auch auf den kurzen Strecken ohne Kabine hat keiner etwas dagegen, wenn man seine Füße etwas hochlegt und für die kurze Überfahrt seine Augen schließt. Keine Fähre ist so voll, dass man keinen Sitzplatz mehr bekommt, besonders in der Nacht, wenn kaum Fußpassagiere an Bord sind, ist es relativ ruhig auf den Schiffen.

Eine Fahrt am Tag hat natürlich den Vorteil, dass man über das Meer blicken und sich spätestens an dieser Stelle endlich auf Urlaub einstellen kann.

PREISE

Zum einen ist der Preis natürlich erst einmal davon abhängig, mit was für einem Fahrzeug man sich bewegt: Kleiner als sechs Meter oder größer, wie viele Personen und dann stellt sich die Frage, wann die Überfahrt stattfinden soll. In den Ferien, am Wochenende, nachts oder tagsüber? Und ganz zum Schluss hat man noch die Auswahl aus einem halben Dutzend Häfen, die von mehreren Fährgesellschaften betrieben werden. So muss man sich durch den Dschungel der Angebote kämpfen oder sich entsprechend im Reisebüro beraten lassen.

BUCHUNG

Die einfachste Möglichkeit eine Schiffsreise zu buchen, hat man im **Internet.** Alle Reedereien bieten diese Option und sie funktioniert einfach und problemlos. Sollten dennoch Schwierigkeiten auftreten, so wird einem telefonisch oder spätestens vor Ort am Terminal gerne geholfen.

Die einzige Schiffsverbindung, bei der eine vorherige Buchung selbst in der Ferienzeit nicht unbedingt notwendig ist, ist die Vogelfluglinie zwischen Puttgarden und Helsingborg. Sollte es dennoch zu Engpässen kommen und man wird nicht mitgenommen, weil das Schiff ausgebucht ist, dann beträgt die Wartezeit wenigstens nur eine halbe Stunde, bis das nächste Schiff kommt. Doch ich habe diese Erfahrung bei zahlreichen Fahrten auf dieser Strecke noch nicht machen müssen.

Besonders auf dem zweiten Fährabschnitt zwischen Helsingør und Helsingborg ist eine Buchung völlig überflüssig, da die Schiffe im Viertelstundentakt pendeln.

EINSCHIFFUNG

Unproblematisch geht es beim Einschiffen zu. Beim Erreichen des Hafengeländes muss man lediglich darauf achten, die richtige Fahrspur für das entsprechende Fahrzeug zu benutzen. Am Ende jeder Spur erscheint dann ein Kassenhäuschen, an dem das Ticket vorgelegt oder spätestens jetzt gekauft wird. Den Anweisungen des Personals ist selbstverständlich Folge zu leisten. Dieses teilt mit, auf welcher Spur man sich nun einordnen und warten soll. Das Personal der Crew erteilt schließlich Anweisungen, welche Spuren der Reihe nach auf das Schiff dürfen.

Im Schiff angekommen soll man einfach so dicht wie möglich an den Vordermann heranfahren und anschließend das Fahrzeug verlassen. Der Aufenthalt auf dem Fahrzeugdeck ist während der Überfahrt auf allen Schiffen grundsätzlich untersagt.

DIE FÄHRLINIEN

Fährhafen Puttgarden. Auf dieser Linie fahren vier Doppelendfähren von Scandlines in nur 45 Minuten über den Fehmarnbelt.

Drei Fährgesellschaften bieten ihre Dienste zwischen Schweden und Deutschland an. Dabei werden fünf deutsche und drei schwedische Häfen angesteuert. Des Weiteren bietet eine dieser Reedereien noch zwei verschiedene Verbindungen zwischen Dänemark und Schweden an. In Polen, direkt hinter der deutschen Grenze besteht ebenfalls die Möglichkeit mit dem Schiff Schweden zu erreichen. Um aus diesem Wust an Möglichkeiten eine Übersicht zu bieten werden im Folgenden die einzelnen Reedereien vorgestellt.

Scandlines

Marktführer auf der Ostsee ist die Gesellschaft Scandlines, die drei deutsche Häfen ansteuert. Moderne und sehr sichere Fährschiffe kreuzen auf der Ostsee zwischen Schweden und Deutschland. Dabei fährt Scandlines rund um die Uhr auf der wohl bekanntesten Strecke, der **Vogelfluglinie.** Halbstündliche Abfahrten in Puttgarden und Abfahrten im 20-Minuten-Takt in Helsingør stellen sicher, dass man keine langen Wartezeiten hat. Von Rostock fahren die Schiffe zehnmal täglich in das dänische Gedser.

Je nach Schiff können sich zwischen 600 und 1000 Passagiere die Zeit auf dem Sonnendeck, im Restaurant oder im Duty-Free-Shop vertreiben. Bei den längeren Passagen befinden sich auf den Schiffen bequeme Innen- und Außenkabinen sowie mehrere sogenannte First-Class-Zimmer, die sich von guten Hotelzimmern nicht unterscheiden.

Das **Schweden-Ticket** beinhaltet die Fahrt von Puttgarden nach Rødby oder von Rostock nach Gedser und die anschließende Fahrt von Helsingør nach Helsingborg. Wer dieses Durchgangsticket kauft, muss sich aber keine Sorgen machen, dass er nach der ersten Schiffsfahrt sofort im Stress ist, um das zweite Schiff zu erreichen. Das Ticket ist von der ersten Überfahrt an noch zwölf Monate lang gültig. Schließlich bietet Scandlines für Pendler noch die **„10-Trip-Card“** an, mit der man innerhalb eines Jahres zehn Passagen machen kann.

Linien

- Puttgarden - Rødby
- Helsingør - Helsingborg
- Rostock - Gedser

Buchungszentrale

Scandlines Deutschland, Am Bahnhof 3a, 18119 Rostock,
Tel. 01802 116699, Fax 0381 29220571, www.scandlines.de

TT-Line

Mit zwei Verbindungen ist die Reederei TT-Line zwischen Deutschland und Schweden unterwegs. Beide haben ihr Ziel in **Trelleborg,** eine startet in **Travemünde,** die andere in **Rostock.** Auch hier gilt, dass die Schiffe sicher sind und eine bequeme Überfahrt gewährleisten. Bequeme und behindertengerechte Zimmer als Außen- und Innenkabine mit Dusche, WC und Fön werden genauso angeboten wie ein Restaurant, ein Fitness-Center und ein Kino. In der Hauptsaison wird für die Kleinen ein kostenloses Kinderprogramm veranstaltet. Zwischen Travemünde und Trelleborg fährt unter anderem das Schiff **„Peter Pan“,** das im ADAC-Test im Jahr 2004 bereits mit „Sehr gut“ ausgezeichnet wurde. Weitere Schiffe heißen „Nils Holgersson“, „Robin Hood“ und „Nils Dacke“.

TT-Line fährt bis zu viermal täglich ab Travemünde und zwischen drei- und viermal täglich ab Rostock. Bei den Nachtfahrten ist eine Kabinenbelegung Pflicht. Sparen kann man bei einer vorherigen Buchung im Internet.

Linien

- Travemünde - Trelleborg
- Rostock - Trelleborg
- Świnoujście (Swinemünde) - Trelleborg

Buchungszentrale

TT-Line GmbH & Co. KG, Zum Hafenplatz 1, 23570 Lübeck-Travemünde,
Tel. 04502 80181, Fax 801407, www.ttline.de

Hafenbüros

- **Fähranleger Travemünde,**
  Zum Hafenplatz 1, Tel. 04502 80181, Fax 801407

› **Fähranleger Rostock,**
Am Warnowkai 8, Tel. 0381 670790, Fax 6707980

› **Fähranleger Trelleborg,**
Travemündebron, Tel. +46 (0) 41056200

Stena Line

Einmal täglich legt entweder die „Stena Germanica" oder die „Stena Scandinavica" in **Kiel** ab und erreicht am nächsten Morgen nach rund 14 Stunden Fahrt die schwedische Stadt **Göteborg.** Dementsprechend sind für die Überfahrt Kabinen vorgesehen, was diese natürlich kostspieliger werden lässt. Weitere Verbindungen bestehen zwischen **Frederikshavn** und **Göteborg** (sechsmal täglich) und **Grenaa** und **Varberg** (zweimal täglich) sowie von **Rostock** (viermal täglich) und von **Sassnitz** (achtmal täglich) nach **Trelleborg.** Zwischen Frederikshavn und Göteborg fährt unter anderem auch eine Schnellfähre.

Auf der Strecke zwischen Kiel und Göteborg ist der Empfang von Mobilfunksignalen möglich und es gibt spezielle Bereiche für das kabellose **Internet.** Die einzige Voraussetzung ist ein WLAN-fähiger Laptop und das Passwort, das man von den Mitarbeitern der Information erhält. Bei den anderen Routen dieser und anderer Fährgesellschaften ist man nur kurzzeitig außer Reichweite eines Mobilfunknetzes, sodass auf diesen Strecken kein zusätzlicher Service diesbezüglich besteht.

Wie auch bei den anderen Gesellschaften ist zu sagen, dass die Überfahrt mit einem Schiff von Stena Line als sicher gilt. Bereits im Jahr 1992 erhielt das Unternehmen eine Auszeichnung für ihre Qualitätssicherung. Des Weiteren nimmt Stena Line an zahlreichen Rettungsübungen teil und veranstaltet auch eigene Übungen an Bord ihrer Schiffe, so waren es im Jahr 1999 zum Beispiel 1200 kleinere und größere Rettungsübungen, die auf den Schiffen durchgeführt wurden.

Linien

› Kiel - Göteborg
› Grenaa - Varberg
› Frederikshavn - Göteborg
› Rostock - Trelleborg
› Sassnitz - Trelleborg

Buchungszentrale

Stena Line Scandinavia AB, Schwedenkai 1, 24103 Kiel, Tel. 0180 6020100 (20 ct pro Anruf), Fax 0431 909200, www.stenaline.de

Polferries

Vom polnischen Teil der Insel Usedom aus geht es mit den Schiffen von Polferries nach Ystad. Das moderne und ebenfalls sichere Schiff fährt abends um 22.30 Uhr ab und erreicht **Ystad** am nächsten Morgen um 6.15 Uhr, wo es um 14 Uhr wieder Richtung Polen ablegt. Die Reederei wurde im Jahr 2005 mit einem Zertifikat für beste Dienstleistungsqualität bei Ostseereisen ausgezeichnet.

Linien

› Świnoujście (Swinemünde) - Ystad

Buchungszentrale

Polferries Passenger Office, ul. Portowa 41, 78-100 Kołobrzeg, Tel. +48 (0)801003171, www.polferries.pl

DIE ÖRESUNDBRÜCKE

Die Öresundbrücke verbindet seit dem 1. Juli 2000 die Städte **Kopenhagen und Malmö** über den Öresund. Allerdings handelt es sich nicht um eine reine Brücke. Autofahrer aus Dänemark fahren zuerst einmal in einen vier Kilometer langen Tunnel. Dieser führt unter der Ostsee entlang auf eine künstlich aufgeschüttete Insel namens Peberholm. Diese wurde geschaffen, um den Übergang zwischen Tunnel und Brücke zu ermöglichen, die nun als nächstes folgt.

Hierzu fährt man auf eine 3,7 km lange **Rampe,** die schließlich zur Hochbrücke führt, dem eigentlichen Brückenelement. Mit mehr als einem Kilometer Länge zwischen den beiden Hauptpylonen ist sie die längste Schrägseilbrücke für den Auto- und Bahnverkehr in der Welt. In einer Höhe von 57 Metern über der Ostsee passiert man die Grenze zwischen Dänemark und Schweden. Dann fährt man hinab auf die westliche Rampe, die rund drei Kilometer bis zur **Mautstelle** reicht. Neun Fahrspuren weisen hier den Weg zu den Kassenhäuschen. Die Brücke ist rund um die Uhr geöffnet und es ist nicht notwendig vor der Reise zu buchen, kann aber unter www.oresundsbron.com getan werden.

FESTE UND FEIERTAGE

Die **gesetzlichen Feiertage** entsprechen in etwa denen in Deutschland. So sind der 1. Januar, der 1. Mai und der 25. sowie der 26. Dezember arbeitsfreie Tage. Hinzu kommen noch die beweglichen Feiertage wie Karfreitag, Ostermontag, Himmelfahrt und Allerheiligen. Ebenfalls gefeiert wird Silvester und der 6. Januar (Dreikönigstag).

Doch das wohl bekannteste Fest in Schweden ist **Midsommar** (Mittsommer). Es findet zur Sommersonnenwende an dem Wochenende statt, das dem 21. Juni am nächsten liegt. Nach Weihnachten ist Mittsommer das größte Fest in Schweden, die Häuser werden festlich geschmückt und man feiert die ganze Nacht hindurch – sofern

⌃ Zu Midsommar finden vielerorts regionale Feste statt

Brennender Ziegenbock

Ein Brauch, der gar nicht so gewollt war, existiert in der Stadt Gävle. Seit 1966 wird in der Vorweihnachtszeit ein überdimensionaler Ziegenbock aus Stroh auf dem zentralen Platz aufgestellt. Schon im ersten Jahr wurde dieser Bock von ein paar Vandalen zerstört. Seitdem wird der Ziegenbock jedes Jahr Opfer von Brandanschlägen. Viele Touristen glauben, dabei handele es sich um eine Tradition, doch dem ist nicht so. Die Gemeinde versucht jedes Jahr aufs Neue, der Sache Herr zu werden und so hat sich im Laufe der Jahre ein Kampf zwischen Gut und Böse entwickelt, wobei meistens das Böse gewinnt. Trotz Webcam und Sicherheitsdienst hat die Ziege nur selten überlebt. Selbst die feuerfeste Imprägnierung im Jahr 2008 rettete sie nur bis zu den Weihnachtsfeiertagen. Und 2010 gab es sogar den Versuch, die Ziegenwache zu bestechen und den Bock per Helikopter zu entführen. Eine Statistik auf der Homepage von Gävle (www.visitgavle.se) dokumentiert die anstrengenden Versuche der Stadt, den Ziegenbock zu beschützen, was zuletzt im Jahr 2014 gelang.

König Gustav I. Wasa
Am 6. Juni beendete König Gustav I. Wasa die dänische Herrschaft über sein Land. Durch seine Wahl zum König wurde die Wasa-Dynastie in Schweden eingeläutet, die weit über Schwedens Grenzen hinaus Einfluss hatte. So war Johann II. Kasimir von Polen der letzte männliche Nachfolger der Wasa-Familie.

man von Nacht sprechen kann. Zur Sommersonnenwende scheint im Norden Schwedens die Sonne 24 Stunden lang und selbst im Süden des Landes geht sie nur kurz unter und taucht das Land in einen bläulichen Schimmer. Leider hat das Mittsommerfest mittlerweile auch Schattenseiten, denn die Jugend Schwedens verbindet dieses Fest mit einem hohen Alkoholkonsum, sodass es an manchen Orten jährlich zu Auseinandersetzungen, Unfällen und sogar zu Toten kommt.

Ein weiterer arbeitsfreier Tag ist der **6. Juni,** der seit dem Jahr 2005 als offizieller **Nationalfeiertag** begangen wird. Ins Leben gerufen wurde er bereits im Jahr 1916 als „Flaggentag". Da Schweden zwei Jahrhunderte lang von Kriegen größtenteils verschont blieb, gab es keinen Gedenktag, den man in diesem Zusammenhang hätte begehen können. Also erinnerte man sich an den 6. Juni 1523, als *Gustav Wasa* zum König gekrönt, und an den 6. Juni 1809, als die erste moderne Verfassung Schwedens unterzeichnet wurde.

FLORA UND FAUNA

Schweden gilt als Land der Elche, doch der **Elch** ist natürlich nicht das einzige Tier Schwedens und zudem trotz der großen Population nur selten zu sehen. Nördlich des Polarkreises findet man ein weiteres vierbeiniges Geschöpf, das in mitteleuropäischen Breiten nicht vorhanden ist, das **Rentier.** Des Weiteren leben in den schwedischen Wäldern Wölfe, Luchse und Braunbären. An den Küsten sind zudem **Robbenkolonien** anzutreffen.

Der Süden Schwedens ist stark von der Landwirtschaft geprägt und daher besteht dort landschaftlich kein großer Unterschied zu Norddeutschland, Polen oder Dänemark. Doch nur wenige Kilometer weiter nordwärts fährt man kilometerlang durch weite Nadelwälder, in denen oftmals Pilze aller Art wachsen. Die sandigen Küstenabschnitte im Süden sind meist mit **Kiefernwäldern** bewachsen, während die Inseln Gotland und Öland eine ganz eigene Flora beherbergen.

GASVERSORGUNG

Wer mit einem Wohnmobil reist, das mit zwei gefüllten **11-kg-Tausch-Gasflaschen** ausgestattet ist (graue Flaschen), der kommt im Normalfall damit problemlos durch den gesamten Urlaub. Auch dann, wenn dieser vier Wochen lang ist, der Kühlschrank hauptsächlich mit Gas betrieben und ständig gekocht wird. Sogar einige Nächte, die im Norden dem einen oder anderen in der Nebensaison eventuell zu kühl sind, können geheizt werden. Wer aber annimmt, mehr als zwei Flaschen zu benötigen, der kann selbstverständlich eine dritte Flasche mitnehmen. Wichtig ist nur, dass unter der Flasche im Ge-

Ein Elch-Test und seine Folgen

Den Beinamen Land der Elche hat sich Schweden nicht umsonst verdient. Man denke nur an den legendären Elchtest im Jahr 1997, der in Schweden stattfand und weltweit Aufsehen erregte, als ein Modell der Mercedes-A-Klasse kurz nach der Neueinführung umkippte. Nach diesem Elchtest bezeichneten die Schweden das Auto als „Vält-Klasse", was nichts anderes bedeutet als Kipp-Klasse („Vält" bedeutet Umkippen), im Deutschen klingt es jedoch genauso wie „Welt-Klasse".

päckraum eine Entlüftung angebracht ist, damit im Fall der Fälle das Gas entweichen kann und nicht im Fahrzeuginneren bleibt.

Geht das Gas während des Schwedenurlaubs doch zur Neige, wird die Nachversorgung nicht ganz einfach. Zum einen werden die bei uns bekannten 11-kg-Flaschen in Schweden nicht genutzt, zum anderen passen die diversen Anschlussverbindungen, die es europaweit gibt, in kaum einer Kombination zusammen. Manche Gaslieferanten füllen möglicherweise als Freundschaftsdienst die Flaschen auf, manche wiederum nicht. Im Campingfachhandel gibt es für rund 15 Euro das **Europa-Entnahme-Set,** das aus vier Adaptern besteht und den Anschluss deutscher Gasregler an andere europäische Flaschen ermöglicht.

Eine andere Möglichkeit wäre der Kauf von sogenannten **Selbsttankflaschen.** Diese haben ebenfalls ein Volumen von 11 kg und können an jeder Autogastankstelle problemlos gefüllt werden. Allerdings dürfte sich die Anschaffung dieser Flasche für eine einzige Reise nicht lohnen, da der Preis bei über 200 Euro liegt und der Behälter alle zehn Jahre vom TÜV für weitere 90 Euro überprüft werden muss. Sinnvoller scheinen hier die Womos mit einem fest eingebauten Gastank, der ebenfalls an den Gastankstellen gefüllt werden kann.

Eine Liste von entsprechenden **Autogastankstellen in Europa** findet man unter www.gas-tankstellen.de.

GELD

Schweden gehört nicht zum sogenannten Euroland und hat noch eine eigene Währung, die **Schwedische Krone.** Beim Beitritt zur Europäischen Union verpflichtete man sich zwar, den Euro einzuführen, nach einer Volksabstimmung im Jahr 2003 wurde die Einführung aber abgelehnt und die Regierung verhindert nun die Euro-Einführung, indem sie dem Wechselkursmechanismus II nicht beitritt. Die Ablehnung des Euro ist in Schweden aber mittlerweile geringer als in früheren Zeiten. Sprachen sich 2003 noch 56 % gegen die europäische Währung aus, so waren es sechs Jahre später nur noch 42 %. Es kommt also nicht von ungefähr, dass am 1. Januar 2010 die

Stadt Sollentuna bei Stockholm den Euro eingeführt hat – natürlich nur als Zahlungsmittel neben der Krone. Doch Sollentuna ist nach Höganäs und Haparanda die dritte schwedische Stadt, in der man den Euro am Geldautomaten erhalten kann.

Die Umrechnung ist aber nicht weiter schlimm, da ein Euro rund zehn Kronen entspricht, und Bargeld gibt es an den zahlreichen Bankautomaten im Land ohne Probleme.

Da Schweden ein sehr modernes Land ist, ist es sogar möglich, seine Reise ganz ohne Bargeld zu bestreiten. Jedes noch so kleine Geschäft akzeptiert **Maestro-(EC-)Karten, Kreditkarten** erst recht. An den Tankstellen befinden sich Zapfsäulen, die mit der Kreditkarte ganz einfach zu bedienen sind und selbst Parkautomaten in den Städten sind per Handy oder mit der Karte bezahlbar. Die Ironie an dieser Sache ist, dass man auf manchen Campingplätzen 5-Kronen-Stücke für die Dusche benötigt.

Es sind folgende **Banknoten** im Umlauf: 20-, 50-, 100-, 500- und 1000-Kronen-Scheine sowie Münzen zu je einer, fünf und zehn Kronen. Bis September 2010 hatte die kleinste Münze den Wert von 50 Öre. Doch diese wurde abgeschafft. Dies hat zur Folge, dass Beträge beim Bezahlen auf- oder abgerundet werden. Beläuft sich der Wert der Waren also auf z. B. 27,58 Kronen, so macht man ein Verlustgeschäft, da man 28 Kronen zu zahlen hat. Gewinn macht man dementsprechend bei einem Betrag von 28,43 Kronen. Gerundet wurde aber schon von jeher, sodass die Abschaffung der 50-Öre-Münze nur eine Frage der Zeit war.

Seit dem Jahr 2015 gibt es neue Scheine mit neuen Motiven. Die alten Scheine und Münzen verlieren, abgesehen von der 10-Kronen-Münze, im Herbst 2016 ihre Gültigkeit. Die größte Neuheit war die Einführung des 200-Kronen-Scheins. Ab Oktober 2016 wird auch wieder eine 2-Kronen-Münze herausgegeben.

Die Auszeichnung der Preise wird mit einem Doppelpunkt dargestellt, z. B. 19:90 Skr. Auf der Website www.oanda.com gibt es einen tagesaktuellen **Umrechnungskurs.** Die Euro-Angaben in diesem Buch beruhen auf dem Kurs Anfang 2016 (ein Euro entspricht 9,26 Skr. und ein Schweizer Franken entspricht 8,52 Skr.).

„Skandinavische" Kronen

Von 1873 bis Mitte der 1920er Jahre gab es zwischen Dänemark, Norwegen und Schweden eine Währungsunion, in der die Krone als gemeinsame Währung genutzt wurde. In Dänemark wurde dadurch der Reichstaler (Riksdaler) und in Schweden-Norwegen der Speciestaler abgelöst. Nach dem Ende dieser Union entschied man sich in den drei einzelnen Staaten, den Namen „Krone" für die jeweilige Währung beizubehalten.

☑ *In jedem Geschäft kann man auch mit EC-Karte oder Kreditkarte bezahlen*

GESUNDHEIT

Seit dem Jahr 2004 gibt es in allen EU-Ländern die **Europäische Krankenversicherungskarte,** die den Auslandskrankenschein abgelöst hat. Die sogenannte EHIC (=European Health Insurance Card) hat dieselbe Funktion im Ausland wie die gewohnte Krankenkassenkarte im Inland. Je nach Krankenkasse erhält man eine Ersatzbescheinigung oder die EHIC-Funktion ist auf der Rückseite der gewöhnlichen Krankenkassenkarte aufgeführt.

Ist man also verletzt oder krank, so begibt man sich mit der Europäischen Versicherungskarte zum Arzt oder zu einem Krankenhaus und lässt sich dort behandeln. Art und Umfang der zu erstattenden Leistungen, zu denen in der Regel ärztliche, zahnärztliche und Krankenhausbehandlung gehören, richten sich nach den jeweiligen Rechtsvorschriften des Aufenthaltsstaates. Somit besteht Anspruch auf alle erforderlichen medizinischen Sachleistungen. Um jedoch das Risiko auszuschließen, auf Kosten sitzen zu bleiben, und auch um einen möglichen Rücktransport zu gewährleisten, empfiehlt sich weiterhin, eine **zusätzliche Auslands-Krankenversicherung** abzuschließen.

Das **Apothekensystem** in Schweden gleicht dem in Deutschland. In jeder Ortschaft findet man Apotheken und wenn eine geschlossen hat, so steht an einem Aushang, an welche nächstgelegene Apotheke man sich wenden kann.

HAUSTIERE

Die strengen Regelungen bezüglich der Haustier-Einreise, die es früher gab, sind seit dem Jahr 2004 aufgehoben. Heute muss der Halter von Hunden, Katzen und Frettchen den sogenannten **Heimtierausweis** mit sich führen, der innerhalb der Europäischen Union ausgegeben wird. Dieser ist gültig, wenn das Tier gleichzeitig eine Kennzeichnung in Form einer **Tätowierung** oder eines **Mikrochips** hat, entwurmt und gegen Tollwut geimpft ist. Aktuelle Informationen gibt es auf der deutschsprachigen Seite des Zentralamts für Landwirtschaft: www.sjv.se. Des Weiteren gilt, dass Hunde in der Zeit von März bis zum 20. August auch in der freien Natur an der Leine zu führen sind. Dafür gibt es aber keine generelle Maulkorbpflicht und bei Fahrten mit der Bahn wird für Hunde lediglich ein einfaches Ticket benötigt. In der Stockholmer U-Bahn dürfen die Tiere sogar kostenlos mitgenommen werden, wenn sie angeleint oder in einer Hundebox mitreisen. Bei der Anreise mit dem Schiff gilt, dass bei allen Fährgesellschaften das eigene Haustier mitgenommen werden darf. Bei längeren Fahrten, bei denen eine Kabine gebucht wird, muss die Mitnahme des Hundes angegeben werden, damit man eine sogenannte Haustierkabine erhält. Auf den kurzen Überfahrten kann der Hund mit an Deck genommen werden, wo er an der kurzen Leine zu halten ist.

INFORMATIONEN

IN DEUTSCHLAND/ÖSTERREICH/SCHWEIZ

Schweden ist sehr gastfreundlich, um den Tourismus bemüht und gibt Informationen und Prospekte in Hülle und Fülle heraus. Es gibt in den deutschsprachigen Ländern zwar kein **schwedisches Fremdenverkehrsamt,** doch das macht nichts, da es in Schweden deutschsprachige Websites und Informationsquellen gibt und notwendige Anfragen direkt von dort aus beantwortet werden. Die Postadresse des Fremdenverkehrsamtes lautet: Visit Sweden, Stortorget 2–4, 83130 Östersund. Dazu hat die **Touristeninformation** der Schweden-Werbung Telefonnummern in den deutschsprachigen Ländern freigeschaltet und ist per E-Mail erreichbar.

Touristeninformation
- Internet: www.visitsweden.com

Für kostenlose Prospektbestellungen und Nachfragen aus
- Deutschland: Tel. 069 22223496
- Österreich: Tel. 0192 86702
- Schweiz: Tel. 044 5806294

IN SCHWEDEN

Über **300 Touristenbüros** befinden sich in Schweden. Alle sind sehr gut ausgestattet und bieten zahlreiche kostenlose Prospekte, Informationen und gelegentlich auch kostenlosen Internetanschluss, den man zur Recherche benutzen darf. Die Angestellten sprechen alle Englisch, in vielen Fällen auch Deutsch.

In Schweden wird unterschieden zwischen Touristenbüros mit einem blau-gelben Hinweisschild, auf dem ein blau gelbes „TC" aufgezeichnet ist (alternativ kann dies auch ein blau-gelbes „i" sein) und Büros mit einem weißen „i" auf grünem Hintergrund. Die Letzteren sind öfter anzutreffen und geben Auskünfte über das lokale Angebot von Sehenswürdigkeiten und dem, was innerhalb einer Tagesreise in der Umgebung liegt, zusätzlich werden auch Zimmer vermittelt.

Die Fremdenverkehrsbüros mit dem blau-gelben Schild befinden sich zumeist in den größeren Städten und geben Auskünfte, die über die lokalen Angebote hinausgehen. So bekommt man im Touristenbüro von Göteborg beispielsweise auch Informationen über Stockholm und umgekehrt.

Die **Öffnungszeiten** der Büros sind zum Teil unterschiedlich, in den Sommermonaten haben größere Büros sogar täglich von 8 bis 20 Uhr geöffnet. Da die Aufzählung sämtlicher Öffnungszeiten den Rahmen dieses Buches sprengen würde, sind nur die jeweils längsten (meist zwischen Anfang Juli und Mitte August) und die kürzesten Zeiten in der Nebensaison angegeben. Die Adressen stehen jeweils bei den Ortsbeschreibungen im Buch. Bei den überregionalen Fremdenverkehrsämtern ist, wie auf deren Emblem, das Kürzel TC (=Tourist Centre) angegeben.

IM INTERNET

Als modernes Land präsentiert sich Schweden natürlich in den elektronischen Medien und alles Wissenswerte über Land und Leute ist im Internet zu erfahren. Neben den offiziellen Websites existieren auch viele Seiten von Schweden-Fans, die sich mit dem Reiseland befassen bzw. befasst haben. Viele Tourismusbüros sind auch in den sozialen Netzwerken wie Facebook und Google+ aktiv und posten dort regelmäßig Neuigkeiten und Informationen. Hier eine Aufstellung der wichtigsten Internet-Angebote:

› **www.visitsweden.com:** Schwedens offizielle Website für Tourismus und Reiseinformationen in zehn Sprachen. Selbst aktuelle TV-Tipps im deutschen Fernsehprogramm zum Thema Schweden werden angezeigt. Zahlreiche Informationen über die einzelnen Regionen und Städte sowie allgemeine Reise-Infos, Unterkunftsmöglichkeiten, eine virtuelle Karte und ein Formular zur Katalogbestellung werden angeboten. Viele Prospekte können auch direkt als pdf-Datei heruntergeladen werden.
› **www.sweden.se:** In Zusammenarbeit mit VisitSweden und der Kanzlei der Ministerien sowie weiteren schwedischen Organisationen entstand diese Website. Aufgrund der Zusammenarbeit finden sich auf www.sweden.se ähnliche Angebote und Informationen wie auf www.visitsweden.com. Hinzu kommen einige aktuelle Pressemitteilungen aus dem gesamten Land.
› **www.swedengate.de:** Eine sehr schön gestaltete Website der TourismGate GmbH mit zahlreichen Informationen, weiterführenden Links und einem besonders empfehlenswerten Forum, in dem sich zahlreiche Schweden-Fans austauschen und wo man die allerneuesten Informationen erhält. Viele der deutschsprachigen User leben selbst in Schweden und können daher direkt von dort berichten.
› **www.camping.se:** Für einen Campingurlaub in Schweden ist diese Seite Pflicht. Im selben Stil aufgebaut wie die zahlreichen regionalen Websites findet man hier Informationen zu den Campingplätzen, die sich in Schwedens Campingverband zusammengeschlossen haben.
› **www.molls-reiseforum.de:** Der Autor dieses Buches bietet Lesern und Reisenden ebenfalls ein kostenloses und werbefreies Forum zum Austausch von Reiseinformationen an.

Zudem bietet jede Region und fast jede Ortschaft seine eigene mehrsprachige Website an. In der Regel findet man die Website unter www.stadtname.se. Im Zweifelsfall bedient man sich einer Suchmaschine. Die Sonderbuchstaben wie å, ä oder ö werden einfach ohne die diakritischen Zeichen geschrieben.

KARTEN

STRASSENKARTEN

Eine sehr gute Karte stammt aus der Serie world mapping project des Reise Know-How Verlages. Die praktische und übersichtliche Straßenkarte **„Südschweden/Südnorwegen"** ist speziell für Reisende konzipiert. Im Maßstab 1 : 875.000 ist sogar der Bereich bis zum sehr weit im Norden liegenden Arvidsjaur abgebildet. Das Außergewöhnliche an dieser Karte ist das Material, aus dem sie hergestellt ist. Es ähnelt normalem Papier, ist jedoch reiß- und wasserfest. Das giftfreie, recycelbare Material, bei dessen Herstellung weniger Energie benötigt wird als für Normalpapier, nennt sich Polyart. Die Karte ist nach neuester Kartografie-Technik erstellt und enthält ein aktuelles Straßenbild sowie ein umfangreiches Ortsregister. Der Routenatlas im Anhang dieses Buches beruht auf dieser Landkarte. In der gleichen Serie ist die Karte **„Schweden, Süd"** im Maßstab 1 : 500.000 erschienen.

Detailliertere Karten über die einzelnen Regionen erhält man in der Regel kostenlos in jedem **Tourismusbüro.** In Skåne befinden sich vor manchen Tourismusbüros sogar Automaten, die eine Karte per Knopfdruck ausspucken. Sehr hilfreich, wenn man zu später Stunde in Schweden ankommt.

PANNE UND UNFALL

Als Wohnmobilist sollte man möglichst immer einen geeigneten Werkzeugkoffer im Fahrzeug dabei haben, um kleinere Pannen bestenfalls selbst beheben zu können. Auf jeden Fall sollte aber vor Reiseantritt das Fahrzeug noch einmal gründlich durchgecheckt werden. Sollte dennoch der Ernstfall eintreten und es muss der **Pannendienst** gerufen werden, ist eine ADACplus-Mitgliedschaft die einfachste und sinnvollste Möglichkeit. Was sich jetzt hier sicher wie Werbung anhört, sind eigene Erfahrungen, denn die „gelben Engel" haben mir im Ausland tatsächlich schon mehrfach unkompliziert aus der Klemme geholfen. So kostet ein Anruf aus Schweden nach München natürlich etwas mehr, jedoch wird man mit deutschsprachigen Helfern verbunden, die den schwedischen Pannendienst alarmieren und einen telefonisch betreuen.

Notrufnummern

- **Polizei, Notruf und Feuerwehr:** 112
- **ADAC-Notrufzentrale München:** Tel. +49 (0) 892222222 (Hilfe bei Panne, Unfall, Diebstahl, Verlust von Papieren, Kreditkarten u. a.)
- **Schwedischer Pannendienst:** Tel. +46 (0) 20 912912

PARKEN UND RASTEN

Schweden ist groß, sehr groß sogar. Und so sind einige Städte auch weitläufig angelegt. Breite Straßen, große Plätze und **zahlreiche Parkplätze** sind in den Ortschaften vorhanden. Kaum eine schwedische Innenstadt ist nicht mit dem Wohnmobil befahrbar. Ausnahmen sind nur solch mittelalterliche Stadtkerne wie Visby oder Ystad. Doch selbst dort sind Parkplätze keine Mangelware und stets gut ausgeschildert. In den meisten Ortschaften ist aber Parkplatzsuche ein Fremdwort. Daher sind in diesem Reiseführer nicht bei jeder Stadt spezielle Parkmöglichkeiten beschrieben, in sehr vielen Fällen, besonders bei mittelgroßen und kleinen Städten braucht man nur rechts ranfahren und kann am Straßenrand stehen bleiben. Vorausgesetzt natürlich, es ist kein ausdrückliches Parkverbot vorhanden. Unterschiedlich sind die Handhabungen, ob man ein Ticket ziehen soll, eine Parkscheibe einlegen muss oder kostenlos parken darf. Doch das ist natürlich ausgeschildert.

Außerhalb der Städte kann man sehr gut an **Naturreservaten** parken und rasten, bei entsprechender Rücksichtnahme teilweise auch übernachten. Das Gleiche gilt für Sehenswürdigkeiten, die mit braun-weißen Hinweisschildern ausgeschildert sind oder mit dem typischen skandinavischen Symbol für Sehenswürdigkeiten, einer weißen Endlosschleife auf blauem Grund. Da Schweden aber kein

An vielen Stellen laden malerische Picknickplätze zum Verweilen ein

typisches Transitland wie Deutschland, Polen oder Frankreich ist, gibt es kaum Rasthöfe oder spezielle Rastplätze für Lkw, zu denen man sich gesellen kann.

Nördlich des Vänernsees sind zudem viele Parkplätze, sowohl in den Städten als auch auf dem Land, mit **Stromanschlüssen** versehen. Hierbei handelt es sich nicht um Wohnmobilstellplätze, die elektrische Spannung ist viel zu schwach. Vielmehr dienen sie im Winter dem Warmhalten des über Nacht parkenden Pkw. Zu sehen ist das bei vielen schwedischen Fahrzeugen am Kühler oder der Stoßstange, wo sich eine Steckdose befindet.

REISEZEIT

Auch wenn es sich viele nicht vorstellen können; Schweden kann man **zu jeder Jahreszeit** bereisen. Natürlich ist es ein himmelweiter Unterschied, ob man nun mit offenem Fenster an Küstenstraßen entlang fährt und auf das Meer blickt oder ob man vom Langlauf zum Campingplatz zurückkehrt, die Heizung im Womo anmacht, anschließend gemütlich einen Tee trinkt und auf die winterliche Landschaft blickt. Beides hat seinen Reiz und macht das Land zu einem ganzjährigen Reiseziel.

In den nördlichen Regionen Südschwedens zeigt die Sonne fantastische Farbspiele

SCHWEDEN IM SOMMER

Die meisten Menschen verbinden Schweden immer mit Eiseskälte, auch im Sommer. Doch der südlichste Zipfel Schwedens liegt auf gleicher Höhe wie Sylt und ist nur 90 km von Rostock entfernt. Sicherlich ist es kühler im Norden, doch selbst am Polarkreis sind Temperaturen von über 20 °C keine Seltenheit. Die schönsten Reisemonate sind im Sommer dennoch Juni und Juli, früher steckt man noch im kühleren Frühling und später kommen die ersten längeren Regenschauer. Das soll aber nicht bedeuten, dass Herbst und Frühling mit ihren prächtigen Farben keine angenehmen Reisezeiten sind, sie sind einfach nur niederschlagsreicher.

Polarlicht/Sonnenlicht

Wie der Name es schon sagt, sieht man das Polarlicht leider nur in der Polarregion, zudem auch nur im Winter, da es im Sommer zu hell ist.
Doch die lange ***Sonnenscheindauer*** *spürt man bereits im Süden und erst recht im mittleren Schweden. Je weiter man nordwärts reist, umso länger kann man abends noch vor dem Wohnmobil sitzen und ohne Beleuchtung lesen. Besonders zu Mittsommer sieht man die Sonne rund 18 Stunden am Tag, je nach Standort.*

SCHWEDEN IM WINTER

Der Winter ist ähnlich zu betrachten wie der Sommer. Weiße Weihnacht ist auch in Süd- und Mittelschweden keine meteorologische Pflicht. Der **erste Schneefall** kommt meist erst im Januar oder sogar im Februar. Im Norden sieht es natürlich anders aus. Was wäre der Polarkreis im Winter ohne Schnee? Im Süden bleibt dieser aber relativ lange liegen, zumindest nördlich des Vänernsees kann man noch im April Schnee sehen. Schnee im Mai, wie im Jahr 2006, wo der Winter in ganz Europa hartnäckig blieb, ist auch in Schweden eher die Ausnahme.

SICHERHEIT

Schweden galt früher als sehr sicheres Land, doch die Verbrecher machen mittlerweile auch vor dem Land der Elche nicht halt. So sind in den letzten Jahren vermehrt **Autoaufbrüche** aus Südschweden berichtet worden und man war als Urlauber entsetzt, da man sich das in ausgerechnet diesem Land ja gar nicht so vorstellen konnte. Doch in der Nebensaison leer stehende Ferienhäuser und in der Hauptsaison Wohnmobile auf allen Hauptstrecken wecken Begehrlichkeiten. So findet man auch in schwedischen Touristenbüros mittlerweile Handzettel der örtlichen Polizei, die vor Verbrechen warnt und empfiehlt, besser Campingplätze aufzusuchen. Wobei in vielen Fällen sicherlich auch der Wunsch im Vordergrund steht, mit diesen Ratschlägen die lokale Wirtschaft anzukurbeln. Dabei ist die Chance, Opfer eines Deliktes zu werden, auch weiterhin noch sehr gering.

Ein Land, das fast zehnmal so groß ist wie Niedersachsen, aber weniger Einwohner hat als Baden-Württemberg, bietet nunmal zahlreiche Möglichkeiten, sich mit dem Wohnmobil so zu stellen, dass man kein Opfer organisierter Kriminalität wird. Dazu gehört insbesondere das **Vermeiden von Autobahnparkplätzen** wie zum Beispiel an der E6. Diese stark befahrene Nord-Süd-Route ist eine der beliebtesten Gegenden von Dieben und auch an anderen höher frequentierten Straßen sollte man nicht mehr sorglos sein wie noch vor wenigen Jahren. Doch wer sich auf Nebenstraßen und in weniger stark befahrenen Gegenden aufhält sowie Wohnmobilansammlungen meidet, der hat so gut wie nichts zu befürchten.

Für die **großen Städte** wie Stockholm, Göteborg und Malmö, wo sich zahlreiche Touristen aufhalten, gilt natürlich dasselbe wie in anderen europäischen Metropolen auch: Keine Wertsachen zeigen, nichts im Fahrzeug liegen lassen (schon gar nicht sichtbar), persönliche Wertgegenstände immer direkt am Körper tragen. Speziell für Stockholm ist es überlegenswert, ob man nicht vor der Stadtbesichtigung einen umliegenden Campingplatz aufsucht und mit öffentlichen Verkehrsmitteln in das Zentrum fährt.

SPRACHE

Es lohnt sich nicht, vor der Reise einen Sprachkurs zu belegen. In den meisten Tourismusbüros wird **Deutsch** gesprochen bzw. verstanden. Wenn es mit Deutsch nicht klappt, dann bleibt aber zumindest **Englisch,** das jeder Schwede sehr gut spricht. Kein Wunder, in Schweden lernt man Englisch ab der 2. Schulklasse.

Literaturtipp
„Schwedisch – Wort für Wort", Reise Know-How Verlag. Der Kauderwelsch-Sprachführer zum einfachen Lernen und zur stressfreien Kommunikation unterwegs.

Alle Prospekte und Broschüren, die in den Tourismusbüros erhältlich sind, bekommt man auch in Deutsch und Englisch. So ist die Kommunikation selten ein Problem, doch einige grundsätzliche Dinge sollte man dennoch wissen.

Wer zum Beispiel in einem schwedischen Register oder Telefonbuch ein Wort sucht, das mit dem Umlaut Ö beginnt, der darf auf keinen Fall unter O suchen, denn das **Alphabet** in Schweden besitzt 29 Buchstaben und endet nicht mit dem Z. Nach diesem kommen nämlich noch die Buchstaben Å, Ä und Ö. Daher sieht man oftmals bei einer Inhaltsangabe oder auf einer schwedischen Website das Kürzel A–Ö so wie bei uns A–Z.

Gesprochen wird das Å (å) eher wie ein lang gezogenes o und hat mit dem a keine Ähnlichkeit. Anders ausgesprochen wird auch das o. Es klingt eher wie ein lang gezogenes u. Des Weiteren gibt es noch die Kombinationen von dj, hj und lj, die alle wie ein herkömmliches j klingen. Zahlreiche Buchstabenkombinationen werden wie sch ausgesprochen, dazu gehören rs, kj, sj, stj und tj. Ebenfalls wie ein sch werden sk und k ausgesprochen, jedoch nur, wenn danach ein ä, ö, e oder i folgt.

Einige wichtige schwedische Wörter

Guten Tag	*hej*	Toilette	*toalett*
Auf Wiedersehen	*hej då*	Hilfe	*hjälp*
ja/nein	*ja/nej*	Polizei	*polis*
Bitte/Danke	*varsågod/tack*	Arzt	*läkare*
Geöffnet	*öppet*	Zahnarzt	*tandläkare*
Geschlossen	*stängd/stängt*	Apotheke	*apotek*
Kirche	*kyrka*	Krankenhaus	*sjukhus*
Stunde	*timme*		
		eins	*en*
Montag	*måndag*	zwei	*två*
Dienstag	*tisdag*	drei	*tre*
Mittwoch	*onsdag*	vier	*fyra*
Donnerstag	*torsdag*	fünf	*fem*
Freitag	*fredag*	sechs	*sex*
Samstag	*lördag*	sieben	*sju*
Sonntag	*söndag*	acht	*åtta*
		neun	*nio*
Einkaufszentrum	*köpcenter*	zehn	*tio*

Soviel zur Aussprache, die für Kontinentaleuropäer etwas unverständlich klingt. Umso leichter ist aber das Lesen. Meist kann man recht schnell einen einfachen schwedischen Zeitungsartikel lesen und verstehen.

Die skandinavischen Sprachen haben viele Ähnlichkeiten. Daraus folgt, dass die Menschen in Skåne ihre dänischen Nachbarn relativ gut verstehen können. Westschweden wiederum haben kaum Probleme, der norwegischen Sprache zu folgen. Jedoch gibt es große Dialektunterschiede, sodass Westschweden kaum mit Dänen und Südschweden wenig mit Norwegern kommunizieren können.

STRASSEN UND VERKEHR

Die Schweden sind Freunde von alten **amerikanischen Straßenkreuzern** aus dem vergangenen Jahrhundert. Zahlreiche Buick, Lincoln und Dodge sind auf den Straßen anzutreffen. Kein Wunder, die Straßen sind nämlich in einem tadellosen Zustand, außerhalb von Ortschaften mit einem breiten Seitenstreifen versehen und teilweise schnurgerade, sodass man das Gefühl bekommt auf der Route 66 unterwegs zu sein.

Es ist erlaubt, auf den breiten Seitenstreifen auszuweichen, um schnelleren Fahrzeugen Platz zu machen. Kleinere **Nebenstraßen** hingegen bestehen vielerorts nur aus Schotter, auf dem man schnell schon mal wegrutschen kann, und müssen daher vorsichtiger befah-

Wer die Brücke nutzt, fährt zwar mehr Kilometer, spart sich aber die Schifffahrt und lernt dabei noch Dänemark kennen

ren werden. Dies aber auch schon deshalb, weil sie meistens durch Wald (Wildwechsel) oder an einsam gelegenen Häusern (spielende Kinder) vorbei führen. Diese Nebenstraßen können unter Umständen auch aus extrem unkomfortablen Waschbrettpisten bestehen und machen es manchmal notwendig etwas zu beschleunigen, damit man einigermaßen angenehm über die Holperstrecken hinweg kommt. In den Straßengräben sieht man gelegentlich **verunfallte Autos.** Zwar könnte man meinen, sie dienen der Abschreckung, doch weit gefehlt. Es handelt sich hierbei schlicht um Bürokratismus, weil sich nach einem Unfall regelmäßig die Behörden um die Zuständigkeit streiten, wer denn das Fahrzeug aus dem Weg zu räumen hat.

Zum Thema Straßen gehört im gleichen Atemzug das Thema **Elch.** Pro Jahr gibt es über 30.000 Unfälle mit Wild auf Schwedens Straßen. Diese führen zu durchschnittlich zehn Todesopfern bei den Fahrzeuginsassen, rund 800 Verletzten pro Jahr und natürlich zu zahlreichen Qualen für das Tier, sei es ein Reh oder ein Elch. Der gemeinnützige Verein „Älgskadefondsföreningen“ engagiert sich mit seinen rund 85.000 Mitgliedern für die Verminderung von Wildunfällen. Dabei haben sie ausgerechnet, dass sich landesweit in einem Quadrat von 577 m Kantenlänge jeweils ein Hufwild befindet und man demnach bei Tempo 90 alle 30 Sekunden an einem Hufwild vorbei fährt. Der Schwerpunkt der Vereinsarbeit liegt in der Durchführung von Aufklärungskampagnen. Besonders gefährlich wird es in der Abenddämmerung, wenn die Tiere vermehrt aus dem Wald hervortreten. Daher gilt immer: Runter vom Gas, besonders in waldreicher Umgebung!

Eine Zeit lang war es nur ein Versuchsprojekt, das ausländische Fahrzeuge nicht betraf. Doch mittlerweile muss man in Göteborg und Stockholm auch als ausländischer Wohnmobilfahrer eine **City-Maut** bezahlen. Doch diese fällt relativ moderat aus. Sie gilt nur von Montag bis Freitag von 6 bis 18.29 Uhr. An Wochenenden, an Tagen vor Feiertagen und – besonders interessant – im gesamten Monat Juli ist keine Mautgebühr zu entrichten. Es existiert keine Mautstation und keine Möglichkeit, vor Ort zu bezahlen. Die Rechnung erhält man daher erst mit der Post nach der Reise. Die Gebühren richten sich nach der Uhrzeit und betragen in Stockholm zwischen 10 und 20 Kronen sowie in Göteborg zwischen 9 und 22 Kronen. Am teuersten ist logischerweise die Rushhour am Morgen und am Nachmittag. Deutschsprachige Infos gibt es unter www.epass24.com.

BESCHILDERUNG

Das wohl bekannteste Schild in Schweden ist dreieckig, mit der Spitze nach oben und zeigt einen Elch. Zu sehen ist es überall im Land, außer auf Gotland, da es dort keine Elche gibt. Es bedeutet natürlich nicht, dass nur **Elchgefahr** besteht, auch kleineres Wild wie Rehe sind zu erwarten. Wenn der Begleitzaun, der den Straßenbereich vom Lebensraum der Tiere abtrennt, an Hauptstraßen endet, dann weist das Schild **„Vildstängsel upphör“** daraufhin. Bei Hinweisschildern nehmen es die Schweden im Übrigen sehr genau. Ein Baustellenschild hat so zum Beispiel ein Zusatzschild „200–400 m“. Dies bedeutet, dass die Baustelle in 200 m Entfernung beginnt und in 400 m wieder endet.

◁ *Dieses Schild sollte man ernst nehmen, besonders in der Dämmerung*

Die meisten Schilder sind nicht wie in Deutschland rot und weiß, sondern in den **Farben Rot und Gelb** gehalten. Ausnahmen sind die Warnschilder in Kurven, diese wiederum sind in den Landesfarben blau und gelb.

Eine Besonderheit auch hinsichtlich der Sprache sind Schilderbeschriftungen wie beispielsweise „g:a stad", „k:a" oder „s:t Peter". Hierbei handelt es sich um die **Abkürzungen** für „gamla" (alt), „kyrka" (Kirche) und „Sant" (Heilige/r).

Eine weitere Abkürzung findet sich an den beiden **Hauptverkehrswegen an der West- und an der Ostküste.** So sieht man beispielsweise in Göteborg Schilder mit der Aufschrift „E 6 N" und „E 6 S" ohne Angabe von Ortsnamen. So muss man also wissen, ob man in nördliche oder in südliche Richtung weiter fahren möchte. Eine weitere Variante besteht darin, dass die Straßenbezeichnung mit einer gestrichelten Linie umrandet ist. Dies bedeutet, dass man sich noch nicht auf der entsprechenden Straße befindet, aber in ihre Richtung fährt und man sie auf dem weiteren Weg erreichen wird.

Generell gilt, dass die Beschilderung in Schweden ausgezeichnet ist, sowohl in den Städten als auch auf dem Lande und man sich sehr gut orientieren kann.

STROM

In Schweden gibt es **230 Volt Wechselstrom** und es passen alle deutschen Stecker in die schwedischen Steckdosen. Eine 10-m-Kabeltrommel ist für die Stromsäule auf dem Campingplatz meistens ausreichend, weniger sollten es aber nicht sein. Die meisten Plätze haben zu den üblichen **dreipoligen CEE-Steckdosen** auch die handelsübliche Steckdose als Alternativangebot.

TANKEN

Die Versorgung mit Benzin oder Diesel ist in Schweden kein Problem. In jeder größeren Ortschaft befindet sich mindestens eine Tankstelle, meistens handelt es sich um die Mineralölgesellschaften Statoil, Preem und Q8. Doch selten haben die Tankstellen rund um die Uhr geöffnet. Die meisten schließen spätestens um 24 Uhr, doch das Betanken ist dank **Tankautomaten** weiterhin möglich. Diese kann man natürlich auch tagsüber benutzen, um sich den Weg in die Kasse zu ersparen. Wer hierfür kein Bargeld bei sich hat, benötigt jedoch eine Kreditkarte, denn die Maestro- oder EC-Karte reicht für den Tankautomaten nicht aus. Bezahlt wird dabei im Voraus. Und zwar führt man die Karte ein oder zieht sie mit dem Magnetstreifen durch das Lesegerät und beginnt mit dem Tankvorgang. Zum Schluss erhält man seine Quittung und das war es schon. Gelegentlich kann es jedoch passieren, dass der Automat bei einem bestimmten Betrag aufhört. Das bedeutet aber nicht, dass das Konto leer ist, sondern dient der Sicherheit. Dies hängt jedoch auch von der Tankstelle ab.

Ungewöhnlich für Nicht-Schweden ist der Anblick von kleineren Zapfsäulen, die sich meist neben den herkömmlichen Benzinsäulen befinden. Aus diesen kommt Wasser mit **Frostschutzmittel.** So kann man sein Fahrzeug bequem winterfest machen. Allerdings ist das Gemisch relativ teuer, günstiger ist der Griff zum Frostschutzmittel aus dem Geschäft.

TELEFON, HANDY UND INTERNET

Schweden ist eines der modernsten Länder der Welt und dementsprechend läuft jeder mit einem **Mobiltelefon** durch die Gegend. Selbst wer sich bis in das menschenarme Lappland verfährt, wird kein Problem haben, seinen Liebsten zu Hause einen Gruß zu senden. Die schwedischen Mobilfunkanbieter heißen Telia, Tele2 und Telenor. Zum schnurlosen Telefonieren reicht ein herkömmliches GSM- oder ein UMTS-Handy vollkommen aus. Welches jedoch das günstigste Handynetz in Schweden ist, sollte man bereits vor der Reise bei seinem heimischen Handyanbieter erfragen. Schaltet man sein Mobiltelefon in Schweden ein, wird es sich zuerst in das stärkste Netz einwählen, welches aber nicht das günstigste sein muss. Vieltelefonierern wird der Kauf einer örtlichen SIM-Karte empfohlen, auf der in der Regel bereits ein Guthaben vorhanden ist, das abtelefoniert werden kann. Dafür muss allerdings das eigene Handy für andere Mobiltelefongesellschaftenfirmen freigeschaltet sein, also keinen SIM-lock besitzen. Auskunft hierüber gibt wiederum der heimische Netzbetreiber. Die Nutzung einer schwedischen SIM-Karte, bei der man dementsprechend auch eine schwedische Telefonnummer besitzt und diese den Lieben zu Hause erst mitteilen muss, hat den Vorteil, dass keine Roaminggebühren anfallen, wenn man von Deutschland aus angerufen wird. In dem Fall zahlt die Telefongebühr ausschließlich der Anrufende. Allerdings sind die Roaminggebühren mittlerweile EU-weit geregelt und im Vergleich zu den letzten Jahren deutlich gesunken.

Natürlich kann man auch auf **Telefonzellen** ausweichen, von denen es wundersamerweise noch welche gibt. Zu bedienen sind die meisten mit einer Telefonkarte der Gesellschaft Telia, die man im Supermarkt, in sogenannten Pressbyrås (Zeitschriftenläden) oder in Touristenbüros kaufen kann, öffentliche Münztelefone findet man nur noch selten. Vielfach reicht an der Telefonzelle aber auch die eigene Kreditkarte.

Ähnlich wie beim Telefon ist es in Sachen Internet. In jeder Ortschaft findet man ein **Internetcafé** oder eine Stadtbibliothek mit freiem Internetzugang. Doch zeitgemäßer und völlig problemfrei ist

Vorwahlnummer speichern

Speichern Sie in Ihrem Handy die Nummern Ihrer Freunde und Verwandten direkt mit der deutschen Vorwahl, sonst machen Sie möglicherweise telefonische Bekanntschaft mit einem Schweden, der dieselbe Rufnummer innerhalb Schwedens besitzt.

auch in Schweden die Nutzung eines Smartphones oder Tablets. Seit Juli 2014 kostet die Nutzung je Megabyte 20 ct, ab 2016 5 ct. In der Regel bietet der heimische Netzanbieter aber Datenpakete an. Es empfiehlt sich daher, diesen vor der Reise zu kontaktieren.

Aber auch hier gilt: Je einsamer man ist, umso langsamer oder löchriger ist auch das Funknetz.

Vorwahlnummern aus Schweden

› Deutschland	0049
› Österreich	0043
› Schweiz	0041

Vorwahlnummer nach Schweden

› Deutschland/Österreich/Schweiz	0046

ÜBERNACHTEN

Viele Schweden-Reisende verbinden das Land immer mit der Möglichkeit frei zu stehen und verwechseln leider das Jedermannsrecht (s. Kapitel „Jedermannsrecht und das freie Stehen“) mit einer Art Freibrief. Daher hier nochmals eindringlich der Hinweis, dass das Jedermannsrecht NICHT für Wohnmobilreisende gilt. Dennoch ist das freie Stehen möglich und grundsätzlich auch nicht verboten. Doch viele Gemeinden haben auch bereits in Schweden entsprechende Verbotsschilder aufgestellt, insbesondere dann, wenn es sich um touristisch hochfrequentierte Orte handelt.

Schweden hat mehr als genug Parkplätze, sei es der einsame Parkplatz im Wald, der Besucherparkplatz eines Landgasthofes, bei dem man fragen kann, der Besucherparkplatz einer Sehenswürdigkeit oder ein einfacher Wanderparkplatz in der Nähe eines Naturreservates. Es herrscht daher überhaupt keine Notwendigkeit, sogenannte Wagenburgen zu gründen und sich in die Nähe anderer Wohnmobile aufzustellen. Denn gerade dieses massenhafte Auftreten von Wohnmobilen ist Einheimischen verständlicherweise ein Dorn im Auge. Das Wichtigste hierbei ist wohl die Diskretion, denn kein Mensch wird etwas dagegen haben, wenn jemand einen Parkplatz als Park- oder Schlafplatz nutzt. Unschön wird es aber, wenn aus dem Parkplatz ein Campingplatz wird, womöglich mit Grillecke, Tisch, Stühlen, Sonnenschutz durch die Markise und das alles über Nacht noch stehen lassen. Leider hatte ich diesen Anblick auf einem gewöhnlichen Parkplatz bei Tanumshede durch eine deutsche Familie und kann daher durchaus verstehen, dass Stadtväter dieses Verhalten unterbinden möchten.

115sw Abb.: mm

Einen Stellplatz mit eigenem Zugang zum Strand hat man nicht überall

CAMPING

Wer in der Hochsaison mit dem Wohnmobil durch Schweden reist, wird möglicherweise das Gefühl bekommen, dieses Land wurde für Wohnmobilisten erschaffen. Kaum eine Straße, auf der einem kein *Husbil,* wie der Schwede sagt, entgegenkommt. Dementsprechend hoch ist die **Dichte der Campingplätze,** fast jeder Ort verfügt über einen. In den touristischen Hochburgen sind es durchaus auch mehrere. Die Campingplätze an der Küste werden von den Einheimischen vor allem in der Ferienzeit stark bevölkert. Manche Campingplätze sind dann derart zugestellt, dass der Erholungswert rapide abnimmt. Die beliebteste Campingregion ist Västra Götland, wobei die Insel Gotland 2010 den höchsten Zuwachs an Besucherzahlen zu verzeichnen hatte.

Deutsche, niederländische und sonstige ausländische Wohnmobilreisende findet man vermehrt auf den **kleinen Campingplätzen,** die noch familiär geführt werden und meist um einiges gemütlicher sind. Dafür bieten die **größeren Campingplätze** eine Menge Komfort, sind kinderfreundlich, verfügen häufig über ein Restaurant, einen Shop und sind modern ausgestattet. Die Betreiber der Campingplätze lassen sich zudem immer wieder etwas Neues einfallen. So werden im nordschwedischen Arjeplog Stellplätze auf dem Wasser angeboten. Drei Flöße von der Größe 4 x 12 Meter dienen auf dem angrenzenden See Hornavan als Stellplätze für Wohnmobile. Die große Nachfrage und der Erfolg geben den Betreibern recht. Allerdings kostet eine Übernachtung rund 1000 Skr.

In Schweden existiert eine **Klassifizierung** der Campingplätze durch den schwedischen Campingverband. Diese reicht von null bis zu fünf Sternen. Ohne Stern bleiben die Campingplätze, die sich entweder dem Verband nicht angeschlossen haben, auf eine Klassifizierung verzichteten oder den Mindeststandard nicht erreicht haben. So bedeutet das, dass Campingplätze, die in diesem Buch keine Sterne haben, nicht unbedingt minderwertig sind. Vielmals sind sogar die Plätze ohne Anschluss an den Campingverband gemütlicher als die großen mit fünf Sternen.

Einen Stern besitzen Campingplätze, deren Stellplätze mindestens eine Größe von 80 m² aufweisen. Hinzu kommen Warmwasser-Duschen, ein Spülplatz, ein einfacher Spielplatz und eine Örtlichkeit für das Wäschewaschen. Auf einem Campingplatz mit **zwei Sternen** müssen darüber hinaus 20 % aller Stellplätze mit Strom ausgestattet sein, die Toiletten über eine Wasserspülung verfügen und das Personal den ganzen Tag in einer festen Rezeption oder einem Kiosk anwesend sein. **Drei Sterne** verdient sich ein Platz, wenn das Personal Tag und Nacht erreichbar ist, es einen Gemeinschaftsraum mit Fernsehen gibt, das Sanitär- und Servicegebäude nicht nur beheizt ist, sondern auch eine Kochgelegenheit bietet und 40 % der Stellplätze über Elektrizität verfügen. Zudem müssen 15 % der Plätze 100 m² groß sein. Betreiber von Campingplätzen, die sich **vier Sterne** verdienen möchten, benötigen einen gut ausgestatteten Spielplatz, einen Herd mit Backofen, eine Mikrowelle, Essplätze in einem Haus, ein Lebensmittelgeschäft, Duschen mit regelbarem Warmwasser. Ein Restaurant muss sich zudem in einem Umkreis von einem Kilometer befinden. Schließlich haben 60 % der Stellplätze Strom und ein Viertel aller Plätze eine Größe von 100 m².

Die **beste Auszeichnung** erhalten die Plätze, die darüber hinaus ein eigenes Restaurant mit Bier- oder Weinausschank besitzen, die Kinder durch einen eigenen Animateur betreuen und einen beheizten Pool sowie ein eigenes Kinderbecken anbieten. Jeder zweite Stellplatz muss über 100 m² Fläche verfügen und mindestens 20 Stellplätze besitzen einen eigenen Anschluss für Wasser und Abwasser.

Wichtigstes Hilfsmittel auf schwedischen Campingplätzen ist die **Camping Key Europe.** Sie ersetzt die alte Camping Card Scandinavia und wird auf fast allen Campingplätzen benötigt. Ausnahmen hiervon sind wiederum die kleineren privaten Plätze, die sich nicht dem schwedischen Campingverband angeschlossen haben und daher nicht zur Vorlage der Karte auffordern müssen. Die Karte selbst kostet 12 Euro und muss mit einer **Gebührenmarke** versehen sein, die jährlich zu aktualisieren ist. Hat man keine Karte, so bekommt man beim ersten Mal eine Ersatzkarte, die für den Rest der Reise ausreicht. Gültigkeit hat die Karte in ganz Skandinavien sowie in 16 weiteren europäischen Ländern. Außerdem erhält man bei einigen Ausflugszielen oder Dienstleistern Rabatte. Zusätzlich bieten viele schwedische Campingplätze **Quick-Stop** an. Das bedeutet, dass man

O18sw Abb.: mm

Oft sind die Camping- und Stellplätze in Schweden gut ausgeschildert, so wie hier in der Nähe des Wohnmobilstellplatzes in Stockholm

nach 21 Uhr anreisen und vor 9 Uhr morgens abreisen kann und einen vergünstigten Tarif bezahlt, da man ja nicht alle Annehmlichkeiten des Campingplatzes in Anspruch nimmt. In den Campingplatzangaben in diesem Buch ist diese Möglichkeit der Übernachtung mit angegeben.

Die **Preisangaben** bei den Campingplätzen beruhen auf Preislisten des Jahres 2015. Auf schwedischen Campingplätzen ist es üblich, eine komplette Parzelle bzw. einen Stellplatz zu bezahlen. In der Regel entspricht der Preis einem Stellplatz inkl. Wohnmobil, zwei Erwachsenen und zwei Kindern. Ob man nun alleine reist oder mit vier Personen, spielt dabei keine Rolle. Zudem haben schwedische Campingplätze zahlreiche Preisvarianten. Der Preis ist manchmal abhängig von Lage des einzelnen Stellplatzes auf dem Campingplatz sowie von der Jahreszeit. Unterschieden wird in Wintersaison, Nebensaison (meist April bis Juni und Mitte August bis September/Oktober) und Hauptsaison. Die **Hauptsaison** verläuft im Regelfall von Anfang Juli bis Mitte August. Damit keine bösen Überraschungen folgen, beziehen sich die Angaben in diesem Reiseführer immer auf die teure Hauptsaison. Wer also im Mai oder September reist, wird einiges weniger bezahlen müssen, als in diesem Buch angegeben. Eine Ausnahme bildet noch das Mittsommer-Wochenende, an dem die Preise nochmals stark nach oben gehen. Hier ist es mittlerweile üblich, dass auf großen Campingplätzen mindestens drei bis vier Nächte gebucht werden müssen.

Leider ist es in Schweden noch üblich, **Duschmünzen** (oder in moderner Form Scheckkarten) auszugeben. Nur wenige Campingplätze bieten das Duschen im Preis mit an. Der Preis für eine Minute Duschen liegt meist bei einer Krone.

Camping Key Europe

Die Karte Camping Key Europe wurde von mehreren Campingplatzbetreiberverbänden und Verbraucherschutzorganisationen sowie vom ADAC entwickelt. Sie ist euro-

Wollen Sie einmal einen See ganz für sich allein? In der Region Dalarna ist das möglich

paweit gültig und bietet zahlreiche Ermäßigungen, unter anderem auch auf Fähren, weshalb es sinnvoll ist, sie schon vor Fahrtantritt zu bestellen. Der ADAC bietet seinen Mitgliedern die Ausstellung der Karte an. Ansonsten erhält man sie auch vor Ort auf jedem Campingplatz, der dem SCR angeschlossen ist, oder im Internet unter www.camping.se oder unter www.campingkey.com.

WOMO-STELLPLÄTZE

Stellplätze, wie man sie aus Deutschland oder Frankreich kennt, sind in Schweden eher selten. Nur gelegentlich findet man welche, die auch Strom und Entsorgung anbieten. Die Gründe liegen wohl hauptsächlich in der großen Campingplätzedichte. Fast jeder Ort verfügt über einen Campingplatz, dessen Besitzer natürlich auch Geld verdienen möchte. Zudem kommen die oben erwähnten normalen Parkplätze, auf denen das Übernachten nicht verboten ist, und so sind „echte“ Stellplätze eher unnötig. Ein Artikel einer schwedischen Lokalzeitung behandelte im Sommer 2008 ein Problem mit zu vielen Wohnmobilen in der Nähe eines Einkaufscenters. In dem Artikel forderte die Geschäftsführung die Stadt Kalmar auf, Verbotsschilder aufzustellen, damit es im Umfeld des Centers nicht mehr so aussehe wie auf einem Campingplatz und die Kunden mit Pkw auch wieder einen Parkplatz fänden. Interessant ist, dass ein Sprecher des Touristenbüros in diesem Zusammenhang das deutsche Wort „Stellplätze“ benutzte und die Situation mit Deutschland verglich. Daran ist erkennbar, dass es eine Stellplatzkultur, wie man sie in Deutschland kennt, in Schweden kaum gibt. Doch zu Beginn des Jahres 2011 haben sich die Branchenorganisationen der Campingplätze in Finnland, Norwegen, Dänemark und Schweden zusammengeschlossen um das **Projekt „Husbilsdestination Norden“** (Reisemobildestination Norden) einzurichten. Ziel ist es, die vorhandenen Campingplätze besser auf die Bedürfnisse von durchreisenden Wohnmobilfahrern auszurichten. Es soll sowohl einfache Stellplätze, für die lediglich ein automatischer Service (ähnlich wie ein Parkscheinautomat) angeboten wird, als auch Parzellen für längere Aufenthalte geben. Momentan sind ca. 250 Campingplätze in allen vier Staaten an dem Projekt beteiligt, vor allem größere Campinganlagen, die überwiegend von Einheimischen genutzt werden.

Eine Alternative, bei der man sich aber vorher die Erlaubnis holen sollte, sind die vielen **Gästehäfen.** Schweden ist ein wasserreiches Land mit zahlreichen Kanälen und Seen, die alle paar Kilometer über einen Hafen verfügen. Diese Gästehäfen entsprechen in der Ausstattung und den Preisen einem herkömmlichen Campingplatz, nur mit dem Unterschied, dass diese für Wasserfahrzeuge angelegt sind. Der ein oder andere Hafenmeister wird sich die Möglichkeit des Geldverdienens sicherlich nicht entgehen lassen.

JEDERMANNSRECHT UND DAS FREIE STEHEN

Eigentlich ist es ganz einfach, doch es gibt immer wieder Fragen zum schwedischen **Jedermannsrecht (Allemannsrätt).** Grundsätzlich besagt es, dass die Natur Schwedens für Jedermann frei zugänglich ist und das jeder tun und machen darf, was er möchte. Doch manche Zeitgenossen dehnen das Jedermannsrecht sehr weit aus. So ist es zum Beispiel unter bestimmten Voraussetzungen erlaubt, mit dem Zelt zu übernachten. Das bedeutet aber natürlich nicht, dass Campingtouristen dieselbe Wiese mit dem Wohnmobil befahren dürfen. Daher hier eine Übersicht über die allgemein gültigen Regeln des Allemannsrätt:

Wenn keine Saat oder Schonungen zerstört werden, ist das Wandern, Radfahren und Reiten in der schwedischen Natur grundsätzlich erlaubt. Doch nicht nur der **Schutz der Natur** ist wichtig, sondern auch die **Privatsphäre der Einheimischen.** Das Überqueren eines privaten Hausgrundstückes gilt als Hausfriedensbruch, auch wenn es nicht eingezäunt ist. Reiter dürfen zudem keine Loipen, Wanderwege oder Trimm-Dich-Pfade benutzen. Eingezäuntes Weideland darf überquert werden, solange man die weidenden Tiere nicht stört und auch der Zaun keinen Schaden nimmt. In der Regel befinden sich am Zaun Weidetore oder kleine Holzstufen, die über den Zaun führen. Bei Toren ist es natürlich eine Selbstverständlichkeit, diese hinter sich wieder zu verschließen.

Geländefahrten mit einem motorisierten Fahrzeug sind ohne Ausnahme überall in Schweden verboten. Wer zelten möchte, der kann dies tun, solange er sich nicht auf landwirtschaftlicher Nutzfläche oder in Sichtweite von Wohn- und Ferienhäusern befindet. Dass man keinen Abfall hinterlässt, sollte eine Selbstverständlichkeit sein, ebenso gilt dies für die Entsorgung des Brauchwassers im Womo. Auch die Benutzung des sogenannten Tröpfelhahnes macht die Entsorgung nicht weniger schlimm. Abfälle und Abwasser bitte nur in die dafür vorgesehenen Behältnisse. Auch bei einer Wanderung durch die freie Natur gilt der Grundsatz: „Was ich gefüllt in die Natur tragen konnte, kann ich leer auch wieder mit zurück nehmen."

Offenes Feuer ist überall dort verboten, wo es zu einem Wald- oder Flächenbrand kommen kann. Auch in Schweden gibt es im Hochsommer Trockenperioden und es besteht akute Waldbrandgefahr. Des Weiteren ist es nicht erlaubt, Feuer auf Klippen oder Felsen anzuzünden bzw. ein Lagerfeuer mit Steinen einzukreisen. Durch die Hitze können diese bersten und es kann nicht nur zu Schäden an der Natur, sondern auch zu Verletzungen kommen.

Pilze und Beeren sammeln ist in Schweden grundsätzlich erlaubt, auch darf man sich für ein Lagerfeuer der Natur bedienen. Jedoch dürfen keine Äste, Zweige, Rinde, Laub oder Harz von lebenden Bäumen abgerissen werden. Nur was bereits auf dem Boden liegt, darf der Natur entnommen werden.

Was für das Land gilt, gilt auch entsprechend für das Wasser. Bei **Bootsfahrten** darf man jederzeit fremde unbewohnte Ufer ansteuern und dort eine Nacht vor Anker gehen. Ausnahmen sind auch hier Privatgrundstücke, bewohntes Gebiet oder falls eine Beschilderung dies untersagt. Jagen ist im Jedermannsrecht nicht enthalten und **Angeln** ist ohne Lizenz nur an der Meeresküste und in den fünf größten Seen (Vänern, Vättern, Mälaren, Hjälmaren und Storsjön) erlaubt. Ansonsten wird eine „fiskekort" benötigt. Für **Hunde** gilt in der Natur von März bis zum 20. August **Leinenzwang.**

URLAUBSAKTIVITÄTEN

BADEN

Seen, Flüsse, Meeresküsten und sogar Kanäle – überall kann geschwommen und gebadet werden. Die Badeplätze sind meistens ausgeschildert. Im Sommer findet man an großen Badeorten an der Meeresküste auch Rettungsschwimmer, besonders an den Plätzen, die aufgrund der hohen Wasserqualität mit dem weltweit gültigen Öko-Siegel der Blauen Flagge ausgezeichnet sind. Doch an einsameren Seen ist dies nicht immer der Fall, da gilt es, besonders gut aufzupassen. Die meisten Badeplätze haben einen Steg oder sind mit Bojen gekennzeichnet oder haben sogar Rutschen ins Wasser.

KANU

Schweden ist eines der beliebtesten Länder, wenn es darum geht, in einem Kanu die Armmuskulatur zu stärken. Manche Regionen haben sich derart darauf eingestellt, dass es dort am Ufer des jeweiligen Gewässers sogenannte **Lagerplätze** gibt. Ausgestattet sind diese mit einer kleinen Holzhütte zum Unterstellen, eventuell einem Steinofen und mit Tischen und Bänken. Mancher dieser Plätze verlockt natürlich auch, es sich dort mit dem Womo gemütlich zu machen, was grundsätzlich nicht verboten ist. Doch es wäre Kanuten gegenüber unfair, da diese Plätze für sie eingerichtet wurden. Denn auf dem Wasser hat man wesentlich weniger Möglichkeiten einen Übernachtungsplatz zu finden als auf der Straße.

Viele Ortschaften bieten auch den Verleih von Kanus an, mit denen man sich einige Tage durch die Region bewegen kann.

WANDERN

Egal wo man sich befindet, überall trifft man auf Wanderwege. Ob es die kurze 1000-Meter-Route durch ein kleines Naturreservat ist oder ein Fernwanderweg. In Schweden ist Wandern angesagt und man würde etwas falsch machen, wenn man nicht wenigstens einen Tag

Nicht immer geht es beim Wandern bergauf. Auf dem Wanderweg zu Ales Stenar aber schon.

lang in die Wanderschuhe schlüpft und sich auf Schusters Rappen begibt. Informationen über regionale Wanderwege hat die Touristeninformation vor Ort, die überregionalen Wanderwege präsentieren sich sogar im Internet, wie z. B. der **Skåneleden** unter der Adresse www.skaneleden.org. Dieser 950 km lange Weg ist in vier Etappen aufgeteilt und verläuft durch Skåne von Ystad bis Båstad.

VERHALTENSHINWEISE

TRINKGELD

Im Regelfall ist das Trinkgeld bereits im Preis inbegriffen und die Bedienung in der Gastronomie erwartet kein extra Trinkgeld. Lediglich bei Taxifahrten rundet man auf den nächst höheren „vernünftigen“ Betrag auf. Allerdings heißt das nicht, dass man kein Trinkgeld geben darf. So gab, nach Berichten der Zeitung *Aftonbladet*, im Jahr 2005 in Sundsvall ein älterer Herr einer jungen Kellnerin einen 1979er Porsche als Trinkgeld.

TÜREN UND TORE

Zahlreiche Wanderwege ziehen sich durch das komplette Land. Viele von ihnen führen über Weiden und Wiesen. Auf diesen sieht man nicht immer Tiere, sondern lediglich ihre Hinterlassenschaften. Aber dennoch sind auch die Tiere in der Regel irgendwo auf dieser Weide. Daher haben die Besitzer drei Möglichkeiten geschaffen, die Weide zu betreten, ohne dass die Tiere weglaufen können. An Straßen befinden sich in der Regel Weidegatter im Boden, die die Tiere nicht betreten können. An Zäunen wiederum sieht man häufiger kleine Holzstufen, die den Wanderer auf die Höhe des Zaunes bringen und auf der anderen Seite wieder hinab. Die dritte Variante ist jedoch ein Weidetor oder ein kleines Türchen, die im Regelfall mit einem Zugband automatisch geschlossen bleiben. Doch nicht immer zieht dieses Band die Tür zurück oder es existiert einfach keines. Dann liegt es am Wanderer, Verantwortung zu zeigen und dieses Tor wieder ordnungsgemäß hinter sich zu verschließen. Daher bitte niemals die Weidetore offen stehen lassen!

WARTEMARKEN

Man kennt es in Deutschland eigentlich nur von Behörden, doch in Schweden gehören sie zum normalen Alltag – Wartemarken. Ob an der Information in der Bibliothek oder im Touristenbüro oder sogar an der Fleischtheke im Supermarkt, überall befinden sich Wartemarkenrollen und Nummernanzeigen. Etwas fremdartig mutet das an, wenn sich zwei Kunden an der Theke befinden und man sich brav hinten anstellen möchte, dann jedoch plötzlich eine Nummer aufgerufen wird und von irgendwoher ein weiterer Kunde erscheint. Mir ist es schon in einer Bibliothek passiert, dass ich der einzige Mensch am Informationsschalter war und die Dame tatsächlich nach meiner Wartemarke fragte, dann aber einsah, dass es nun wohl ausnahmsweise überflüssig sei, wenn ich eines dieser Zettelchen ziehe. Wo wir bei Punkt 2 bei dieser Sache wären. Die Zettelkästen hängen nämlich meist so, dass man sie gar nicht sofort sieht. Sinn machen die Wartemarken unter Umständen dort, wo sehr viele Menschen längere Auskünfte benötigen wie zum Beispiel in der Touristeninformation von Stockholm, die regelmäßig hoffnungslos überlaufen ist. Doch in kleineren Tourismusbüros sind die Rollen einfach überflüssig und hängen zum Teil nur zur Dekoration an der Wand. Als Schwedenreisender hat man schnell heraus, ob man besser eine Nummer ziehen sollte oder nicht.

129sw Abb.: mm

VERKEHRSREGELN

An die Verkehrsregeln sollte man sich angesichts der drohenden Strafen und Wildgefahren unbedingt halten

Im Großen und Ganzen entsprechen die schwedischen Verkehrsregeln dem Standard in der übrigen EU. So herrscht selbstverständlich Anschnallpflicht und das Tempolimit richtet sich nach der Beschilderung. Innerhalb geschlossener Ortschaften sind **maximal 50 km/h** erlaubt, auf den E-Straßen darf man mit **maximal 110 km/h** unterwegs sein und auf den **Landstraßen sind 70 km/h** die Höchstgrenze. Für **Wohnmobilgespanne** gilt außerhalb von Ortschaften immer **70 km/h als Höchstgrenze.** Seit 2008 können diese Höchstgeschwindigkeiten aber auch vor Ort durch Beschilderung geändert werden (z. B. gibt es manchmal Tempo-40-Zonen).

ABWEICHENDE VERKEHRSREGELUNGEN

Es gibt auch einige Regeln, die man aus Deutschland nicht oder zumindest anders kennt. So ist das Telefonieren mit dem Handy während der Fahrt (noch) nicht verboten. Es wird auch keine **Freisprechanlage** erwartet, jedoch ist trotzdem vom Telefonieren am Steuer

Wichtige Verkehrsschilder

Camping förbjuden	Camping verboten
Farthinder	Verkehrsberuhigung
Gågata	Fußgängerzone
M	Gegenverkehr passieren lassen
Obs	Achtung
Tomgångskörning	Motor nicht im Leerlauf laufen lassen
Trafikomläggning	Umleitung
Vildstängsel upphör	Wildzaun endet
Vägarbet	Bauarbeiten

abzuraten, da im Schadensfall – vor allem, wenn Verletzte oder gar Tote zu beklagen sind – ernste strafrechtliche Konsequenzen auf den Fahrer zukommen können. Außerdem wird zurzeit auch in Schweden über ein Handyverbot am Steuer diskutiert, man sollte sich also das Telefonat während der Autofahrt besser gleich verkneifen.

Pflicht hingegen ist, die ganze Zeit mit **Abblendlicht** zu fahren. Ganz streng geahndet werden Alkoholvergehen. Zwar sind **0,2 Promille** erlaubt, doch auch hier sollte man besser nichts riskieren, da die Strafen bei einem Übertritt drakonisch sind.

Eine durchgezogene gelbe Linie am Fahrbahnrand deutet darauf hin, dass dort nicht gehalten werden darf. Eine gezackte Linie bedeutet **Parkverbot.** Zudem gibt es zwei **Verkehrsschilder,** die außerhalb von Schweden unbekannt sind. Zum einen wäre da ein weißes M

Das gut ausgebaute Wegenetz macht auch Reisen über längere Distanzen leicht

auf blauem Grund. Dies sieht man vor allem auf schmalen Straßen, auf dem zwei Fahrzeuge nebeneinander keinen Platz haben. An dem M-Schild befindet sich jedoch immer eine kleine Einbuchtung, um entgegenkommende Fahrzeuge durchlassen zu können. Das zweite Schild steht an Ortseingängen und verbietet das Laufenlassen des Motors im Leerlauf („tomgångskörning"), teilweise mit einer Zeitangabe wie lange der Motor höchstens laufen darf.

VER- UND ENTSORGUNG

Mit den Ver- und Entsorgungsstellen ist es ähnlich wie mit den Womo-Stellplätzen. Hier geht es nach dem Motto: Wofür welche einrichten, wenn es jede Menge Campingplätze gibt? Daher ist die Entsorgung in Schweden eigentlich kein Problem. Wer nicht auf einen Campingplatz möchte, der sollte am besten mal am nächsten **Gästehafen** nachfragen. Auch dort gibt es Entsorgungsmöglichkeiten und gegen ein kleines Entgelt wird man sein Brauchwasser und den Toiletteninhalt möglicherweise dort los.

Keine wilde Entsorgung!

Manche machen es und manche werden es immer wieder machen. Sie leben nach dem Motto „es ist ja nur Wasser und außerdem versickert es ja gleich" und lassen einfach ihren Abwassertank geöffnet oder machen ihn in einem scheinbar unbeobachteten Moment auf. Wenn es wenigstens nur Wasser wäre, aber anscheinend wird vergessen, dass es sich um Spülmittel, Duschgel, Zahnpasta und Essenreste handelt. Manche schütten ihr Zeug auch einfach mittels Schüssel aus der Tür ins Gebüsch und den Inhalt der Toilette gleich hinterher, getreu dem Motto „Sieht ja keiner und was weg ist, ist weg".

Nicht nur, dass es verboten ist, es ist auch einfach eine Sauerei. Einmal der Natur gegenüber, andererseits dem Gastgeberland Schweden. Und zu guter Letzt schadet man mit diesem Verhalten dem Ruf der Wohnmobil-Reisenden und so darf man sich nicht wundern, wenn man in bestimmten Ländern oder Regionen bereits jetzt schon nicht mehr gern gesehen wird und dieser Fall eines Tages auch in Schweden eintritt.

Zugegebenermaßen ist es in Schweden nicht einfach, irgendwo außerhalb eines Campingplatzes zu entsorgen. Aber gegen einen kleinen Obolus hilft sicherlich auch mal eine Tankstelle weiter. Und wer partout Campingplätze zur Übernachtung vermeiden möchte, der kann zumindest dort entsorgen. Auch hier ist in den meisten Fällen ein kleines finanzielles „Dankeschön" hilfreich. Wer also jemanden beim „Womo-Wasserlassen" beobachtet, der sollte ihn einfach mal darauf ansprechen. Wenn derjenige auch nur einziges Mal demnächst aus Gewissensbissen ordentlich entsorgt, dann hat es sich schon gelohnt!

VON DER SÜDLICHSTEN SPITZE SCHWEDENS AM ÖRESUND UND DEM KATTEGATT VORBEI BIS IN DIE ZWEITGRÖSSTE STADT DES LANDES

Skåne als die südlichste Provinz Schwedens verfügt über die meisten Sandstrände des Landes. Eine interessante Mischung aus Kleinstadtidylle und Großstadt, Badestränden und Wanderwegen sowie der Nähe zu Dänemark machen den Nordwesten Skånes zu einem beliebten Reiseziel. Eine große Vielfalt bietet sich auf kurzen Entfernungen. Von den palmengesäumten Straßen in Trelleborg geht es nordwärts zu außergewöhnlicher Architektur in Malmö und weiter zur engsten Stelle des Öresunds, von wo sich ein schönes Panorama auf Dänemark eröffnet.

Durch die Provinz Hallands geht es weiter an den Städten Halmstad und Varberg vorbei zum ersten Weltkulturerbe auf der gesamten Reise, dem Längstwellensender bei Grimeton. Nach einem Abstecher in das Landesinnere führt der Weg nach Göteborg, eine der wenigen Metropolen des Landes, wo Kinder im Freizeitpark Liseberg rasante Achterbahnfahrten genießen können.

⊡ *In Göteborg hat man auch die Möglichkeit, die Stadt vom Wasser aus kennenzulernen*

113sw Abb.: www.imagebank.sweden.se © Simon Paulin

ROUTE 1: DER SÜDWESTEN

DAS BALLUNGSGEBIET SCHWEDENS

Routenübersicht hinterer Umschlag innen

STRECKENVERLAUF

Strecke:
Trelleborg - Falsterbo (21 km) - Malmö (24 km) - Lund (20 km) - Landskrona (34 km) - Helsingborg (25 km) - Mölle (28 km) - Ängelholm (19 km) - Båstad (21 km) - Halmstad (21 km) - Falkenberg (27 km) - Varberg (29 km) - Kungsbacka (40 km) - Göteborg (24 km)

Streckenlänge:
circa 333 km

TRELLEBORG

Im Süden Europas findet man Palmen an den Straßenrändern, im Süden Schwedens ist das nicht anders. Wer in Trelleborg anreist, wird überrascht sein und für einen kurzen Augenblick das Gefühl bekommen, der Kapitän der Fähre habe sich vertan und man sei nun in Südfrankreich. Doch keine Sorge, das Schiff hat richtig angelegt und im Übrigen sind dies die einzigen Palmen des gesamten Landes. Geprägt ist die Stadt vom großen Fährterminal und der Verkehrsbeschilderung nach Rostock und Sassnitz. Allzu viel hat Trelleborg nicht zu bieten, doch ein kleiner Gang durch die Fußgängerzone gibt einen Vorgeschmack auf die schwedischen Innenstädte, die noch kommen werden. Hierzu lässt man den Wagen am besten am Hafen oder auf einem der **Parkplätze am Rathaus** stehen, die sich rechts und links der Hamngatan befinden. Nur wenige Meter sind es von dort bis zur Einkaufsstraße und dem Wochenmarkt, der mittwochs und samstags stattfindet. Über die Algatan und den Gamla Torget geht es in wenigen Minuten zur **Trelleborgen.** Hierbei handelt es sich um eine Nachbildung eines Teils einer Wikingerburg, die sich um das Jahr 980 an der Stelle befand. Neben wechselnden Sonderausstellungen werden hier eine Wikinger- und eine steinzeitliche Ausstellung gezeigt.

Ob mit oder ohne Besichtigung, die Stadt verlässt man in westliche Richtung auf der **Hamngatan** bzw. **Strandgatan,** die direkt am Touristenbüro und dem Hafen vorbei führt. Sie ist nicht zu verfehlen, da sie nicht nur die größte Straße der Stadt und als E6 und E22 gut beschildert ist, sondern auf der linken Seite einen schönen Blick auf das Blau der Ostsee bereithält.

Sehenswertes

Trelleburg, an der Bryggaregatan westlich des Zentrums gelegen, mit Souvenirshop, Café und Führungen im Sommer. Ganzjährig jeden Tag geöffnet, Eintritt frei.

Axel Ebbes Konsthall, Stortorget 1, Mi–So 12–16 Uhr, zeigt schöne Skulpturen des Bildhauers Axel Ebbe sowie Sonderausstellungen mit zeitgenössischer Kunst, 30 Skr.

Stellplatz
N55,375404 E013,121109
Stellplatz im Westen von Trelleborg, direkt an der Küste, ganzjährig, gratis

Information (TC)

Trelleborgs Turistbyrå, Kontinentgatan 2, Hamngatan 9, 23142 Trelleborg, Tel. 0410 733320, Mo–Fr 9–19, Sa 10–18, So 10–16 Uhr, www.trelleborg.se

Essen

Palmblads Conditori, Algatan 44, Tel. 0410 711035, Konditorei mit vielen Leckereien und gutem Kaffee, ganzjährig geöffnet, im Sommer auch auf der Terrasse.

Einkaufen

Wochenmarkt jeden Mittwoch und Samstag auf dem Stortorget.

Picknickplatz

7 km hinter dem Abzweig nach Falsterbo geht es links nach Räng; Toilette, Liegewiese und Trinkwasser an der Kirche.

FALSTERBO (21 km – km 21)

Auf halben Weg zwischen Trelleborg und Malmö besteht die Möglichkeit, auf die Straße 100 abzubiegen und dieser Sackgasse auf die Halbinsel Falsterbo zu folgen. Schöner ist der Weg jedoch direkt an der Küste, hierfür zweigt man direkt hinter Trelleborg links ab in Richtung Skåre und erreicht schließlich **Höllviken** und **Ljunghusen.** Geprägt ist die Halbinsel von blühenden Heideflächen und scheinbar endlosen Sandstränden. Trotz dieser für touristische Zwecke günstigen Voraussetzungen ist es in Falsterbo relativ ruhig und gemütlich. Das wissen auch zahlreiche Zugvögel, die auf ihrem Weg auf der Halbinsel Station machen. Nicht umsonst ist in der Nähe des Leuchtturmes eine **Vogelwarte** errichtet worden, die den Ornithologen gute Möglichkeiten bietet, die Tiere auf ihrem Rastplatz zu beobachten.

Die Halbinsel Falsterbo verlässt man wieder auf der Straße 100, die nach Durchquerung des Ortes Höllviken auf die E6 bzw. E22 führt. Dort folgt man der Beschilderung nach Malmö.

❶ Ljungens Camping ****

N55,397222 E012,865344

Großer Campingplatz mit Parzellen. **Lage/Anfahrt:** an Straße 100 zwischen Skanör und Falsterbo; **Platzanzahl:** 380; **Untergrund:** Wiese; fest; **Ver-/Entsorgung:** Strom, Trinkwasser; **Preise:** 260 Skr.; **Geöffnet:** Ende April–Ende Sept.; **Kontakt:** Strandbadsvägen, 23942 Falsterbo, Tel. 040 471132, www.mamut.net/ljungenscamping

MALMÖ (24 km – km 45)

Mit Malmö erreicht man die erste größere Stadt Schwedens, die drittgrößte sogar, um genau zu sein. Doch bevor man sich in Richtung Zentrum begibt, sollte man am südwestlichen Ortsrand die **Öresund-**

Wohnmobilstellplatz am Falsterbokanal

N55,409921 E012,931998

Acht asphaltierte Stellplätze am Bootshafen mit Strom, Frischwasser, Entsorgung (200 Skr.). Lage/Anfahrt: Über die Straße 100 in Richtung Falsterbo. Gleich hinter der Kanalbrücke rechts zur Marina; Falsterbokanalens Båtklubb, Falsterbovägen, www.falsterbokanalen.se

Literaturtipp

„Kopenhagen mit Malmö und Öresund-Region“ von Rasso Knoller, Reise Know-How Verlag. Der praktische CityTrip PLUS mit separatem Faltplan.

› Routenatlas Seite XIV

Die Öresundbrücke

Ein architektonisches Meisterwerk ist die Öresundbrücke. In weniger als zehn Jahren errichtete man das Bauwerk, das Malmö mit Kopenhagen verbindet. Bei einer Passage ist man rund 15 km von einer Stadt zur nächsten unterwegs. Dabei entfallen 3,7 km auf die östliche Rampe, 3 km auf die westliche und 1 km auf die Brücke selbst. Und die restlichen 8 km? Diese gehören mit zur Brücke, verlaufen aber unterirdisch. Vier Kilometer vor der dänischen Küste hat man eine vier Kilometer lange künstliche Insel aufgeschüttet. Auf dieser Insel kommt der Reisende von der Brücke hinab und durchquert den Rest des Öresunds unter dem Meer. Doch der Höhepunkt, im wahrsten Sinne des Wortes, ist die Hochbrücke. 1092 m der Brücke sind ohne Pfeiler, lediglich durch 80 Seilpaare gehalten und schweben in 57 m Höhe.

Information (TC)
Malmö Turistbyrå,
Börshuset, Skeppsbron 2, 21120 Malmö, Tel. 040 341200, Fax 341209, www.malmotown.com, im Sommer Mo–Fr 9–17 Uhr, Sa–So 10–14.30 Uhr, sonst Mo–Fr 9–18 Uhr, Sa 9–16 Uhr, So 10–14.30 Uhr

Aussichtspunkt Öresundbrücke
N55,56998 E012,89746

Parken
N55,60599 E012,98699
Als Parkplatz hat sich das Gelände gegenüber vom Malmöhus bewährt. Der dortige Parkplatz ist zentrumsnah und doch bequem zu erreichen, einfach der Beschilderung Malmöhus folgen.

brücke anschauen, sofern man nicht sowieso über sie an- bzw. abreist. Hierfür fährt man auf der E6 bzw. E22 bis zum Petersborgs Trafikplats und folgt der Beschilderung nach Kopenhagen bzw. zum **Aussichtspunkt** auf der E20. Ganz besonders wichtig ist hier, dass man die letzte Ausfahrt vor der Mautstelle nicht verpasst, sonst findet man sich wenige Minuten später in Dänemark wieder. Am Vintrie Trafikplats geht es rechts ab und man folgt der Ausschilderung in den Malmöer **Stadtteil Limhamn.**

Wer den Aussichtspunkt für die Brücke erreicht hat, steht auf dem **ehemaligen Terminal der Fähre,** die die beiden Küsten miteinander verband. Der Terminal wird seit dem Jahr 2000 nicht mehr genutzt. Allenfalls kann man den Parkplatz am Terminal getrost als Stellplatz nutzen, falls man sich durch den Verkehr auf der Brücke nicht gestört fühlt. Vom **Brückenaussichtspunkt** geht der Weg nun schließlich über die Beschilderung ins Zentrum der Stadt, die für ihren ambitionierten Einsatz gegen den Klimawandel 2011 von der Umweltorganisation World Wildlife Fund for Nature (WWF) als „Earth Hour Capital" ausgezeichnet wurde.

Mit dem **Malmöhus** hat man auch gleich die erste Sehenswürdigkeit der Stadt erreicht. Es handelt sich um das älteste nordische Schloss im Renaissance-Stil, das im 15. Jahrhundert von *Erich von Pommern* errichtet wurde. In der Folgezeit diente es aber nicht nur als Schloss für die Könige, sondern auch als Festung und zu Beginn des letzten Jahrhunderts sogar als Gefängnis. Auf der Südseite des Schlosses befindet sich seit 1872 der von König *Oscar II.* eingeweihte **Schlosspark** mit zahlreichen exotischen Bäumen. Allerdings ist der Anblick des Gebäudes selber wenig spektakulär, so lohnt sich eher ein Gang in die Altstadt Malmös. Hierfür spaziert man über die Schlossbrücke (Slotts bron) und überquert anschließend die Slottsgatan. Über die Västergatan erreicht man die Frans Suellgatan und hat auf der rechten Seite den **Stortorget** liegen. Mitten auf diesem

Platz fällt als Erstes die **Reiterstatue** von König *Karl X. Gustav* auf. Der Blick des Königs ist direkt auf das gegenüberliegende **Rathausgebäude** gerichtet, das aus der Mitte des 16. Jahrhunderts stammt, seitdem aber zahlreiche Umbauten erlebt hat.

Essen

Rådhuskällaren, Stortorget 2, Tel. 040 79020, im Rathauskeller gibt es im historischen Ambiente neben modernen Gerichten auch typisch schwedische Küche.

Links vom Rathaus sieht man auf der Ecke das **Residenset.** Das hell verputzte Gebäude beherbergt heute die Wohnung des Regierungspräsidenten. Ansonsten findet man rund um den Stortorget noch die über 100 Jahre alte **Lejonet-Apotheke** und das traditionsreiche Hotel Kramer, welches sich im französischen Renaissancestil präsentiert. Genau schräg gegenüber vom Rathaus sollte man in die Landbygatan einbiegen. Es sind nur wenige Meter, die den Stortorget vom wesentlich kleineren **Lilla Torg** trennen, dennoch sind es Welten zwischen den beiden Plätzen. Während der große Hauptmarkt zum Teil laut und hektisch ist und in Teilen für den Autoverkehr freigegeben ist, hat der kleine Platz den Charme einer Kleinstadt. Zahlreiche Gebäude aus dem 16. Jahrhundert flankieren den idyllischen und beliebten Treffpunkt.

Eines davon ist **Hedmanska Gården,** ein umgebauter Hof mit einem hübschen Fachwerkhaus, hier lohnt sich ein Blick in den Innenhof. Weiter geht es über die Skomagaregatan bzw. durch die Fußgänger-

Stellplätze

N55,59611 E012,93277
Im südwestlichen Stadtteil Limhamn befindet sich die Marina von Malmö und bietet Reisemobilisten eine Übernachtungsmöglichkeit für 150 Skr. inkl. Strom an. Ver- und Entsorgungseinrichtungen und ein Toilettenhäuschen sind vorhanden.

N55,582619 E012,917760
Ein zweiter Stellplatz befindet sich etwas weiter südlich an einem anderen Bootshafen, inklusive Toilette und Dusche, Preis 200 Skr.

Waffen verboten: die Skulptur „Non Violence" in Malmö

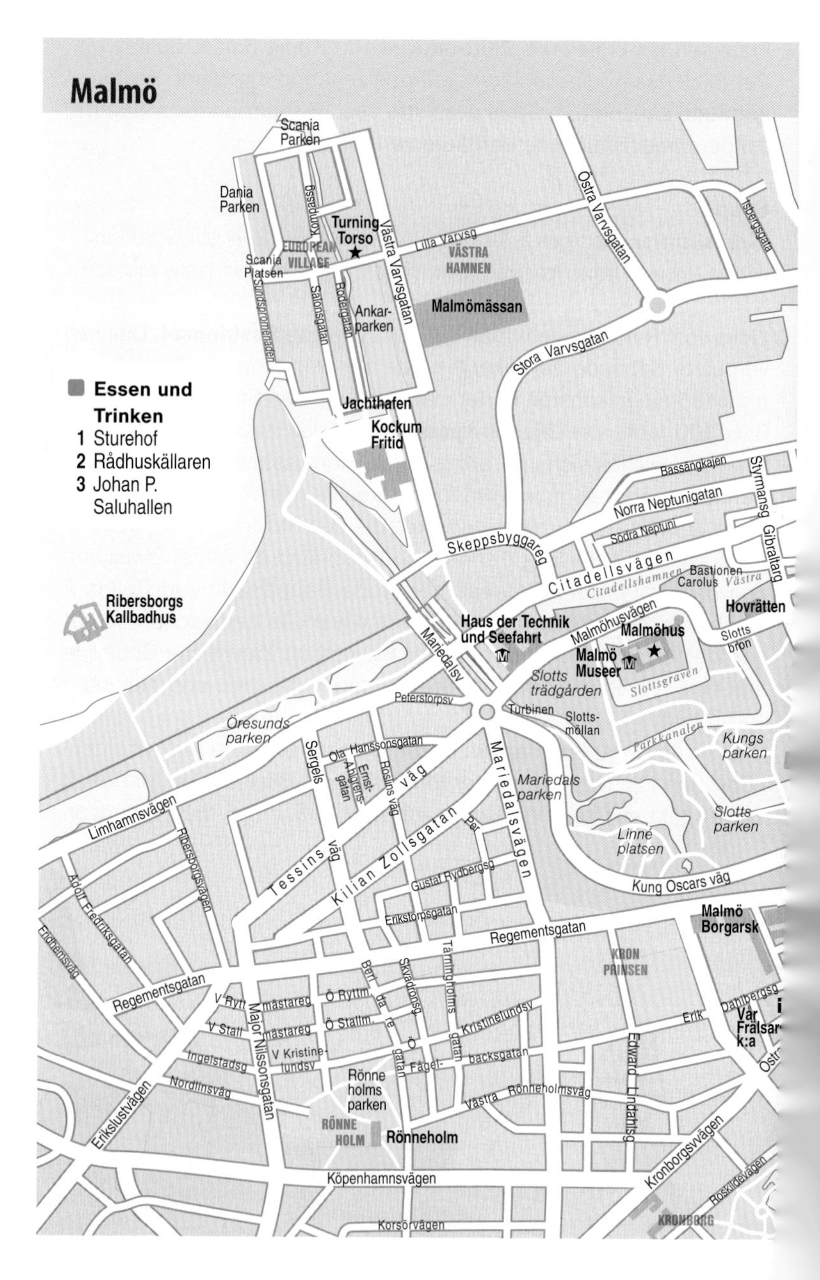

zone bis zur **Södergatan.** Diese Einkaufsstraße verbindet wiederum den Stortorget im Norden mit dem weiter im Süden gelegenen Gustav Adolfs Torg. Auf diesem Platz findet regelmäßig der Markt statt. Geht man die Södergatan nordwärts, erreicht man wieder das Rathaus. Dahinter erhebt sich die **St. Petrikirche.** Das Gotteshaus ist das älteste Gebäude der Stadt und wurde zu Beginn des 14. Jahrhunderts gebaut. Anfang des letzten Jahrhunderts konnte man einige Deckenfresken freilegen, die während der Reformation mit Kalk übertüncht

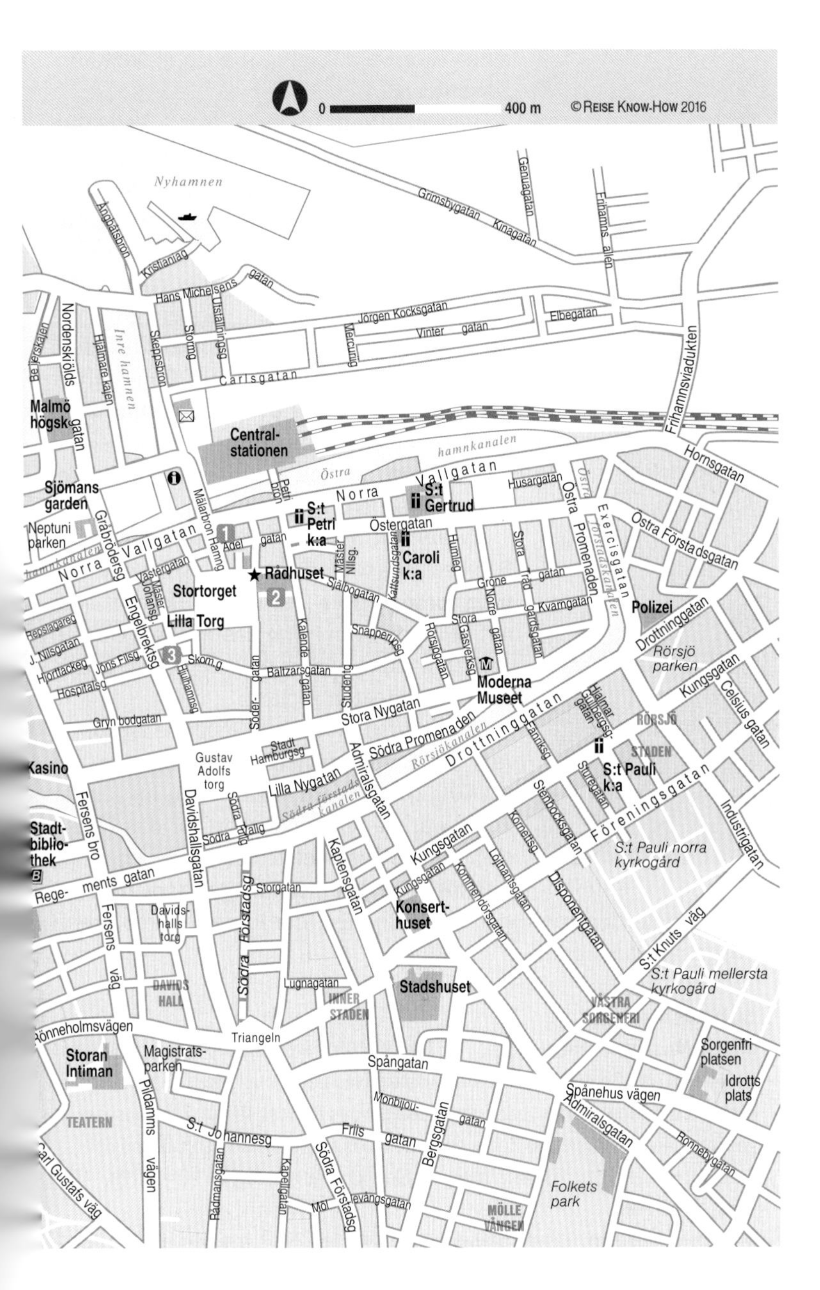

wurden. Des Weiteren sieht man im Inneren ein Taufbecken, den Altar und die Kanzel im Renaissancestil.

Ein weiteres sakrales Gebäude, die **St. Gertrudkirche,** befindet sich wenige Meter entfernt auf der Östergatan gleich gegenüber dem Radisson SAS Hotel. Wer die Östergatan lediglich überquert, erreicht automatisch die Norra Vallgatan und sieht direkt vor sich den **Hauptbahnhof.** Gegenüber vom Bahnhof steht die **Skulptur „Non-Violence“** von *Carl Fredrik Reuterswärd,* die den verknoteten Lauf

128sw Abb.: mm

◽ *Spanische Architekten bauen in Malmö verdrehte Hochhäuser*

eines Revolvers zeigt und auch in New York zu sehen ist.

Geht man nun über die Norra Vallgatan langsam wieder zurück in Richtung Parkplatz, so sieht man auf der linken Seite auf der Ecke ein kleines **deutsches Lokal,** in dem sogar typisch deutsches Sauerkraut angeboten wird.

Am Malmöhus sollte man aber nicht sofort wieder in das Auto steigen, sondern am Parkplatz und dem Kommandantenhaus aus dem 18. Jahrhundert vorbeigehen. Denn hinter dem folgenden **Haus der Technik und Seefahrt** befinden sich in einer kleinen Seitengasse einige wenige klassische Fischerhütten, die frischen Fisch feilbieten.

Zudem hat man von dort einen schönen Blick auf das weiter im Norden gelegene **Turning Torso.** Dieses „verdrehte" Hochhaus ist mit seinen 190 m Höhe das höchste Gebäude des Landes und wurde von einem spanischen Architekten geplant.

Ein weiteres modernes Gebäude ist die im Jahr 2008 fertiggestellte **Malmö Arena,** die 12.500 Zuschauern Platz bietet. Im Januar 2011 war sie Austragungsort für das Finale der Handballweltmeisterschaft, welches die französische Mannschaft gewann. Im Jahr 2013 folgte der Eurovision Song Contest, der in der Malmö Arena ausgetragen wurde.

Sehenswertes

Malmö Museer, Malmöhusvägen, Tel. 040 344437. Beim Malmö Museer handelt es sich um eine Sammelbezeichnung für gleich mehrere Abteilungen des Museums. Fast alle befinden sich im beziehungsweise um das Schloss herum. Zum Museum gehören unter anderem das Kommandantenhaus, das Haus der Technik und der Seefahrt und auch die Fischerhütten, 40 Skr., Juni-August täglich 10-17 Uhr, sonst 12-16 Uhr.

Modernes Museum, Gasverksgatan 22, Tel. 040 6857937. In einem ehemaligen Stromkraftwerk ist ein Teil des Stockholmer Kunstmuseums ausgelagert. Dennoch gilt das Malmöer Museum als eigenständig, es zeigt moderne und zeitgenössische Kunst, Di-So 11-18 Uhr, 70 Skr.

Essen

Johan P. Saluhallen, Lilla torg, Tel. 040 971818, eines der besten Fischrestaurants der Stadt, www.johanp.nu.

Sturehof, Adelgatan 13, Tel. 040 121243, klassische schwedische Gerichte in stilvollem Ambiente, Spezialität sind Meeresfrüchte, www.vendelrestauranger.se.

LUND (20 km – km 65)

Die Schnellstraße E22 führt einmal um Malmö herum und dann geradewegs durch eher unspektakuläre Landschaft auf Lund zu. Schon von Weitem sind die beiden Türme des Domes zu sehen. Doch erst einmal geht es in die kleine Stadt hinein. Dabei bewegt man sich auf der Stora Södergatan bis zum Zentrum. An der Ausschilderung *Konsthall* (Kunsthalle) zweigt man rechts ab und landet auf dem **Mårtenstorget,** der gute Möglichkeiten bereit hält, sein Fahrzeug abzustellen.

Von hier aus hat man beste Möglichkeiten, die Stadt zu Fuß zu erkunden. Dazu begibt man sich wieder zurück zur Stora Södergatan und biegt auf dieser rechts ab. Rechter Hand breitet sich der trapezförmige **Stortorget** aus, an dem sich das Rathaus befindet. Doch direkt hinter der nächsten Hausfassade sind wieder die zwei Domtürme zu erkennen.

Der **Dom** steht mitten in einer Grünanlage und ist idyllisch von zahlreichen Bäumen umgeben. Die Krypta stammt aus dem Jahr 1123

Information (TC)

Lunds Turistbyrå, Botulfsgatan 1a, 22350 Lund, Tel. 046 355040, Fax 125963, www.visitlund.se

Essen

Stäket, Stora Södergatan 6, Tel. 046 2119367, sehr gute Lokalität mit einer großen Auswahl an Gerichten in einem rustikalen Backsteingebäude aus dem 16. Jh.

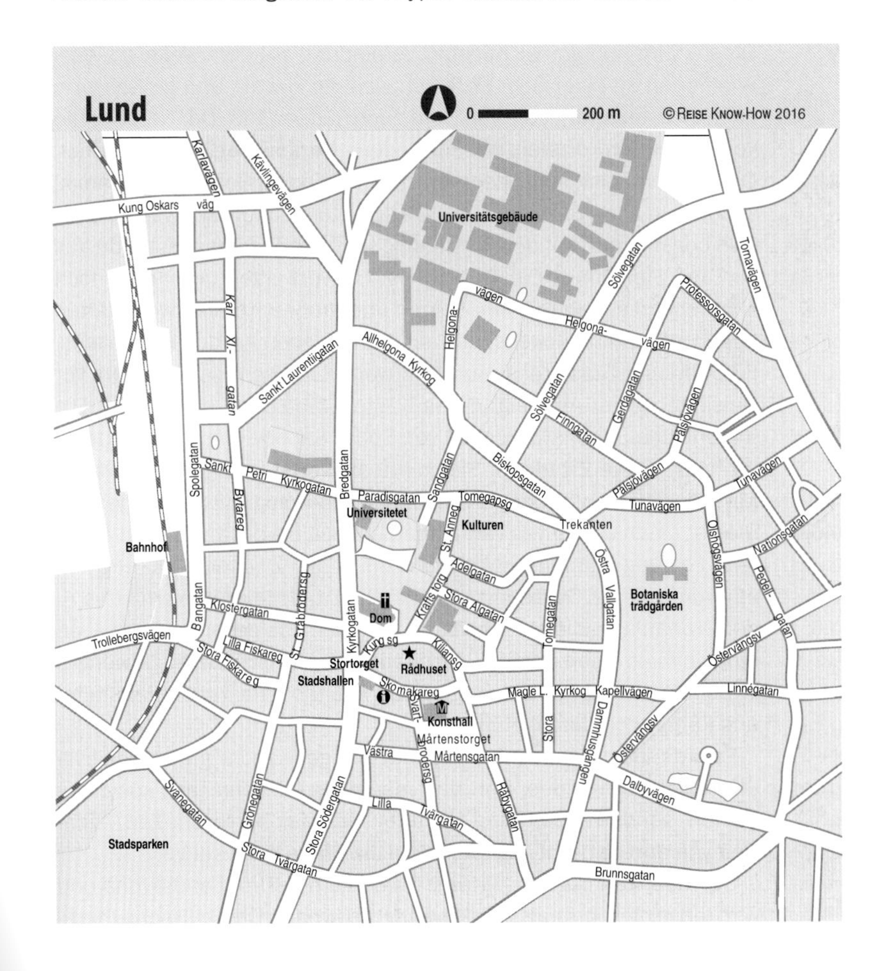

und ist damit der älteste Abschnitt der Kirche, die sowieso schon das älteste Gebäude in der Stadt ist. Sehenswert ist das Tympanon über dem Südportal. Doch der Dom ist nicht nur was fürs Auge, sondern auch fürs Ohr. Zweimal am Tag spielt die Orgel „In dulci jubilo", wenn die astronomische Uhr aus dem Mittelalter im Inneren des Domes einige Figuren in Bewegung bringt. Im Mai 2009 wurden in der Domkirche mehrere Pilgerwege eingeweiht, die unter anderem in das spanische Santiago de Compostela (Jakobsweg) führen bzw. zum Kloster Vadstena, das im Mittelalter ein wichtiges Pilgerziel in Schweden war (siehe Route 6).

Direkt neben dem Gotteshaus ist die **Universität** zu sehen. Lund ist durch die Universität jung geblieben, zahlreiche junge Menschen sieht man durch die Gassen eilen oder schlendern. Wahrscheinlich sind sie gerade auf dem Weg in ein anderes Gebäude der Uni, da diese sich über die ganze Stadt verteilen.

LANDSKRONA (34 km - km 99)

Information

Landskrona och Vens Turistbyrå, Skeppsbron 2, 26135 Landskrona, Tel. 0418 473000, Fax 473002, www.landskrona.se, Mo-Mi 9-17 Uhr, Do 10-18 Uhr, Fr 10-16 Uhr, letzter Sa im Monat 10-14 Uhr

Stellplatz

N55,921833 E012,844666
Nördlich von Landskrona auf einem Privatgrundstück, in unmittelbarer Nähe zur E6, Ausfahrt 26 Rosenhallsvägen. 125 Skr. für die Nacht (ab 18 Uhr), 25 Skr. für Strom. Zugang zu Dusche und Toilette für zwei Personen gratis, weitere Personen zahlen je 25 Skr. Frühstück für mindestens zwei Personen kann bestellt werden (65 Skr.)

Die E6 wird nun zur wichtigsten Verbindung auf dem weiteren Weg. Wie Perlen an einer Schnur reihen sich die kleinen und großen Orte an der Küstenstraße, die von Nord nach Süd verläuft. Der Nordwesten von Skåne wird oftmals als Schwedens **Keramikregion** bezeichnet. Die Kreativität ist hier allgegenwärtig, nicht nur in Bezug auf Keramik, sondern in allen Bereichen von Design, Kunst und Handwerk. Schon früh begann man mit der Herstellung schöner Kunstgegenstände aus Ton und Steinkohle. Die Tradition ist tief verwurzelt und heute noch sehr lebendig. Zahlreichen kleinen und großen Keramikwerkstätten begegnet man unterwegs, alle mit ihrer eigenen Art des Herstellens, Färbens und Glasierens. Auf dem weiteren Weg erscheint kurz vor Helsingborg der Abzweig in das Küstenstädtchen Landskrona. Die wesentliche Sehenswürdigkeit von Södra Sandby, wie es im Mittelalter hieß, ist die **Zitadelle.** Sie wurde als Verteidigungsanlage in der Mitte des 16. Jahrhunderts vom dänischen König *Kristian III.* gebaut. Sie hat einen doppelten Wallgraben und gilt als die am besten erhaltene Festung Skandinaviens. Noch bis in den Zweiten Weltkrieg hinein wurde sie als Gefängnis benutzt. Die Zitadelle ist im Verhältnis zu der Grünanlage, die sie umgibt, recht klein. Das gesamte Areal allerdings nimmt einen Großteil der Stadtfläche ein. Heutzutage werden in der Zitadelle Mittelaltertage und Weihnachtsmärkte veranstaltet und Führungen durchgeführt.

Parken lässt es sich in der Stadt übrigens recht gut in der Lilla Strandgatan im Süden. Dort darf man nicht nur zehn Tage kostenlos stehen, sondern auch eine Nacht im Wohnmobil verbringen. Nicht weit von dort entfernt startet zudem die Fähre zur Insel Ven.

Die **Insel Ven** liegt rund viereinhalb Kilometer vor Landskrona und wird lediglich von rund 360 Schweden bewohnt. Das idyllische Fleckchen Erde ist ideal für Reisende, die Zeit haben und Ruhe suchen. Hauptverkehrsmittel ist das Fahrrad, einen öffentlichen Personennahverkehr gibt es aber auch. Er besteht aus Pferdekutschen und Leiterwagen, wobei letztere von Traktoren gezogen werden. Wie gemütlich es auf der Insel zugeht, erfährt man bereits aus einem Prospekt, der für die Insel wirbt. Darin steht geschrieben, dass die Krankenschwester (von einem Arzt ist nicht die Rede!) im Notfall über Vens Fahrradvermietung oder über den Kiosk im kleinen Weiler Kyrkbacken zu erreichen ist. Im Zentrum der Insel befinden sich das **Tycho-Brahe-Museum** sowie das unterirdische Observatorium, in dem der Däne *Brahe* im 16. Jahrhundert forschte.

Tycho Brahe

Der Däne Tycho Brahe gehörte zu seiner Zeit dem höchsten Adel Dänemarks an und studierte an der Universität in Kopenhagen Philosophie und Rhetorik. Bei einem Duell mit einem Kommilitonen in Rostock verlor er einen Teil seiner Nase. Auf dem Gebiet der Astronomie schuf er unter anderem die Grundlagen für das heutige Weltbild und präzisierte die Messungen von Sternpositionen. Sein von König Friedrich II. finanziertes Observatorium auf Ven wird als eine der ersten wissenschaftlichen Einrichtungen Europas angesehen.

❷ Borstahusens Camping ***

N55,901093 E012,804614

Großer Familiencampingplatz direkt am Meer mit langem Bootssteg, Kiosk, Fahrradverleih und regelmäßigen Tanzveranstaltungen auf dem Steg. **Lage/Anfahrt:** von der E6 abfahren und der Beschilderung folgen; **Platzanzahl:** 200; **Untergrund:** Pflaster, Wiese; **Ver-/Entsorgung:** Strom, Trinkwasser, Abwasser, Chemie-WC; **Preise:** 420 Skr., Wasch- und Spülküche kostet extra (50 Skr. für 4 Std.), Strom 55 Skr.; **Geöffnet:** Ende April bis Mitte September; **Kontakt:** Campingvägen, 26161 Landskrona, Tel. 0418 10837, www.borstahusenscamping.se

Park- und Stellplatz am Hafen

N55,86594 E012,82473

150 Skr., 28 Stellplätze mit Strom, Dusche und Waschmaschine. Bezahlt wird am Kassenautomaten.

Sehenswertes

Landskrona Museum, Slottsgatan, Tel. 0418 473120, tägl. 12–17 Uhr, Ausstellung über die Historie der Stadt, untergebracht in einer Militärkaserne aus dem 18. Jahrhundert, Eintritt frei, www.landskrona.se.

Tycho-Brahe-Museum, Tel. 0418 72530, in der Hauptsaison von 10–18 Uhr, Nebensaison 10–16 Uhr, im Winter geschlossen, www.tychobrahe.com. Das Museum befindet sich in der Allerheiligen-Kirche von Ven und zeigt in einer multimedialen Präsentation das Leben und Wirken des Wissenschaftlers, 80 Skr.

HELSINGBORG (25 km – km 124)

Information (TC)

Helsingborgs Turistbyrå, Kungsgatan 11, 25189 Helsingborg, Tel. 042 104350, Fax 1043550, im Sommer Mo–Mi und Fr 10–18 Uhr, Do 10–20 Uhr, Sa/So 10–17 Uhr, http://helsingborgsturistbyra.skane.org

Weitere 25 km auf der E6 in Richtung Norden erreicht man die engste Stelle des Öresunds, wo zahlreiche Fähren rund um die Uhr im Viertelstundentakt die Ufer wechseln. Auf schwedischer Seite liegt

Parkplatz in Helsingborg Zentrum

N56,04667 E012,69944

› Routenatlas Seite XIV

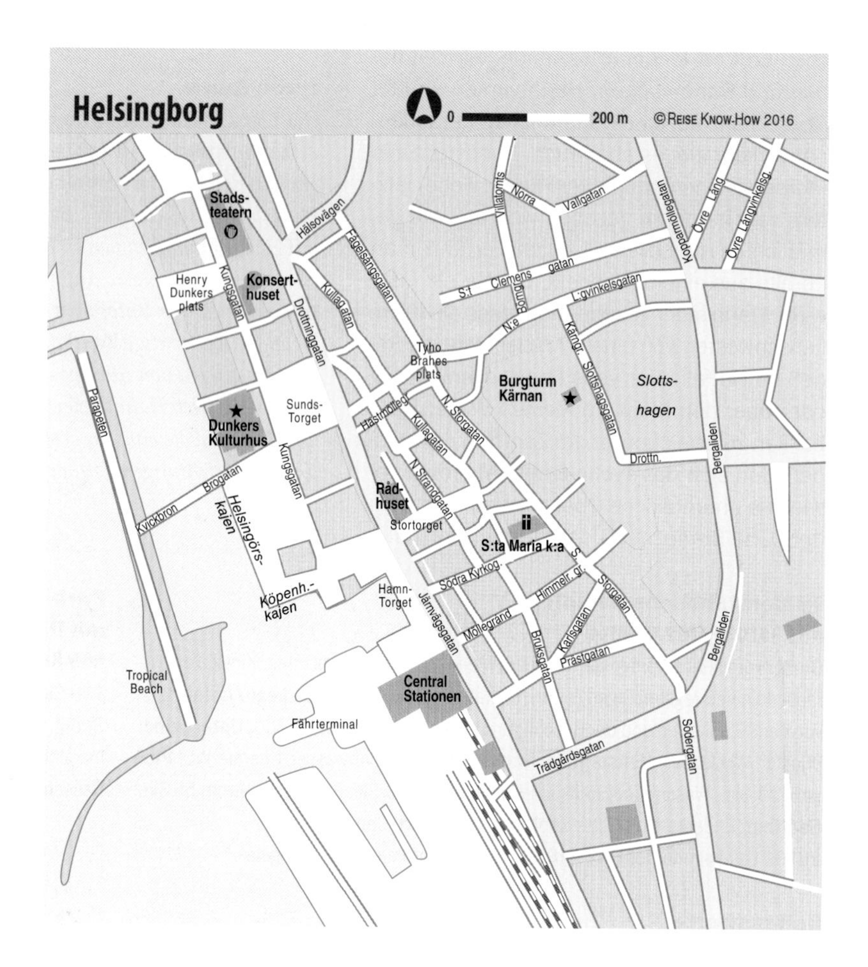

Helsingborg
Hafen, Parkplatz
First Stop Sweden
N56,03949 E012,69508

die Stadt Helsingborg, die von den meisten Schwedenreisenden nur als Durchgangsstation genutzt wird. Ich muss zugeben, dass auch ich auf meinen zahlreichen Schwedenreisen die Stadt keines Blickes würdigte. Das änderte sich erst mit der Recherche zu diesem Reiseführer und ich wurde positiv überrascht.

Über ein halbes Jahrtausend lang war die Stadt unter dänischer Flagge, doch im Jahr 1658 wurde die Region Skåne schwedisch. Es gab zwar noch einige Auseinandersetzungen mit dem Nachbarland, das nur vier Kilometer entfernt ist, aber mit dem Jahr 1710 war die dänische Vorherrschaft endgültig beendet.

Den interessantesten Ausblick auf die Stadt bietet hierbei der **Burgturm Kärnan.** Er ist 34 m hoch, hat 4,50 m dicke Mauern und befindet sich auf einem Hügel im Schlosspark. In seinem Inneren gibt es neben einer kleinen Ausstellung zur Geschichte des Turmes nichts weiter zu sehen, doch von oben hat man ein schönes Panorama auf die Stadt, den Öresund und nach Dänemark. Der Kärnan gehörte zu einer Befestigungsanlage aus dänischer Zeit, von der heute bis auf diesen Turm aber nicht mehr viel übrig ist.

Vom Turm aus geht es über einige Stufen hinab auf den langgezogenen Platz **Stortorget.** Dieser führt weiter in Richtung Hafen. Auf der rechten Seite erreicht man aber zuvor das Rathaus, in dem die Touristeninformation untergebracht ist, und vor dem Rathaus die mächtige Reiterstatue, die *Magnus Stenbock* zeigt.

Das **Rathaus** ist ein neogotisches Bauwerk, verziert mit zahlreichen Türmchen und Zinnen und einer reich geschmückten Fassade. Der dazugehörige Glockenturm ist 65 m hoch und lässt dreimal täglich eine Melodie ertönen. Die Glasfenster, die das Gebäude prägen, zeigen bedeutende Ereignisse in der Geschichte der Stadt.

025sw Abb.: mm

Markant: das Rathaus und davor die Statue von Magnus Stenbock

Vom Stortorget aus kommt man in wenigen Schritten auch zur **Sankt Maria Kirche.** Der Bau des Gotteshauses, der ein knappes Jahrhundert dauerte, war erst zu Beginn des 15. Jahrhunderts beendet. Die Kirche entstand im Stil der dänischen Backsteingotik, es handelt sich dabei um eine dreischiffige Basilika mit einem erhöhten Mittelschiff. Zu sehen gibt es im Inneren einen Silberschatz im Keller der Sakristei sowie einen Flügelaltar aus der Mitte des 15. Jahrhunderts.

Wer vom Rathaus aus in die andere Richtung geht und links in die Brogatan abbiegt, erreicht das **Dunkers Kulturhaus.** Auf über 3000 m^2 finden in dem interessant gestalteten Gebäude mehrere Ausstellungen der Stadt statt. Des Weiteren befinden sich im Inneren ein Konzertsaal, ein Theater sowie mehrere Künstlerateliers. Große Aufregung gab es für kurze Zeit im Frühjahr 2011, als sich ein Wolf in die Innenstadt von Helsingborg verirrte. Er konnte jedoch mit Schüssen aus einem Betäubungsgewehr narkotisiert werden.

Im Norden von Helsingborg liegt **Sofiero.** Umgeben von Rasenflächen, Bäumen und prächtigen Blumenfeldern steht dort das gleichnamige Schloss. Errichten ließen das Gebäude der zukünftige König *Oscar II.* und seine Gemahlin *Sofia* auf dem Hof **Skabelycka.** Die Bauzeit betrug gerade mal ein Jahr, jedoch wurde das Gebäude einige Jahre später um ein weiteres Geschoss aufgestockt. Der letzte Besitzer war *Gustav VI. Adolf.* Nach seinem Tod ging das Schloss in den Besitz der Stadt Helsingborg über, die heute Gartenausstellungen und Freilichtkonzerte auf dem Areal veranstaltet. Besonders beliebt ist ein Ausflug zum Schloss Sofiero in der Zeit zwischen Mai und Juni, wenn die unzähligen Rhododendren rund um das herrschaftliche Gebäude blühen.

Wohnmobilstellplatz nördlich von Helsingborg

N56,117226 E012,605041

Asphaltierter Stellplatz an einem Bootshafen, Strom, 200 Skr. Lage/Anfahrt: ab Helsingborg über die Straße 111 bis Domsten, im kleinen Ort direkt zum Bootshafen; Seglarevägen, Domsten

Egal von welchem Punkt aus man in Helsingborg das Panorama genießt, sei es vom Kärnan, vom Hafen oder vom Schloss Sofiero, man blickt fast immer auf die gegenüberliegende Burg auf dänischer Seite. Der Vollständigkeit halber sei erwähnt, dass es sich bei dem prachtvollen Bau um den Schauplatz von Shakespeares Tragödie „Hamlet" handelt. Die Burg beherbergt den größten Rittersaal Skandinaviens, sofern man Dänemark noch zu Skandinavien zählt, und wurde im Jahr 2000 in die Liste des UNESCO-Weltkulturerbes aufgenommen.

Einkaufen

Einkaufszentrum Väla, rund 6 km nordöstlich von Helsingborg. Wer noch etwas für seinen Schwedenaufenthalt benötigt und in den kleineren Geschäften in der Innenstadt nicht fündig wird, der dürfte in Väla Glück haben. Es handelt sich um eines der größten Einkaufszentren und wurde im Jahr 2000 sogar zum besten des Landes gewählt. Über einhundert Geschäfte, mehrere Restaurants und Bistros sind unter einem Dach versammelt, Mo-Fr 10-20 Uhr, Sa 10-17 Uhr, So 11-17 Uhr.

MÖLLE (28 km - km 152)

Wer nicht über Trelleborg oder Malmö angereist ist, wird es vermutlich über Helsingborg getan haben und sich nun nach Norden begeben wollen. Doch bevor man jetzt auf die E6 auffährt, sollte man sich lieber für die kleinere Straße 111 entscheiden und auf die Halbinsel Kullen Richtung Mölle fahren. War die bisherige Strecke zwischen Trelleborg und Helsingborg recht gewöhnlich, um es mal vorsichtig auszudrücken, so gewinnt die Landschaft ab jetzt immer weiter an Reiz. Die auf dem Weg liegenden Ortschaften **Viken** und **Höganäs** sind eher unbedeutend, lediglich das auf der linken Seite stehende **Schloss Krapperup** ist einen kurzen Fotostopp wert.

Doch schließlich erreicht man den Fischerort **Mölle.** Vor rund 100 Jahren existierte sogar eine direkte Zugverbindung zwischen Mölle und Berlin. Auch wenn es diese Verbindung schon lange nicht mehr gibt, so erfreuen sich noch heute viele Menschen an den hiesigen Bademöglichkeiten und dem pittoresken Ort. Einige alte Holzvillen zieren die Ortschaft, die sich aus einem kleinen Fischereihafen zu einem netten Badeort entwickelt hat. Doch der, im wahrsten Sinne des Wortes, Höhepunkt von Mölle grenzt an den Nordrand der Ortschaft und damit der Halbinsel. **Kullaberg** heißt die Erhebung, die sich bis zu 70 m über dem Meeresspiegel erhebt und in das **Kattegat** hineinreicht.

Der Besuch des Hügels ist jedoch mit Kosten für den Eintritt verbunden und im Som-

Kattegat

Kattegat bedeutet nichts anderes als Katzenloch und stammt aus dem Niederländischen und dem Plattdeutschen. Katt steht für Katze und Gatt ist das Loch. Zahlreiche Kapitäne haben die Meerenge zwischen Dänemark und Schweden als solches bezeichnet, da sie durch die vielen Untiefen selbst bei erfahrenen Seeleuten gefürchtet war.

⊡ *Mölle liegt auf einer Halbinsel*

mer fast schon ein Massenspektakel, schwedische Einsamkeit findet man hier nicht. Dafür wird der Besucher aber mit faszinierenden Höhlen, Wanderwegen und dem Besuch eines Leuchtturmes verwöhnt. Wer will, kann die faszinierenden Grotten auch bei einer von Naturpädagogen angebotenen Führung besichtigen. Von Mai bis September werden täglich verschiedene Touren von einer und von 1½ Stunden Dauer durchgeführt.

Nicht nur vom Leuchtturm aus hat man einen wunderbaren Blick über die Ostsee, doch eben dieser kann sogar aus einer Entfernung von 50 km gesehen werden, denn er gilt als das lichtstärkste Leuchtfeuer des Landes. Wer lieber in die Tiefe gehen möchte, der hat am Kullaberg ebenfalls gute Möglichkeiten, denn hier liegt eines der wenigen Wasserschutzgebiete Schwedens und zudem der meistbesuchte **Tauchplatz** des Landes. Die hiesige Unterwasserwelt zählt zu den schönsten von ganz Skandinavien. Für diejenigen, die mit dem Tauchen nicht vertraut sind, werden auch sogenannte Schnorchelsafaris angeboten.

Information

Höganäs Turistbyrå, Centralgatan 20, 26382 Höganäs, www.hoganas.se, Tel. 042 337774, Fax 349916, Juli Mo–Fr 10–18 Uhr, Sa und So 10–14 Uhr, April–Juni, Aug./Sept. Mo–Fr 11–17 Uhr, sonst 13–17 Uhr.

❸ Lerbergets Camping **

N56,18217 E012,55809

Großer, lauter Campingplatz, durch eine Straße geteilt. **Lage/Anfahrt:** mitten in Höganäs, neben der Straße 111; vor Höganäs ins Zentrum fahren. Die Rezeption erscheint auf der rechten Seite; **Platzanzahl:** 210; **Untergrund:** Schotterrasen, Wiese; fest; **Ver-/Entsorgung:** Strom, Trinkwasser; **Preise:** 330 Skr.; **Geöffnet:** Ende April–Ende September; **Kontakt:** Lerbergets Camping, Lerbergsvägen, 26352 Lerberget, www.lerbergetscamping.se, Tel. 042 331400, Fax 347729

❹ First Camp Mölle ****

N56,27074 E012,52921

Großer Familiencampingplatz mit Ersatzteilzubehörverkauf, Kiosk und Spielplatz. Quick-Stop. **Lage/Anfahrt:** an der Straße 111, 2 km südöstlich von Mölle auf der linken Seite; **Platzanzahl:** 550; **Untergrund:** Wiese; **Ver-/Entsorgung:** Strom, Trinkwasser, Abwasser, Chemie-WC; **Preise:** 285 Skr.; **Geöffnet:** ganzjährig; **Kontakt:** Kullabergsvägen 286, Möllehässle, Tel. 042 347384, Fax 347729, http://firstcamp.se/campingar/molle

Wohnmobilstellplatz an Jugendherberge Bläsinge Gård

N56,237996 E012,655913

20 Stellflächen auf dem Parkplatz einer ruhig gelegenen Jugendherberge, nordwestlich von Jonstorp; 150 Skr. zzgl. 50 Skr. für Strom; Kontakt: Stefan Sjölander, Tel. 070 6002813

ÄNGELHOLM (19 km – km 171)

Information

Ängelholms Turistbyrå,
Järnvägsgatan 5,
26232 Ängelholm, Tel. 0431 82130, Fax 412020,
www.engelholm.com,
im Sommer Mo–Fr 10–18 Uhr, Sa 10–15, So 11–15 Uhr, sonst Mo–Fr 9–17 Uhr, Sa 10–14 Uhr

Stellplatz

N56,269167 E012,842136

Stellplatz am Gästehafen von Ängelholm, Segelvägen, 150 Skr. inkl. Strom

Bereits vom Kullaberg bzw. von der Straße 112 aus, die nach Ängelholm führt, kann man den Badeort in der Bucht von Skälderviken sehen. Klares Wasser und weite Sandstrände laden in Ängelholm geradezu ein, einen Badestopp einzulegen. Das dachten sich auch schon Lebewesen aus ferneren Regionen, so soll es nämlich im Jahr 1946 zu einer **Ufo-Sichtung** gekommen sein. Um dieses Ereignis gebührend zu würdigen und wahren, hat man auf einer kleinen Waldlichtung in der Nähe des Strandes ein Modell des Raumschiffes im Maßstab 1 : 8 aufgestellt.

Nördlich der Kullaberg-Halbinsel folgt eine weitere Landzunge, die Halbinsel Bjärehalvön. Beide Halbinseln bilden die **Skälderviken-Bucht.** Von Ängelholm hat man die Möglichkeit an der Küste entlang auf die Halbinsel Bjärehalvön zu fahren, bis man **Torekov** erreicht. Von dort setzt ein Schiff über auf die kleine und unbewohnte Insel Hallands Väderö, die mit Buschwindröschen ein Kleinod für Naturfreunde ist und zudem mit malerischen Badebuchten lockt. Schließlich geht es über die Straße 115 weiter nach Båstad. Der direkte Weg von Ängelholm verläuft zwar über die Straße 105, jedoch sollte man die Bjärehalbinsel nicht ganz unbeachtet lassen.

Ein Markenzeichen der Region sind die **lokalen Spezialitäten,** für die man sich sehr einsetzt. Ein gutes Beispiel hierfür ist ein Zusammenschluss von rund 40 Kartoffelbauern, Bjäre Hembygd genannt. Dieser Bund bemüht sich so zum Beispiel um die Verbreitung einer ihrer neuen Kartoffelsorten – auch in flüssiger Form, da man daraus auch Wodka herstellt. Am besten überzeugt man sich in einem der Dorfläden, die sich als *Hallavara Lanthandel* zusammengeschlossen haben, oder in dem kleinen Dorf Boarp, das westlich von Båstad liegt, selbst davon. Dort findet man alle möglichen Lebensmittel, vom heimischen Gemüse bis hin zu Hühnerfleisch oder geräuchertem Fisch.

Picknickplätze

an der Ausfahrt Hjärnarp dem Weg nach Torekov folgen und der anschließenden Beschilderung nach Ranarpstrand

Sehenswertes

Flugmuseum, Valhall Park, 26291 Ängelholm, www.f10kamratforening.se, Tel. 0431 14810, an Hand von Filmen und Flugzeugen wird die Geschichte der F10 dargestellt. Zudem erzählt das Museum von der Luftwaffe Schwedens, zeigt Hubschrauber, eine Radarzentrale und einen Flugsimulator, Juni-August tägl. 10-17 Uhr, sonst nur am Wochenende 10-17 Uhr, 70 Skr.

5 Råbocka ***

N56,254026 E012,833523

Kinderfreundlicher und lebhafter Familiencampingplatz. **Lage/Anfahrt:** westlich von Ängelholm; ab dem Zentrum der Beschilderung folgen; **Platzanzahl:** 250; **Untergrund:** Schotter, Schotterrasen, Wiese; **Ver-/Entsorgung:** Strom, Trinkwasser, Abwasser; **Preise:** 300-415 Skr.; **Geöffnet:** Mitte April-Mitte September; **Kontakt:** Råbocka Camping, Råbockavägen 101, 26263 Ängelholm, Tel. 0431 10543, Fax 16144, www.rabockacamping.se

BÅSTAD (21 km - km 192)

Torekov und Båstad, die auf dieser Fahrt letzte Ortschaft Skånes, erwarben sich einen Namen als Bade- und Touristenorte. **Båstad** ist noch relativ jung und entstand um 1900. Der Ort wurde eigens für Badegäste angelegt. Es entstanden Pensionen, Restaurants und Tanzpavillons. Einige der Pensionen und Cafés aus der Zeit der Jahrhundertwende stehen heute noch. Neben Bade- und Tauchurlaub bietet Båstad auch die Gelegenheit zu Wanderungen. Am Tenniscenter Drivan beginnt der 11 km lange Weg **Axelstorpsslingan,** eine detaillierte Wegbeschreibung ist im Touristenbüro erhältlich.

Westlich der Stadt befindet sich eine der bemerkenswertesten Gartenanlagen des Landes, Norrvikens Trädgårdar. Die Gartenterrasse wurde vom Landschaftsarchitekten *Rudolf Abelin* verwirklicht und beherbergt einen Barock- sowie einen Kräutergarten. Geschaffen wurde die Anlage um das Jahr 1910 und sie wird heute vom Künstler *Tage Andersen* betreut und gepflegt. Im Jahr 2006 wurde die Anlage sogar zum schönsten Garten Schwedens gekürt.

Hinter Båstad verlässt man Skåne und erreicht die nächste schwedische Region Halland. Die Route entfernt sich auch ein wenig von der Küste, um Laholm anzusteuern. Zuvor hat man jedoch noch die Möglichkeit, von der Trittstufe des Wohnmobils direkt ins Meer zu

Information

Båstads Turistbyrå, Köpmansgatan 1, 26921 Båstad, Tel. 0431 75045, Fax 70055, www.bastad.com

› Routenatlas Seite XIV, X

Nördlich von Båstad darf man mit dem Womo direkt bis an den Strand fahren

springen. Der im Norden von Båstad angrenzende Strand von **Skummeslövsstrand** erlaubt das Befahren mit dem Wohnmobil und dem Pkw, Verkehrsbeschilderung inklusive.

Skummeslövsstrand und der angrenzende Badeort **Mellbystrand** gehören beide schon zu **Laholm** und haben insgesamt 12 km Sandstrand zu bieten. Laholm selbst ist die älteste Stadt Hallands und versprüht noch einen Hauch von Mittelalter in den schmalen Gassen, besonders im **Ortsteil Gamleby.** Am Stortorget erhebt sich das Rathaus aus dem späten 18. Jahrhundert. Bei einem Gang durch die Stadt am Fluss Lagan kann man bis zu **30 öffentliche Kunstwerke** bewundern, bei manchen muss man aufgrund ihrer geringen Größe aber schon genauer hinschauen.

❻ First Camp Båstad *****
N56,433375 E012,635715

Strandnah im Mischwald mit Aussicht auf das Kattegatt. **Lage/Anfahrt:** direkt in Torekov an der Straße 115; Asphaltstraße; **Platzanzahl:** 500; **Untergrund:** fest; **Ver-/Entsorgung:** Strom, Trinkwasser, Abwasser, Chemie-WC; **Preise:** 238 Skr. pro Stellplatz; **Geöffnet:** Mitte April–Mitte September; **Kontakt:** Krono Camping, Flymossavägen 5, 26093 Torekov, Tel. 0431 364525, Fax 364625, http://firstcamp.se/campingar/torekov

❼ Skummeslövs Ekocamping ****
N56,45928 E012,93281

Großer Campingplatz in Nachbarschaft zu einem Naturreservat. **Lage/Anfahrt:** am Rand des Feriendorfes Skummeslövstrand in unmittelbarer Nähe zur E6; **Platzanzahl:** 300; **Untergrund:** Wiese; **Ver-/Entsorgung:** Strom, Trinkwasser, Abwasser, Chemie-WC; **Preise:** 160–270 Skr., Duschen exkl., Strom 40 Skr.; **Geöffnet:** Mitte April–Ende September; **Kontakt:** Stora Strandvägen 35, 31272 Skummeslövstrand, Tel. 0430 21030, Fax 21028, www.ekocamping.nu

❽ Skummeslövsstrands Camping

N56,45591 E012,91800

Einfacher Campingplatz, teils unter Bäumen. **Lage/Anfahrt:** mitten im Feriendorf Skummeslövsstrand zwischen einigen Ferienhäusern; von der E6 abfahren, am Ekocamping vorbei bis zum Ende und dann links; **Platzanzahl:** 110; **Untergrund:** Wiese; **Ver-/Entsorgung:** Strom; **Preise:** 320 Skr.; **Geöffnet:** Ende April-Ende August; **Kontakt:** Södra Kustvägen 35, 31272 Skummeslövsstrand, Tel. 0733 507717, www.skummeslovsstrandscamping.se

❾ Marias Camping ****

N56,51944 E012,94640

Großer, kinderfreundlicher Campingplatz, FKK-Strand in der Nähe. **Lage/Anfahrt:** am Ortsrand von Mellbystrand; **Platzanzahl:** 250; **Untergrund:** Wiese; **Ver-/Entsorgung:** Strom, Trinkwasser, Abwasser; **Preise:** 340-360 Skr.; **Geöffnet:** Ende April-Ende August; **Kontakt:** Norra Strandvägen 1, 31260 Mellbystrand, Tel. 0430 28585, Fax 27321, www.mariascamping.se

HALMSTAD (21 km - km 213)

Information

Halmstads Turistbyrå, Köpmansgatan 20, 30242 Halmstad, www.destinationhalmstad.se, Tel. 035 120200, Fax 158115, Mo-Fr 10-18 Uhr, Sa 10-14 Uhr

028sw Abb.: mm

⊡ *Immer gut besucht: das Marinefestival in Halmstad*

Hat man Laholm auf der Straße 24 in Richtung Westen verlassen, trifft man unweigerlich wieder auf die E6 und es dauert nicht lange, bis man die nächste sehenswerte Stadt erreicht. Bei einem Blick auf die Landkarte muss man kein großes japanisches Automobilwerk fürchten. Nissan ist hier nur der Name des Flusses der von Norden kommend durch Halmstad fließt und ins Kattegatt mündet. Halmstad erhielt bereits im Jahr 1307 die Stadtrechte und war einstmals sogar die größte schwedische Stadt an der Westküste. Heute erringt die Gemeinde Titel wie „Fahrradstadt des Jahres“ und das zu Recht. Wer seinen Drahtesel dabei hat, kann ihn in und um Halmstad herum gut benutzen. 200 Kilometer Radweg und eine sehr gute Beschilderung laden ein.

Überquert wird der Fluss in der Regel über die Slottsbron, die zwischen Schloss und Rathaus beginnt und auf der anderen Seite neben dem aus Beton gefertigten **Picasso-Kunstwerk** „Der Frauenkopf“ en-

Roxette

Per Gessle und Marie Fredriksson stammen aus Halmstad. Berühmt wurden sie und ihre Band Roxette mit ihrem ersten erfolgreichen Lied „The Look". Nach ABBA sind sie die erfolgreichste Musikgruppe aus Schweden. Ihr großartiges Comeback im Jahr 2009 untermauerten sie im folgenden Jahr mit einem Auftritt bei der Hochzeit von Kronprinzessin Victoria von Schweden und Daniel Westling.

det. Im Schloss befindet sich die Touristeninformation und auf der anderen Seite des Nissan sieht man ein kleines Stück flussabwärts das **Tropikcenter.** Neben Skorpionen, Leguanen und giftigen Fröschen gibt es dort auch kleine Äffchen zu sehen. Jedes Jahr im Juli findet um das Tropikcenter herum das **Marinefestival** statt. Viele Segelschiffe oder auch schon mal Dschunken legen Jahr für Jahr an und laden zur Besichtigung ein. Das **Segelschulschiff Najaden** vor dem Schloss liegt im Übrigen das ganze Jahr über vor Anker.

Etwas weiter außerhalb von Halmstad befindet sich der kleine, zur Gemeinde gehörende **Badeort Tylösand,** der bei Schweden sehr bekannt und dementsprechend gut besucht ist. Die zahlreichen touristischen Angebote auf engstem Raum schrecken den Erholungssuchenden allerdings eher ein wenig ab.

Essen

Fridolfs Krog, Brogatan 26, Halmstad, gemütliche Gaststätte mit einem umfangreichen Speisenangebot sowie einer gediegenen Weinkarte

Von Halmstad aus hat man schließlich zwei Möglichkeiten weiter nach Norden zu fahren. Einerseits über die bekannte Autobahn E6, die sicherlich die bequemste und schnellste Möglichkeit ist. Wer viel Zeit hat, könnte alternativ aber auch an Hallands Kustvägen, zu Deutsch Hallands Küstenstraße entlangfahren. Sie ist mit einer Blume auf braun-weißen Schildern ausgewiesen und führt durch schöne Landschaften, gelegentlich mit einem Blick auf das Meer.

Halmstad Parkplatz
N56,67497 E012,859550

Stellplatz südlich von Halmstad
N56,572091 E013,025867
Zwischen Laholm und Halmstad verläuft die Straße 15 bis Genevad. Dort befindet sich der Wohnmobilhändler Zäta Caravan. Übernachtung ist dort auf dem asphaltierten Parkplatz kostenlos möglich. Zugang zu Toiletten während der Öffnungszeiten. Landschaftlich jedoch nicht besonders attraktiv. Halmstadsvägen, Genevad.

⑩ Halmstad Camping ***
N56,658603 E012,756565
Großer Platz in der Nähe des Seebades Tylösand. Ehemaliger Karlstorps Camping, der umbenannt und modernisiert wurde. **Lage/Anfahrt:** 6 km von Halmstad entfernt in Richtung Tylösand; **Untergrund:** Wiese; fest; **Ver-/Entsorgung:** Strom, Trinkwasser, Abwasser; **Preise:** 250 Skr., Strom 40 Skr.; **Geöffnet:** Anfang Mai–Ende August; **Kontakt:** Gamla Tylösandsvägen, 30270 Halmstad, Tel. 035 31794, www.halmstadcamping.se

⑪ Hagöns Camping ****
N56,63623 E012,899945
Vier-Sterne-Campingplatz in Nachbarschaft zum Meeresstrand und zu einem Naturschutzgebiet. **Lage/Anfahrt:** 6 km südöstlich vom Zentrum Halmstads; **Platzanzahl:** 200; **Untergrund:** Wiese; **Ver-/Entsorgung:** Strom, Abwasser; **Preise:** 340 Skr. exkl. Duschen, Strom 40 Skr.; **Geöffnet:** Ende April–Ende August; **Kontakt:** Östra Stranden, 30260 Halmstad, Tel. 035 125363, Fax 124635, www.hagonscamping.se

FALKENBERG (27 km - km 240)

Nur noch wenig erinnert in Falkenberg an die Burg

Welche Strecke man auch benutzt, beide führen auf direktem Wege nach Falkenberg, welches an der Mündung des Flusses Ätran liegt. Die Kommune von Falkenberg ist die größte in Halland und reicht rund 50 km in das Landesinnere. An der Küste erstreckt sich die Gemeindefläche auf einer Länge von 30 km.

Die Ortschaft selbst hat einige kleinere Sehenswürdigkeiten zu bieten. So befindet sich in einer Schleife des Flusses die **Kirchenruine St. Gertrud.** Sie ist eines der wenigen noch erhaltenen Bauwerke, die an das mittelalterliche Ny Falkenberg erinnern, wie die Stadt zur damaligen Zeit hieß. Etwas weiter flussabwärts sieht man auf der gegenüberliegenden Uferseite ebenfalls Ruinen. Sie gehören zur **Burg Falkenberg** und bilden den Keller des viereckigen Festungsturmes, der aus dem 13. Jahrhundert stammt. Zwischen diesen beiden Ruinen liegt auf der rechten Flussseite die Altstadt mit dem Rathaus aus dem 19. Jahrhundert und dem wesentlich jüngeren **Stadthaus.** Dieses hat an seiner Außenwand ein Glockenspiel, das jeden Tag stündlich zwischen 12 und 18 Uhr die Melodie „Himlajord" von *Evert Taube* erklingen lässt. Vom Rathaus am gleichnamigen Platz lohnt ein kurzer Spaziergang durch die **Storgatan.** Sie ist die älteste und zugleich längste Straße des Ortes und zeigt noch viele alte Häuser aus der Zeit der Stadtgründung. Das bedeutendste Bauwerk der Stadt ist jedoch die **Zollbrücke.** Sie verbindet die Burgruine mit der Altstadt und wurde in der Mitte des 18. Jahrhunderts gebaut. Noch bis kurz vor Beginn des Ersten Weltkriegs musste man zur Überquerung des

Information

Falkenbergs Turistbyrå, GPS: N56,90412 E012,48974, Holgersgatan 11, 31134 Falkenberg, www.falkenbergsturist.se, Tel. 0346 886100, Fax 14526, im Sommer Mo–Sa 9.30–18 Uhr, So 13–18 Uhr, sonst Mo–Fr 10–17 Uhr

Stellplatz südwestlich von Falkenberg

N56,893213 E012,467797

Am Gästehafen Lövstaviken, 160 Skr. inkl. Strom

Flusses an der Stelle eine Zollgebühr entrichten, heute gilt die Brücke als Kulturgut. Gleichzeitig markiert sie auch den Beginn eines 2 km langen Abschnittes des Ätran, an dem geangelt werden darf. Von der Zollbrücke bis zur stromaufwärts gelegenen **Lachsbrücke** sieht man in der Zeit von April bis September sehr viele Angler, die einen der zahlreich vorhandenen Lachse fischen wollen.

Sehenswertes

Falkenbergs Hembygdsmuseum, St. Lars Kyrkogatan 8, Tel. 0346 10504, das Heimatmuseum der Stadt zeigt Gegenstände aus der Stadtgeschichte, Di–So 13–17 Uhr, 20 Skr.

Fotomuseum Olympia, Sandgatan 13a, www.fotomuseet-olympia.com, Tel. 0346 87928, in Falkenbergs ältestem Kino von 1912 ist eine Ausstellung über Kameras, Fotos und Zubehör untergebracht, Di–Do 13–19 Uhr, So 13–18 Uhr, 50 Skr.

Törngrens Krukmakeri, Krukmakaregatan 4, Tel. 0346 10354, www.torngrens-krukmakeri.se. Diese älteste Töpferei Nordeuropas wurde 1789 gegründet und arbeitet heute in der siebten Generation, werktags geöffnet von 9.30–12 Uhr und 13–16.30 Uhr, Eintritt frei.

Essen

Restaurang Gustaf Bratt, Brogatan 1, Tel. 0346 10331, direkt am rechten Brückenkopf der Zollbrücke mit Livemusik und gemütlichem Ambiente, www.bratt.nu.

⓬ Olofsbo Camping ****

N56,923532 E012,391269

Moderner Campingplatz mit gehobener Ausstattung. Quick-Stop. **Lage/Anfahrt:** 6 km nördlich von Falkenberg, 400 m zum Strand; **Untergrund:** Wiese; **Preise:** 330 Skr. exkl. Duschen, Strom 45 Skr.; **Geöffnet:** Mitte April–Ende Oktober; **Kontakt:** Olofsbo, 31191 Falkenberg, Tel. 0346 92022, Fax 97114, www.olofsbocamping.se

⓭ Skrea Camping ****

N56,88318 E012,51592

Großer komfortabler Campingplatz, rund 150 Meter vom Sandstrand entfernt. **Lage/Anfahrt:** 3 km südlich von Falkenberg, dort der Beschilderung nach Skrea folgen; **Platzanzahl:** 420 Plätze, die sich auf vier Areale verteilen; **Untergrund:** Wiese; **Preise:** 350–470 Skr. exkl. Duschen, Aufenthalt muss für mindestens zwei Nächte erfolgen; **Geöffnet:** Januar–Ende September; **Kontakt:** Strandvägen, 31143 Falkenberg, Tel. 0346 17107, Fax 15840, www.skreacamping.se

⓮ Hansagårds Camping ****

N56,87441 E012,53016

Ein parzellierter Platz direkt am Meer. **Lage/Anfahrt:** 4 km südlich von Falkenberg geht es in Richtung Skreastrand und schließlich nach Ringsegård; **Platzanzahl:** 340; **Untergrund:** Wiese; fest; **Ver-/Entsorgung:** Strom, Trinkwasser, Abwasser; **Preise:** 350 Skr.; **Geöffnet:** Ende April–Ende August; **Kontakt:** Hansagårdsvägen 11, 31143 Falkenberg, Tel. 0346 16944, Fax 10945, www.hansagard-camping.se

Stellplatz

N56,904083 E012,483248

Auf der Sandgatan erscheint links der Supermarkt ICA Kvantum. Dort ist ein offizieller Womostellplatz.

VARBERG (29 km - km 269)

Information

Varbergs Turistbyrå, Brunnsparken, 43224 Varberg, Tel. 0340 86800, Fax 86807, www.marknadvarberg.se, in der Hauptsaison Mo-Sa 9.30-19 Uhr, So 13-18 Uhr, sonst Mo-Fr 10-17 Uhr

Falkenberg verlässt man über die Straße 154, die außerhalb der Stadt auf die E6 trifft. Auf dieser wiederum geht es weiter nördlich nach Varberg, welches man über die Abfahrt 54 und die anschließende Fahrt durch das Industriegebiet rechts und links der Straße 153 erreicht.

Die einzige Sehenswürdigkeit Varbergs ist eine trutzige **Burg,** die sich direkt an der Küste erhebt. Der älteste Teil der Festung wurde bereits im 13. Jahrhundert errichtet, die mächtigen Wehrmauern stammen aus dem 17. Jahrhundert. Nachdem die Dänen das Land verlassen hatten und die Festung damit in schwedischen Besitz überging, nutzte man das Bauwerk auch als Gefängnis. Heute wird die Festung gerne als Veranstaltungsort für Konzerte genutzt, beherbergt aber auch ein Museum, ein Café und eine Jugendherberge.

Rund 10 km östlich von Varberg befindet sich ein außergewöhnliches Weltkulturerbe. Sechs Antennentürme, die jeweils 380 m voneinander entfernt stehen und damit eine zwei Kilometer lange Schneise durch einen Wald schlagen, stehen nahe dem Weiler **Grimeton.** Ausgerichtet in Richtung New York ist dies der letzte noch funktionsfähige **Längstwellensender** der Welt. Eingeweiht wurde die Funkstation im Jahr 1925 und gehörte im Rahmen der drahtlosen Telegrafie-Verbindungen zu einem Netz von sogenannten Alexanderson-Sendern. Der Name wurde abgeleitet vom Erfinder *Ernst Frederik Werner Alexanderson.* Als selbst das Militär Mitte der 1990er Jahre das Interesse an dieser Kommunikationsmethode verlor, wurde die Station geschlossen und sendet seitdem nur noch zu besonderen Anlässen einen Morsecode. Seit dem Jahr 2004 gehört der Sender zum schützenswerten Kulturerbe der UNESCO. Der Parkplatz der Sendestation bietet sich übrigens gut als Stellplatz an.

Sehenswertes

Länsmuseum Varberg, Fästningen, Tel. 0340 82830, im Sommer tägl. 10-17 Uhr, sonst Mo-Fr 10-16 Uhr, Sa-So 12-16 Uhr, 20 Skr., www.hkm.varberg.se. Untergebracht in der Festung ist das bekannteste Ausstellungsstück der Bockstensmann, eine Moorleiche aus dem 14. Jahrhundert, die im Sommer 1936 mit fast unversehrter Kleidung gefunden wurde.

Längstwellensender Grimeton

N57,11285 E012,40528

Ein technisches Bauwerk jüngeren Datums befindet sich weiter nördlich, direkt an der Küste, aber immer noch auf dem Gebiet der Gemeinde Varberg. Das **Kernkraftwerk Ringhals** ist über die Ausfahrt der E6 mit gleichem Namen zu erreichen und liegt auf einer breiten Landzunge zwischen Varberg und Kungsbacka. Es produziert jährlich 20 % des gesamten Energiebedarfs des Landes. Das zu Vattenfall und E.ON gehörende Unternehmen beschäftigt rund 1400 Mitarbeiter und schreibt Öffentlichkeitsarbeit groß. Wer sich für die schwedi-

Stellplatz

N57,109041 E012,244036

am Gästehafen von Varberg, Skeppsgatan

Stellplatz nördlich von Varberg

N57,126277 E012,253596

am Naturum in der Lassavägen, 125 Skr.

⊡ *Technisches Kulturerbe: die Antennen des Längstwellensenders Grimeton*

sche Kernkraft interessiert, hat hier Gelegenheit, das Besucherzentrum zu besichtigen und in einer Ausstellung Näheres über Elektrizität und Atomenergie zu erfahren. Mit einem Kino, einem Café und einem multimedialen Bauplatz für Kinder ist das Atomkraftwerk Ringhals täglich von 9 bis 15 Uhr geöffnet.

Auch in Schweden wird natürlich immer wieder über das Thema Kernenergie diskutiert, doch die Zwischenfälle in den Kraftwerken Forsmark und auch hier in Ringhals in den Jahren 2006 bis 2008 waren 2010 vergessen, als die Regierung den Ausstieg aus dem Atomausstieg beschloss. Auch die Ereignisse in Japan am 11. März 2011 brachten bisher keine Kehrtwende.

Stellplatz
N57,167949 E012,276093
Großer Lkw-Rastplatz an einer Statoil-Tankstelle an der Ausfahrt 55 der E6, nördlich von Varberg. Kann auch von Wohnmobilen genutzt werden.

⑮ Silverlyckans Camping
N57,425017 E012,157209
Sehr ruhiger und idyllischer Waldcampingplatz. **Lage/Anfahrt:** nördlich von Varberg kurz vor Kungsbacka; der Ausschilderung zum Schloss Tjolöholm folgen, der Platz erscheint auf der linken Seite; **Platzanzahl:** 80; **Untergrund:** Wiese; **Ver-/Entsorgung:** Strom, Trinkwasser, Abwasser, Chemie-WC; **Preise:** 250 Skr. inkl. Dusche und Strom; **Geöffnet:** Anfang Mai–Mitte September; **Kontakt:** Silverlyckans Camping, 43033 Fjärås, Tel. 0300 541349, www.silverlyckan.eu

Stellplatz
N57,081038 E012,261568
direkt an der Küste in einer Bucht südlich vom Campingplatz Apelviken ⑯, 100 Skr.

⑯ Apelvikens Camping ****
N57,087988 E012,247787
Großer Familiencampingplatz mit hohem Komfort und moderner Ausstattung, Pool und Animation. **Lage/Anfahrt:** 2 km südlich von Varberg, zwischen zwei Stränden; **Platzanzahl:** 500; **Untergrund:** Wiese; fest; **Ver-/Entsorgung:** Strom, Trinkwasser, Abwasser, Chemie-WC; **Preise:** 360–470 Skr.; **Geöffnet:** ganzjährig; **Kontakt:** Apelviken, 43253 Varberg, Tel. 0340 641300, www.apelviken.se

⑰ Getteröns Camping ****

N57,116739 E012,214029

Schöner Familiencampingplatz direkt am Wasser. Quick-Stop. **Lage/Anfahrt:** 4 km nördlich von Varberg; am Norra Hamvägen die Bahngleise überqueren und der Beschilderung folgen; **Platzanzahl:** 500; **Untergrund:** Wiese; **Ver-/Entsorgung:** Strom, Trinkwasser, Abwasser, Chemie-WC; **Preise:** 415–445 Skr. exkl. Duschen, Strom 45 Skr.; **Geöffnet:** Ende April–Mitte September; **Kontakt:** Valvikavägen 3, 43293 Varberg, Tel. 0340 16885, Fax 10422, www.getteronscamping.se

⑱ Läjets Camping ****

N57,073017 E012,281975

Seit der Fusion von Södra Näs und Träslövsläge im Jahr 2015 ist der Platz einer der größten der Region. **Lage/Anfahrt:** 4 km südlich von Varberg an der Küstenzufahrtsstraße; **Platzanzahl:** 200; **Untergrund:** Wiese; fest; **Ver-/Entsorgung:** Strom, Trinkwasser; **Preise:** 320 Skr. exkl. Duschen inkl. Strom; **Geöffnet:** Ende März–September; **Kontakt:** Bosse und Sonja Nilsson, Repslagarns Nygard 3, 43254 Varberg, Tel. 0733 628854, www.sodranascamping.se

Stellplatz am Gästehafen von Bua

N57,239278 E012,114442

zwischen Varberg und Kungsbacka gelegen, 170 Skr.

KUNGSBACKA (40 km – km 309)

Kurz vor Kungsbacka sollte man die E6 an der Ausfahrt 58 verlassen und der Beschilderung nach Tjolöholm folgen. Der Weg führt an Feldern vorbei bis auf einer kleinen Anhöhe eine ansehnliche Kapelle zu erkennen ist. An dieser vorbei folgt nach einer weiteren Kurve das **Schloss Tjolöholm.**

Schon von Weitem erkennt man das Gebäude inmitten eines kleinen Waldes. Auf die meisten Besucher macht es einen britischen Eindruck, was nicht von ungefähr kommt. Erbaut wurde es um die Wende zum 20. Jh. von Architekt *Lars Israel Wahlman,* der den Auftrag durch einen Architektenwettbewerb erhielt. Auftraggeber waren die Eheleute *James Fredrik* und *Blanche Dicksons,* die sehr eng mit Großbritannien verbunden waren und daher forderten, dass ihre Wohnstätte einen britischen Charakter erhält. Die Gattin hat jedoch nicht mehr viel Zeit in dem Schloss verbringen können, da sie zwei Jahre nach der Fertigstellung verstarb. Aufgrund ihres sozialen Engagements in der Umgebung herrschte auf der gesamten Halbinsel große Bestürzung, als man von ihrem Tod erfuhr. Das Schloss wurde von der Tochter übernommen und geriet nach deren Tod in den Besitz der Stadt Göteborg. Heute ist es Sitz einer Stiftung der Gemeinde Kungsbacka und kann in den Sommermonaten besichtigt werden. Gerne werden die Räumlichkeiten im Schloss auch für private Feiern angemietet.

Information

Kungsbacka Turistbyrå, Stortorget, Storgatan 37, 43481 Kungsbacka, Tel. 0300 834000, Fax 834599, www.kungsbacka.se, in der Hauptsaison Mo–Sa 10–18 Uhr, So 10–14 Uhr, sonst Mo–Fr 10–17 Uhr, Sa 10–14 Uhr

Stellplatz Schloss Tjolöholm

N57,40155 E012,10201

Auf dem Parkplatz unterhalb des Schlosses ist das Nächtigen im Womo gegen eine Stellplatzgebühr von 100 Skr. erlaubt.

117sw Abb.: fotolia.com © Piotr Wawrzyniuk

Nicht nur Schloss Tjolöholm ist schön, sondern auch der Blick von dem Anwesen auf das Meer

Auf dem weiteren Weg in das Zentrum von Kungsbacka sollte man nicht die Autobahn benutzen, sondern vielmehr östlich davon über die gemütlicheren Wege fahren. Die Strecke verläuft über die Straße 158 und dem Valbyvägen in den **Ortsteil Fjärås**. Dieser liegt am größten Binnensee Hallands, dem Lygnern, und ist das schwedische Zentrum für den Meerrettichanbau, über Generationen hinweg wurden die ausgeklügelten Anbaumethoden weiter vererbt. In der näheren Umgebung wiederum findet man zahlreiche Bademöglichkeiten in dem Gewässer. Man kann auch das **Informationscenter von Fjärås Bräcka** aufsuchen. Es informiert über den Moränenrücken, der sich vor rund 10.000 Jahren beim Rückzug des Eiszeiteises bildete und heute eine schöne Aussicht auf den See bietet. Von Fjärås aus, wo es auch eine mittelalterliche Kirche zu sehen gibt, fährt man über den Gåsevadholmsvägen nach Hjälm. Dort existiert eine große Ansammlung von Steinhügeln aus der Bronzezeit.

Schließlich erreicht man über den Hällingsjövagen das Zentrum von Kungsbacka, das sich recht gemütlich und außerordentlich ruhig präsentiert. Um den **Marktplatz** herum kann man einige schöne Holzhäuser in pastellfarbenen Tönen aus der Zeit Ende des 19. Jahrhunderts entdecken.

Einkaufen

Kungsbacka Markt, jeden ersten Donnerstag im Monat ist Markttag mit einer über 600-jährigen Tradition

Im Südwesten von Kungsbacka erreicht man wieder eine Halbinsel. Sie trägt den Namen **Onsala** und ist bereits seit dem Mittelalter von der Fischerei und dem Seehandel geprägt. Das Boots- und Seefahrtsmuseum von Onsala zeigt einen Teil der Seefahrt, die in der Regel von Bauern durchgeführt wurde, um die Großfamilien daheim sättigen zu können. Die benachbarte Kirche präsentiert sich im Inneren mit ansehnlichen Deckenmalereien. Einen typischen Fischereihafen der Region sieht man im südlich gelegenen **Gottskär,** wo gelegentlich auch eine Segelregatta stattfindet. Ein typischer Badeort auf der Halbinsel ist **Särö.** Bereits in der ersten Hälfte des 19. Jahrhunderts wurde dort ein Warmwasserbadehaus errichtet, das den Ort zu einem Tummelplatz für die Reichen Schwedens werden ließ. Einige Villen zeugen noch heute von dieser Zeit. Zurück nach Kungsbacka benutzt man wieder für den weiteren Weg gen Norden die E6 bzw. E20.

GÖTEBORG (24 km - km 333)

Information (TC)

Göteborgs Turistbyrå, Mässans gata 8, 41110 Göteborg, Tel. 031 3684200, Fax 3684238, www.goteborg.com, im Sommer tägl. 9.30-20 Uhr, sonst Mo-Fr 9.30-17 Uhr, Sa 10-14 Uhr

Dass man sich Göteborg nähert, spürt man zumindest an Werktagen auch anhand des zunehmenden Verkehrs. Wenn man in einem so großen Land wie Schweden glaubt, Staus wären unbekannt, darf man nicht vergessen, dass Göteborg die zweitgrößte Stadt des Landes ist und man hier auf der E6 unter Umständen auch in den Feierabendverkehr kommen kann. Um Stau zu vermeiden, hat man aber zum Jahr 2013 eine City-Maut in Göteborg eingeführt, nähere Infos hierzu finden sich auf Seite 45. Dafür hat man dann aber ausreichend Zeit, den Freizeitpark auf der linken Seite ausgiebig zu betrachten, bei den mitfahrenden Kindern stellt sich dann womöglich schon die Vorfreude auf die rasanten Fahrgeschäfte ein. **Liseberg** heißt das Freizeitvergnügen direkt neben der Autobahn. Eine Holzachterbahn, zwei sogenannte Freefall-Tower (einer davon seit 2011 mit 146 Metern der höchste in Europa), ein Aussichtsturm, kleinere Karussells, Shows und Souvenirgeschäfte sowie ein Theater und zahlreiche Schnellimbisse gehören zum Programm. Wer direkt an der nächsten Abfahrt die E6 verlässt, hat gute Parkmöglichkeiten in der Umgebung des Lisebergs. Am sinnvollsten ist es, der Beschilderung zu folgen, doch die Parkplätze in der unmittelbaren Umgebung zu meiden, da es sich dabei meist um Parkhäuser handelt, die mit dem Wohnmobil dementsprechend nicht befahren werden können.

› **Liseberg Freizeitpark,** Örgrytevägen, www.liseberg.se, geöffnet Ende April-Okt. u. Vorweihnachtszeit, Öffnungszeiten abhängig von Datum u. Werktag, Kernöffnungszeit 12-20 Uhr, zahlreiche Fahrgeschäfte u. Attraktionen für 90 Skr.

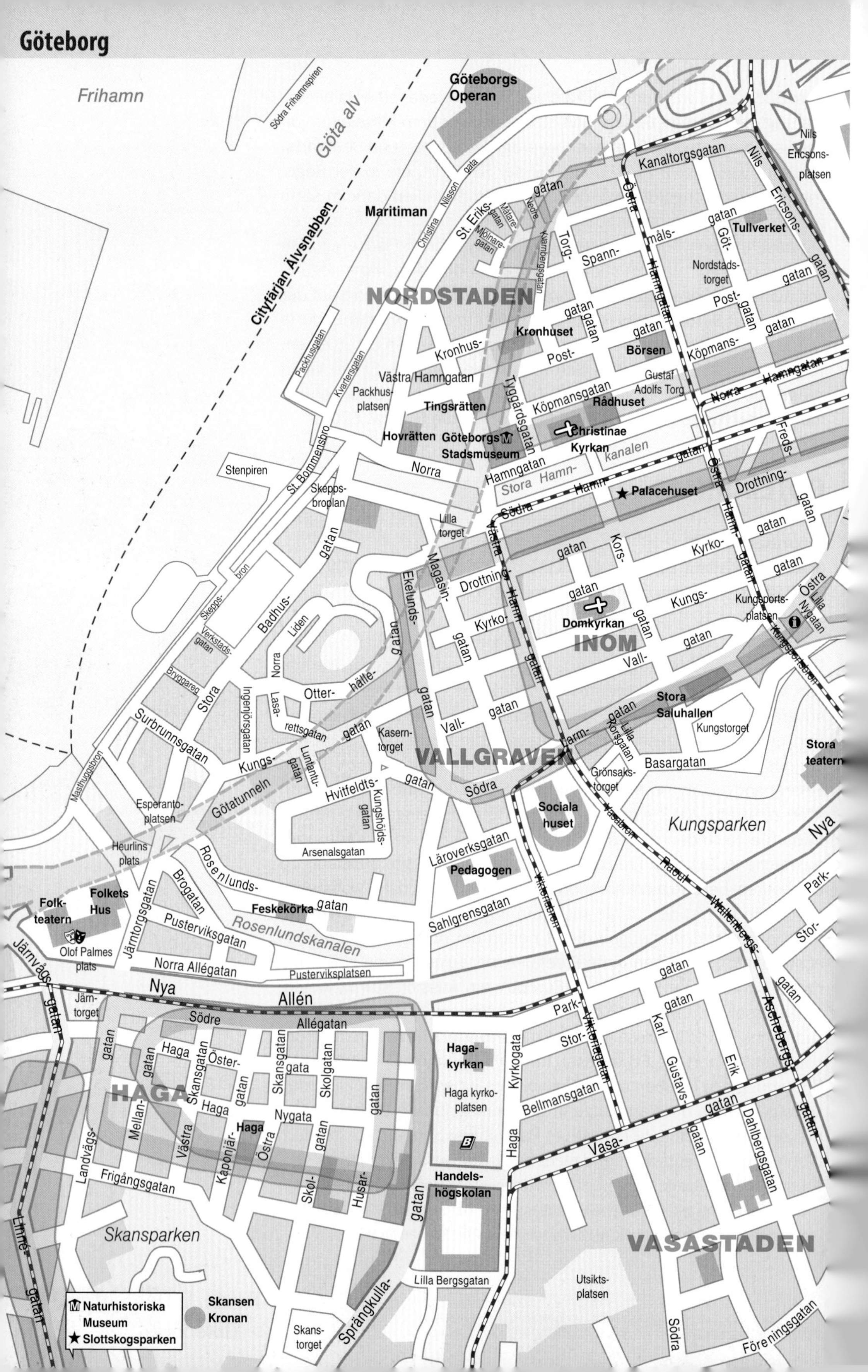
Göteborg
Frihamn
Södra Frihamnspiren
Göta alv
Göteborgs Operan
Cityfärjan Älvsnabben
Maritiman
Christina Nilsson gata
St. Eriks-gatan
Mätare-gatan
Mjölnare-gatan
Nedre Kämbergsgatan
Torg-
Spann-
Kanaltorgsgatan
Östra
måls-
Hamngatan
Nils Ericsons-platsen
Nils Ericsons-gatan
Tullverket
Göt-
gatan
Nordstads-torget
Post-gatan
NORDSTADEN
Packhusgatan
Kvartersgatan
Kronhus-
Kronhuset
Post-
Börsen
Köpmans-gatan
Västra Hamngatan
Packhus-platsen
Tingsrätten
Tyggårdsgatan
Köpmansgatan
Rådhuset
Gustaf Adolfs Torg
Norra Hamngatan
Freds-gatan
Hovrätten
Göteborgs Stadsmuseum
Christinae Kyrkan
Stenpiren
St. Bommensbro
Norra
Hamngatan
Stora Hamn-kanalen
Södra Hamn
Palacehuset
Drottning-gatan
Skepps-broplan
Lilla torget
Västra Hamn gatan
Kors-gatan
Kyrko-
Skepps-bron
Badhus-gatan
Liden
Magasin-gatan
Ekelunds-gatan
Drottning
Kyrko-
Domkyrkan
INOM
Kungs-
Kungsports-platsen
Östra Lilla Nygatan
Kungsportsbron
Verkstads-gatan
Bryggareg.
Norra Otterhälle-gatan
Stora
Ingenjörsgatan
Lasa-rettsgatan
Otter-
hälle-
Vall-
Vall-gatan
Stora Saluhallen
Kungstorget
Surbrunnsgatan
Kungs-gatan
Luntmakar-gatan
Kasern-torget
VALLGRAVEN
Lilla Korsgatan
Grönsaks-torget
Basargatan
Stora teatern
Masthuggsbron
Götatunneln
Hvitfeldts-gatan
Kungshöjds-gatan
Södra
Sociala huset
Kungsparken
Nya
Esperanto-platsen
Heurlins plats
Arsenalsgatan
Läroverksgatan
Vasabron
Pedagogen
Raoul Wallenbergs-gatan
Park-
Rosenlunds-gatan
Brogatan
Folk-teatern
Folkets Hus
Feskekörka
Sahlgrensgatan
Viktoriabron
Stor-
Järntorgsgatan
Pusterviksgatan
Rosenlundskanalen
Olof Palmes plats
Norra Allégatan
Pusterviksplatsen
Järnvägs-gatan
Nya Allén
Järn-torget
Södra Allégatan
Park-gatan
Stor-gatan
Viktoriagatan
Aschebergs-gatan
Haga Östergatan
Skansgatan
Skolgatan
Haga-kyrkan
Kyrkogata
Karl Gustavs-gatan
Erik Dahlbergsgatan
HAGA
Haga Nygata
Mellan-gatan
Västra
Haga
Östra
Haga kyrko-platsen
Bellmansgatan
Vasa-gatan
Landvägs-gatan
Kaponjär-gatan
Skol-gatan
Husar-gatan
Haga
Frigångsgatan
Handels-högskolan
VASASTADEN
Linné-gatan
Skansparken
Lilla Bergsgatan
Utsikts-platsen
Naturhistoriska Museum
Slottskogsparken
Skansen Kronan
Skans-torget
Sprängkulla-gatan
Södra
Föreningsgatan

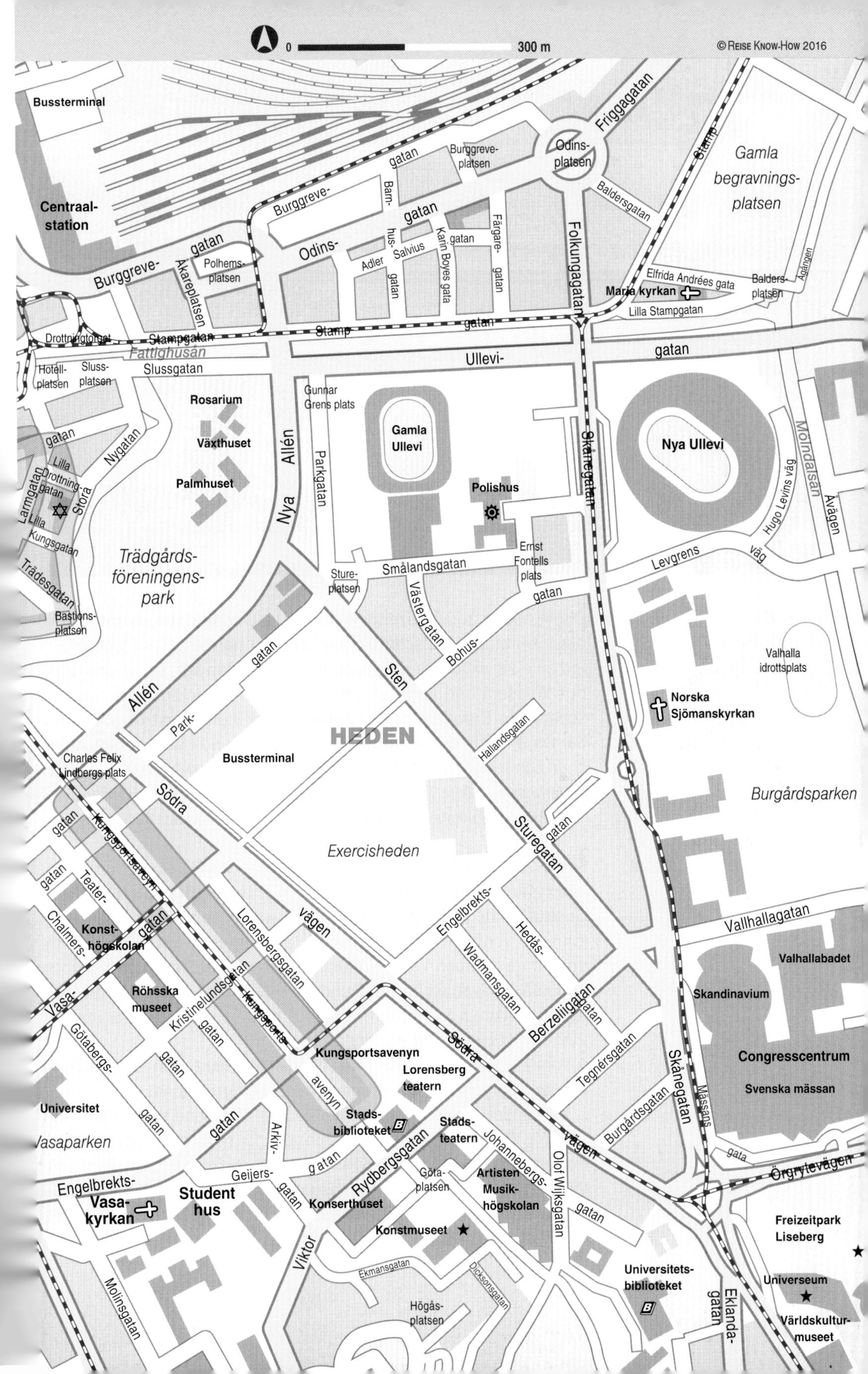

0
300 m
© Reise Know-How 2016
Bussterminal
Centraal-
station
Burggreve-
gatan
Burggreve-
platsen
Odins-
platsen
Friggagatan
Baldersgatan
Gamla
begravnings-
platsen
Barn-
hus-
gatan
Odins-
gatan
Adler
Salvius
Karin Boyes gata
Färgare-
gatan
Polhems-
platsen
Åkareplatsen
Folkungagatan
Elfrida Andrées gata
Maria kyrkan
Balders-
platsen
Agången
Lilla Stampgatan
Drottningtorget
Stampgatan
Stamp-
gatan
Fattighusån
Ullevi-
gatan
Hotell-
platsen
Sluss-
platsen
Slussgatan
Rosarium
Växthuset
Palmhuset
Gunnar
Grens plats
Parkgatan
Gamla
Ullevi
Polishus
Skånegatan
Nya Ullevi
Mölndalsån
Hugo Levins väg
Åvägen
Nygatan
Lilla
Drottning-
gatan
Larmgatan
Stora
Lilla
Kungsgatan
Trädgårds-
förenings-
park
Trädesgatan
Bastions-
platsen
Nya
Allén
Sture-
platsen
Smålandsgatan
Ernst
Fontells
plats
Bohus-
gatan
Västergatan
Levgrens
väg
Valhalla
idrottsplats
Norska
Sjömanskyrkan
Park-
gatan
Allén
Sten
Hallandsgatan
HEDEN
Bussterminal
Charles Felix
Lindbergs plats
Södra
Kungsportsavenyn
Exercisheden
Sturegatan
gatan
Burgårdsparken
Teater-
gatan
Chalmers-
gatan
Konst-
högskolan
Lorensbergsgatan
vägen
Engelbrekts-
Hedås-
Wadmansgatan
Vallhallagatan
Valhallabadet
Skandinavium
Vasa-
gatan
Röhsska
museet
Kristinelundsgatan
Kungsports
avenyn
Berzeliigatan
Tegnérsgatan
Södra
vägen
Kungsportsavenyn
Lorensberg
teatern
Congresscentrum
Svenska mässan
Götabergs-
gatan
gatan
Universitet
Vasaparken
Arkiv-
gatan
Stads-
biblioteket
Stads-
teatern
Johannebergs-
gatan
Burgårdsgatan
Skånegatan
Mässans
gata
Örgrytevägen
Olof Wijksgatan
Engelbrekts-
Geijers-
gatan
Rydbergsgatan
Göta-
platsen
Artisten
Musik-
högskolan
Vasa-
kyrkan
Student
hus
Konserthuset
Konstmuseet
Viktor
Freizeitpark
Liseberg
Ekmansgatan
Dicksonsgatan
Universitets-
biblioteket
Eklanda-
gatan
Universeum
Högås-
platsen
Molinsgatan
Världskultur-
museet

Die Avenyn – die Prachtstraße und Einkaufsmeile Göteborgs

Direkt neben dem Freizeitpark schließt sich das **Universeum** an. Bei diesem naturwissenschaftlichen Zentrum handelt es sich ebenfalls um eine Attraktion für die gesamte Familie. Man folgt dabei dem Lauf des Wassers und kann an verschiedensten Objekten naturwissenschaftliche Experimente durchführen. Der Höhepunkt ist aber wohl der Gang durch eine Unterwasserröhre, während Haie und Stachelrochen schwerelos über die Köpfe der Besucher hinweggleiten.

› **Universeum,** Södra Vägen 50, www.universeum.se, Hochsaison von Ende Juni bis Anfang September tägl. 10–18 Uhr, 190 Skr., Familienkarte für 545 Skr.

Liseberg Freizeitpark
N57,69709 E011,99128

Fährt man am unübersehbaren Eingangstor vom Liseberg vorbei, gelangt man an der nächsten Kreuzung rechts zum **Stadion Nya Ullevi.** Gebaut wurde es für die Fußballweltmeisterschaft 1958, war Austragungsort von Welt- und Europameisterschaften in der Leichtathletik und ist heute auch Veranstaltungsort für zahlreiche Konzerte. Doch hauptsächlich spielt in dem Rund der IFK Göteborg, der erfolgreichste Fußballverein Schwedens – zuletzt schwedischer Meister im Jahr 2007 und Pokalsieger im Jahr 2015.

Vom Liseberg oder auch vom Stadion erreicht man das Zentrum Göteborgs, indem man einfach der Beschilderung folgt.

Gegründet wurde die Stadt am 4. Juni 1621 und sollte damit ein „Tor im Westen“ sein. Nach holländischem Vorbild entstand der Grundriss der Stadt mit Kanälen und Befestigungen. Letztere machten die Stadt zu einer der am besten gesicherten Städte der damaligen Zeit. Maßgeblich verantwortlich hierfür waren unter anderem die drei Festungen Kronan, Lejonet und Mya Älvsborg.

Das eigentliche Zentrum des heutigen Göteborgs wird umrahmt von einigen kleineren Kanälen, die im Süden und Westen an eine Grünanlage grenzen. Durchzogen wird der Innenstadtbereich von der **Kungsportsavenyn,** kurz auch nur Avenyn genannt. Sie ist der Ku'damm oder die Kö Göteborgs und erstreckt sich von der gleichnamigen Brücke bis zum Götaplatsen. Bei einem Spaziergang auf dieser Prachtstraße passiert man zahlreiche Kaufhäuser, Restaurants, Cafés und Fachgeschäfte. Auf der anderen Seite der Brücke mündet sie automatisch in die **Östra Hamngatan.** Diese ist eine von mehreren sogenannten Hafenstraßen, die rechtwinklig angelegt sind. Die Architektur in den Gassen und Straßen gleicht einem Potpourri aus unterschiedlichen Baustilen beginnend im 17. Jahrhundert bis hin zur Gegenwart. Die Östra Hamngatan passiert den **Gustav Adolfs Torg.** Dieser Platz stellt das politische Zentrum der Stadt dar. Immerhin befinden sich dort das Stadthaus, die Börse sowie das Alte und das Neue Rathaus. Zentral auf dem Platz ist natürlich eine Statue des Stadtgründers zu sehen, nach dem dieser Platz benannt wurde. Direkt am Rathaus wird der Platz vom Hafenkanal begrenzt.

Auf der anderen Seite des Kanals verläuft die Södra Hamngatan. Das Haus Nummer 2 gilt als das **Palacehuset.** Es wurde 1752 erbaut und bis in die Mitte des 19. Jahrhunderts wurde in diesem Haus Zucker hergestellt. Heute beherbergt es ein gutes Restaurant. Im Haus Nummer 1 ist die sogenannte Residenz untergebracht. Es ist das älteste noch bewohnte Haus der Stadt. Zudem befinden sich in dem Gebäude, in dem übrigens *Karl X. Gustav* verstarb, Dienst- und Repräsentationsräume des Regierungspräsidenten. Geht man die Straße weiter am Kanal entlang, so sieht man auf der rechten Seite des Kanals das **Stadtmuseum.** Das Gebäude wurde ursprünglich als Speicher und Bürogebäude der Ostindischen Kompanie genutzt, doch diese zog zu Beginn des 19. Jahrhunderts aus. Heute zeigt das Museum die Kulturgeschichte von der vorgeschichtlichen bis zur heutigen Zeit. Besonders eindrucksvoll ist das ausgestellte Wikingerschiff. Schön ist die Aufmachung der Ausstellung, der Besucher wandelt von Jahrhundert zu Jahrhundert, bis er in der Gegenwart angelangt ist. So sieht man zahlreiche sakrale Funde aus dem Mittelalter, kann eine Schiffsreise ins China des 18. Jahrhunderts nachempfinden und die Industrialisierung im 19. und 20. Jahrhundert erleben.

› **Göteborgs Stadsmuseum,** Norra Hamngatan 12, Tel. 031 612770, www.stadsmuseum.goteborg.se, eine Reise durch die Geschichte der Stadt, tägl. 10–17 Uhr, in der Nebensaison montags geschlossen, 40 Skr.

Literaturtipp

„CityTrip Göteborg" von Lars Dörenmeier, REISE KNOW-HOW Verlag. Der praktische Begleiter für einen Kurztrip durch Göteborg. Mit separatem Faltplan und GPS-Daten aller Points of Interest.

126sw Abb.: www.imagebank.sweden.se © Martin Jakobsson

42 klimatisierte Gondeln bringen einen im Freizeitpark Liseberg auf 60 Meter Höhe und bieten eine tolle Fernsicht

Gleich neben dem Museum erhebt sich der Turm der **Christinae-Kirche,** die auch Deutsche Kirche genannt wird und im Jahr 1648 eingeweiht wurde. Im Turm befindet sich ein Glockenspiel mit 42 Glocken, das viermal täglich ertönt.

Biegt man vor dem Museum links ab in die Västra Hamngatan, trifft man wenig später auf ein weiteres Gotteshaus, den **Dom** der Stadt. Dieser 1815 eingeweihte Bau ist jedoch relativ unspektakulär.

Im Norden grenzt das Stadtzentrum an den **Göta Älv,** den Göta Kanal, der schließlich in das Meer mündet.

Außerhalb des Zentrums sollte man unbedingt noch den **Slottsskogsparken** besuchen. Diese Grünanlage, rund 2 km südwestlich über die Sprängskullgatan zu erreichen, ist größer als das zuvor besuchte Zentrum. Am nördlichen Rand des Parks befindet sich das älteste Museum der Stadt. Es handelt sich um das **Naturhistorische Museum,** das über einen Walsaal verfügt. In diesem befinden sich der einzige präparierte Blauwal der Welt sowie das Skelett eines Pottwals. Diese Säugetiere wurden aber nicht für das Museum gefangen, sondern strandeten an der Küste bei Göteborg. Außerdem gibt es weitere Tierpräparationen von beispielsweise Elefanten, Alligatoren und kleineren Tieren.

Sehenswertes

Göteborger Kunstmuseum, Götaplatsen, Tel. 031 3683500. Di 11–18 Uhr, Mi 11–20 Uhr, Do 11–18 Uhr, Fr–So 11–17 Uhr, www.konstmuseum.goteborg.se, 40 Skr. Eines der weltweit bedeutendsten Museen für nordische Kunst, direkt daran angeschlossen ist die Kunsthalle sowie das Hasselblad Center, das regelmäßig verschiedene fotografische Ausstellungen zeigt.

⑲ Göteborgs Camping Lilleby ***

N57,743627 E011,756599

Ruhiger Campingplatz westlich von Göteborg. **Lage/Anfahrt:** Nur 250 Meter von der Küste entfernt und umgeben von Wald und Schärenfelsen. Ab Göteborg auf der Straße 155 Richtung Torslanda fahren, dort weiter in Richtung Lilleby; **Platzanzahl:** 140; **Untergrund:** Wiese; **Ver-/Entsorgung:** Strom, Trinkwasser, Abwasser; **Preise:** 275 Skr., Strom 50 Skr.; **Geöffnet:** Ende Mai–Anfang August; **Kontakt:** Lillebyvägen 100, 42353 Torslanda, Tel. 031 562240, Fax 562240, www.goteborgscamping.se

⑳ Lisebergsbyn Kärralund ****

N57,704508 E012,029985

Gut gelegener Campingplatz für eine Stadtbesichtigung Göteborgs, gehört zum Liseberg-Freizeitpark. **Lage/Anfahrt:** Im Osten der Stadt. Die E20 an der Ausfahrt 71 verlassen und auf dem Delsjövägan ostwärts bis zum Kreisverkehr fahren, dort rechts; **Platzanzahl:** 150; **Untergrund:** Rasen, Asphalt; **Ver-/Entsorgung:** Strom, Frischwasser, Abwasser; **Preise:** 255 bis 310 Skr.; **Geöffnet:** ganzjährig; **Kontakt:** Olbergsgatan 9, 41655 Göteborg, Tel. 031 840200, Fax 840500, www.liseberg.se

Stellplatz

N57,702743 E012,035063

Stellplatz in unmittelbarer Nähe des Campingplatzes von Liseberg ⑳. Einfacher, asphaltierter Parkplatz, umgeben von Bäumen. Gehört jedoch auch zu Liseberg und kostet 240 Skr.

㉑ Lisebergs Camping Askim Strand ****

N57,628476 E011,921484

Großer, lebhafter Campingplatz, der zum Liseberg-Freizeitpark gehört. **Lage/Anfahrt:** Im Süden von Göteborg, direkt am Strand. Bei Ausfahrt 66 die E6 verlassen und auf der Umgehungsstraße bis Frölundamotet und weiter auf dem Näsetvägen; **Platzanzahl:** 400; **Untergrund:** Wiese; **Ver-/Entsorgung:** Strom, Trinkwasser, Abwasser; **Preise:** 350 Skr.; **Geöffnet:** Ende April–Ende August; **Kontakt:** Marholmsvägen 124, 43645 Askim, Tel. 031 840200, Fax 681335, www.liseberg.se

Anschluss

Route 2

AN DER KÜSTE ENTLANG BIS ZUM VÄNERNSEE UND ZURÜCK AN DIE KÜSTE BIS ZUR NORWEGISCHEN GRENZE

Schären, Fischerdörfer und pittoreske Badeorte liegen auf dem Weg gen Norden. Die Region Bohuslän wird zunehmend „schwedischer", wie man es sich wünscht: weite Waldflächen, lange und leere Straßen, aber zwischendurch immer wieder Landwirtschaft. Bei Trollhättan, einer Film-, Industrie- und Schleusenstadt, kommt der Wechsel zwischen Salzwasser und Süßwasser. Doch das Ufer sieht auf den ersten Blick gleich aus. Elche säumen nun den Weg und Felszeichnungen auf Granitfelsen ermöglichen einen Blick in die Vergangenheit. Nach Kattegatt und Skagerrak geht es zum Schluss wieder in Richtung Vänernsee, zum größten Binnensee Schwedens, wo der Dalsland-Kanal besucht wird.

Kaum Sandstrand, dafür viele Schären gibt es im Vänernsee

034sw Abb.: mm

ROUTE 2: DER WESTEN

ELCHE UND DAS BINNENMEER

STRECKENVERLAUF

Anschluss
Route 1

Strecke:
Öckerö (15 km) - Kungälv (35 km) - Marstrand (21 km) - Stenungsund (27 km) - Trollhättan (89 km) - Vänersborg (9 km) - Abstecher nach Lidköping (<-> 92 km) - Abstecher nach Kinnekulle und Läckö (<-> 50 km) - Uddevalla (88 km) - Lysekil (18 km) - Smögen (40 km) - Hamburgsund (27 km) - Tanumshede (20 km) - Strömstad (33 km) - Bengtsfors (83 km)

Streckenlänge:
ohne Abstecher circa 505 km
mit Abstecher circa 647 km

ÖCKERÖ (15 km - km 15)

Information
Öckerö Turistbyrå, Västravägen 15, 47542 Hönö, Tel. 031 976700, Fax 965086, www.ockero.se

Stellplatz am Hafen auf Öckerö
N57,699271 E011,639353
20 Stellplätze auf Asphalt am Hafen von Öckerö, inkl. Strom für 150 Skr., Rödvägen 89, Hönö Röd

Verlässt man Göteborg in Richtung Norden, so bleibt man auf der E6 zwar in Küstennähe, verpasst aber die zahlreichen kleinen Inselchen, Buchten und Schären, die sich ab Göteborg nach Norden hin erstrecken. Zwei besonders schöne Inseln sind zum Beispiel **Hönö** und **Öckerö,** die nur wenige Kilometer vor Göteborg liegen. Beide Inseln sind untereinander mit einer Brücke verbunden, während man vom Festland aus über eine kostenlose Fähre die Insel Hönö erreicht. Zu erreichen ist die Fähre von Göteborg aus über die Straße 155, am Kreisverkehr in Gossbydal begibt man sich auf die Straße Öckeröleden, die bis zum Fähranleger führt.

KUNGÄLV (35 km - km 50)

Stellplatz Fästningsholmen
N57,863558 E011,998445
Wohnmobilstellplatz auf einem Schotterparkplatz direkt neben der Festung und einem kleinen Bootsanleger. Nur von Mittsommer bis Ende August geöffnet. 100 Skr. zzgl. 50 Skr für Strom.

Etwas abseits von der direkten Küstenlinie erreicht man auf dem weiteren Weg das kleine Städtchen Kungälv. Die größte und zugegebenermaßen einzige Attraktion von Kungälv ist **Bohus,** eine Festungsanlage aus dem 17. Jahrhundert. Auf einer kleinen Insel mitten im Fluss Nordre Älv befindet sich die heutige Burgruine und lässt ahnen, dass

Schären
Mit einer Schäre ist eine kleine Insel gemeint, die meist durch ihren flachen und abgeschliffenen Untergrund auffällt. Entstanden sind diese in der Folge der Eiszeit, als das tonnenschwere Eis sich zurückzog und die darunter liegenden Gesteinsmassen durch den Druck erodierten. So gibt es Schären bzw. Schärenlandschaften nicht nur vor der skandinavischen Küste, sondern auch in vielen Binnenseen.

es kaum möglich war, die Festung einzunehmen. Insgesamt 14-mal hat man versucht, Bohus zu stürmen. Es blieb aber jedes Mal nur bei einer Belagerung, die nicht zum Erfolg führte. Des Weiteren gibt es in Kungälv eine alte **Holzkirche** aus dem Jahr 1679 zu sehen. Sie steht am Alten Markt und präsentiert sich mit schönen Wandmalereien.

Information (TC)
Kungälvs Turistbyrå, Färjevägen 2, 44281 Kungälv, Tel. 0303 18900, Fax 19295, www.kungalv.se

MARSTRAND (21 km - km 71)

Von Kungälv aus führt die Straße 168 in Richtung Westen wieder zum Meer hin und es erscheint der Badeort Marstrand, in früheren Zeiten auch Malstrand, Masstrandir oder Måsestrand genannt. Angefangen hat es auch in diesem Ort mit dem Fischfang und die Größe der Heringsströme war ausschlaggebend für Reichtum oder Armut im Ort. Drei Jahrzehnte lang war Marstrand das europäische Zentrum für die **Heringsfischerei,** selbst der Papst sprach persönlich die Erlaubnis aus, dass an Feiertagen gefischt werden durfte. Im 19. Jahrhundert wurden dann ein Ballhaus und ein Warmbadehaus errichtet und die obere Gesellschaftsschicht fand es schick, sich in Orten wie Marstrand zu präsentieren. Zu sehen gibt es auch die **Festung Carlsten.** Wer sich auf den Turm der Festung begibt, wird durch eine herrliche Aussicht auf den Archipel des Ortes belohnt. Bei den traditionellen Festspieltagen wird das einstige Festungsleben des 18. Jahrhunderts nachgestellt.

Information
Marstrands Turistbyrå, Södra Strangatan 5 und Hamngatan 33, 44030 Marstrand, Tel. 0303 60087, Fax 60158, www.kungalv.se

Parkplatz in Marstrand
N57,886796 E011,602459
Parkplatz, der oft auch zum Übernachten genutzt wird. Maximal 14 (!) Tage, im hinteren Bereich sogar bis zu 21 Tage. Keine Versorgungsmöglichkeit. Bezahlung am Automaten: 125 Skr. in der Zeit von Mai bis September, sonst kostenlos.

STENUNGSUND (27 km - km 98)

Nördlich von Marstrand befinden sich zwei etwas größere Inseln. Die nördliche von beiden ist die **Insel Orust** und knapp doppelt so groß wie die zweite, die **Insel Tjörn.** Verbunden sind sie mit einer Brücke und vom Festland aus nur von zwei Orten aus zu erreichen. Bei **Stenungsund** liegt einer dieser Orte. Das bedeutet, man muss nun von Marstrand einen kleinen Umweg in Kauf nehmen und Hakefjorden umrunden, um bei Stenungsund die **Tjörnbrücke** zu erreichen. Der zweite der beiden Orte, **Sundsandvik,** liegt im Norden und wird später beim Verlassen der Inseln durchquert. Diese imposante Straßenverbindung machte im Jahr 1981 traurige Schlagzeilen, als ein deutsches Schiff im Nebel gegen einen der Brückenpfeiler krachte und ein Teil des Bauwerks einstürzte. Mehrere Pkw-Fahrer erlebten einen Albtraum, als sie im Nebel über die Brücke fuhren und die Fahrbahn plötzlich vor ihnen verschwunden war. Sieben Pkw stürzten in die Tiefe, acht Insassen kamen dabei ums Leben.

Die heutige Brücke ist sicherer gestaltet und wer nach der 600 m langen Überfahrt auf Tjörn ankommt, hat die Insel der Kunst und Kunsthandwerker erreicht. Zahlreiche private Galerien, Ausstellungen und das Nordische Aquarellmuseum sind hier anzutreffen.

Information (TC)
Bästkustens Turistbyrå Stenungsund, Kulturhuset Fregatten, 44430 Stenungsund, www.stenungsund.se, Tel. 0303 83327, Fax 68049, im Sommer Mo-Fr 9-17 Uhr

Stellplatz
N58,077581 E011,930999
Privater Stellplatz mit rund 20 Stellflächen östlich von Stenungsund auf einem Bauernhof. Die E6 an der Ausfahrt 91 verlassen und in Richtung Ucklum fahren. Kurz vor Ucklum am Hinweis auf Husbilar links abbiegen, 140 Skr.

Stellplatz in Skärhamn
Sechs Stellplätze vor einem kleinen Campingplatz, drei Kilometer südlich von Skärhamn. Direkt an der Straße, umgeben von den typischen Felsformationen der Insel. 200 Skr. je Nacht zzgl. 50 Skr. für Strom. Die Einrichtungen des Campingplatzes können genutzt werden. Röavallen 1, Skärhamn.

Hauptort ist im Westen die Gemeinde **Skärhamn,** deren vereinzelte Häuser sich zwischen den Schären und dem Heidekraut erheben.

Sehenswertes

Nordiska Akvarellmuseet, Södra Hamnen 6, Skärhamn, Tel. 030 4600080, geöffnet von Juni bis September tägl. 11–18 Uhr, sonst Di–So 12–17 Uhr, www.akvarellmuseet.org. Interessantes Kunstmuseum, das von seiner Lage direkt am Ufer geprägt ist, 50 Skr.

Natur und Kultur kann man aber auch auf der Nachbarinsel im Norden genießen. Zahlreiche **Fischerdörfer** sind auf Orust anzutreffen, ebenso findet man auf der Insel einige Badeplätze, die nicht nur zum Parken und Picknicken einladen, sondern im Einzelfall auch das Übernachten ermöglichen.

TROLLHÄTTAN (89 km – km 187)

Information (TC)
Visit Trollhättan AB Turistbyrån, GPS: N58,27224 E012,27626, Åkerssjövägen 10, 46129 Trollhättan, Tel. 0520 13509, Fax 488424, www.visittrollhattanvanersborg.se, im Sommer tägl. 10–18 Uhr, sonst Mo–Fr 10–16 Uhr

Von den beiden Inseln Orust und Tjorn aus sollte man über die Straße 160 nordwärts fahren und auf der Halbinsel **Bokenäset** rechts abbiegen in Richtung Uddevalla und Trollhättan. Später wird die Route wieder zurück auf die Halbinsel führen. Der nächste Halt ist in Trollhättan. In die Stadt führt bequem die Straße 44, deren Ausbau zu einer Autobahn im Jahr 2008 abgeschlossen wurde. Wer in Trollhättan stur der Beschilderung ins Zentrum folgt, wird letztendlich ein wenig enttäuscht sein und wohl schnell weiterfahren, da das Zentrum wenig zu bieten hat. Sinnvoller ist es, der Beschilderung zum Touristenbüro zu folgen, das sich südlich der Innenstadt direkt am Trafikkanalen befindet.

Die Stadt Trollhättan ist u. a. bekannt als Filmstadt, Stadt des Wasserfalls und Stadt der Schleusen. Im Jahr 1910 errichtete man hier das erste **Wasserkraftwerk** des Landes, dieses wiederum lockte in der Folgezeit die Industrie in die Stadt. So wussten Opel-Mitarbeiter aus Rüsselsheim sehr genau, welche Firma in Trollhättan ansässig ist. Opel und Saab gehörten beide zum amerikanischen Mutterkonzern General Motors, doch dieser hat Saab im Juni 2009 an den schwedischen Autobauer Königsegg verkauft. Nach anfänglichen Problemen durch fehlende Investitionshilfen der Europäischen Investitionsbank scheint die Zukunft des Autobauers nun aber gesichert.

Wer auf den Parkplatz an der Touristeninformation einschwenkt, wird sogleich das interessante **Saab-Museum** sehen, das sich auf der rechten Seite befindet. Neben Saab existiert in der Stadt aber noch eine andere weltberühmte Firma: die Volvo Aero Flugzeugindustrie.

Seitenaufprallschutz
Der Seitenaufprallschutz wurde in Schweden erfunden. Zahlreiche Elche rannten in früheren Zeiten in fahrende Pkw, sodass eine stabile Fahrgastzelle hergestellt werden musste. Saab nahm sich dieses Problems an und baute den Saab 92, der zu seiner Zeit als das sicherste Fahrzeug der Welt galt.

› **Saab-Automuseum,** Tel. 52084344, tägl. von 11–16 Uhr, außer an Mittsommer. Knapp drei Dutzend verschiedene Fahrzeuge des Herstellers Saab werden gezeigt und erklärt, 90 Skr., www.saabcarmuseum.se

Im Saab-Museum: da lacht das Herz jedes Autoliebhabers

Des Weiteren gelten die Region und die Stadt als das **Hollywood Schwedens.** Mehr als 20 Filme werden an diesem Ort pro Jahr gedreht und nationale sowie auch internationale Schauspieler geben sich die Klinke des Filmsets in die Hand. So sollte man sich also nicht wundern, wenn man in Trollhättan plötzlich über einen „Walk of Fame" wandelt.

Die Entwicklung und der Erfolg dieser Stadt beruht allein auf der Errichtung des **Trollhättan-Kanals.** Dieser verbindet das Kattegatt und den Vänernsee miteinander und macht die Schifffahrt zwischen diesen beiden Gewässern möglich. Allerdings gab es schon in früherer Zeit Schiffsverkehr auf dem Göta Älv. So segelte beispielsweise der norwegische König *Harald Hårdråde* im 11. Jahrhundert mit einer Armada von 60 Kriegsschiffen den Fluss aufwärts. Doch die Wasserfälle bei Lilla Edet, Trollhättan und im späteren Verlauf bei Vargön waren auf dem Weg zum Vänernsee unüberwindbar. So mussten die Schiffe über Land gezogen werden. Kein Wunder, dass schon im späten Mittelalter geplant wurde, den Fluss auf der gesamten Strecke schiffbar zu machen. Zu Beginn des 19. Jahrhunderts war es schließlich soweit und die ersten Schiffe konnten die gesamte Strecke passieren.

Der Kanal bringt es damit auf eine Gesamtlänge von 82 km, doch nur 10 km davon sind künstlich, der Rest stammt aus der natürlichen Fahrrinne des **Göta Älv.** Beim Bau der Strecke galt es 44 Höhenmeter zu überwinden, für die sechs Schleusen errichtet wurden. Eine davon ist im südlicher gelegenen Lilla Edet, vier in Trollhättan und die letzte kurz vor dem Vänernsee bei Brinkebergskulle. Trotz ihres Alters sind die Schleusen mit moderner Technik ausgestattet, wie z. B. der elektromechanische Betrieb von Klappen und Toren. Doppelte Böden gewährleisten, dass das Wasser sich gleichmäßig über die Schleuse verteilt und somit bei Zu- und Ablauf keine heftigen Wasserbewegungen entstehen. Für eine dieser Schleusen sind 8000 bis 12.000 m³ Wasser erforderlich. Ein Schiff benötigt heute rund 45 Minuten, um alle Schleusen in Trollhättan zu durchqueren.

Da sich die Touristeninformation genau auf der Hälfte zwischen den Schleusen und den Wasserfällen befindet, sollte man den dortigen Parkplatz als Ausgangspunkt benutzen. Wer will, kann sich zuerst mithilfe Schwedens südlichster **Seilbahn** (10–18 Uhr, 40 Skr.) einen Überblick verschaffen und vom Parkplatz hinabfahren zum Wasserkraftwerk Olidan. Dort kann man am Ufer des Göta Älv auf dem Kärlekens Stig spazieren gehen und auf einem Rundweg die Schleusen betrachten. Jährlich kommen rund 400.000 Menschen, um das Schauspiel einer Durchfahrt zu beobachten.

An der oberen Schleuse befindet sich in einem hundertjährigen Lagerhaus das **Kanalmuseum** und zeigt neben 50 Schiffsmodellen auch Tauchausrüstungen und den Kapitänssalon eines Frachtschiffes. Gegenüber vom Museum besteht die Möglichkeit mit der „M/S Strömkarlen" den Kanal auch vom Wasser aus zu betrachten.

› **Kanalmuseum,** Slussledsvägen, Tel. 520472207, Juni–August tägl. 11–19 Uhr; April, Mai und September nur Sa–So 12–17 Uhr, 20 Skr. Informationen über die Schleusen, Schleusenwärterhaus und zahlreiche Schiffsmodelle.

Geht man am Kanal nordwärts und unter der Seilbahn hindurch, erreicht man die kleine Kirche von Trollhättan. Dahinter lohnt es sich, links abzubiegen und auf der folgenden Oscarsbrücke Halt zu machen. Mehrmals in der Woche ist die Brücke ein beliebter Aussichtspunkt auf die **Wasserfälle,** die sich auf der rechten Seite befinden. Nämlich dann, wenn das Energieunternehmen Vattenfall das Wasser nicht mehr zurückhält, sondern laufen lässt. Geradezu spektakulär ergießen sich die Wassermassen aus mehreren Toren der Reihe nach. Das Ganze dauert zwar nur wenige Minuten, aber man sollte den Anblick nicht verpassen, wenn 300.000 Liter Wasser unter einem entlangrauschen. Manche Schleusenöffnungen finden sogar nachts statt und sind dann schön illuminiert. Auf der anderen Brückenseite befindet sich eine Treppe, die zu einem **Wanderweg** führt. Auf diesem Pfad läuft man oberhalb der Wasserfälle entlang und hat dort einige Aussichtsplattformen, die aber nur etwas

Elch-Info

Viele Schweden bezeichnen die Elche als eine Plage, da sie besonders im Straßenverkehr eine große Gefahr darstellen. Bis zu 25 % des gesamten schwedischen Elchbestandes werden in der herbstlichen Jagdsaison erlegt. Der Bestand ist aufgrund einer hohen Reproduktionsrate aber nicht gefährdet.

für Schwindelfreie sind. Der Pfad ist einer von dreien, die sich in der Nähe der Wasserfälle am Stadtrand entlang schlängeln und zudem auf Schautafeln über die industrielle Geschichte der Stadt informieren.

Zurück am Parkplatz der Touristeninformation gibt es dort auch noch etwas zu besichtigen. Zum einen befindet sich dort das Saab-Automuseum (s. S. 99), zum anderen das **Innovatum.** Letzteres ist eine Art Wissenschaftszentrum und bietet vor allen Dingen den kleinen Besuchern Experimentiermöglichkeiten.

Im **Automuseum** kann und sollte nicht experimentiert werden. Dort wird die gesamte Fahrzeugpalette des Autoherstellers gezeigt. Jeder Besucher erhält ein telefonähnliches Gerät und erhält nach Eingabe der entsprechenden Ziffer des Fahrzeugs die gewünschten (mehrsprachigen) Informationen.

› **Innovatum Kunskapens Hus,** Tel. 0520 289400, Di-So 11-16 Uhr, 90 Skr., www.innovatum.se. Ideal für Kinder, die hier sämtliche Ausstellungsstücke in aller Ruhe ausprobieren können.

Essen

Restaurant Strandgatan, Strandgatan 34, Tel. 52083717. Gemütliches Café inkl. Sommerterrasse mit Blick auf den Kanal. Spezialität des Hauses sind die großen Zimtschnecken.

22 Trollhättans Camping ***

N58,29288 E012,29691

Ruhiger und gemütlicher Waldcampingplatz. **Lage/Anfahrt:** zentrumsnah am Trollhättankanal, nördlich des Touristenbüros; vom Zentrum aus ausgeschildert; **Platzanzahl:** 35; **Untergrund:** Wiese; fest; **Ver-/Entsorgung:** Strom, Trinkwasser, Abwasser, Chemie-WC; **Preise:** 150 Skr. exkl. Dusche, Strom 40 Skr.; **Geöffnet:** Mai-Anfang Sept.; **Kontakt:** Kungsportsvägen 7, 46139 Trollhättan, Tel. 0520 32960, Fax 32961, trollhattanscamping@telia.com

VÄNERSBORG (9 km - km 196)

Information (TC)

Vänersborgs Turist AB, GPS: N58,377964 E012,317508, Järnvägsbacken 1C, 46234 Vänersborg, Tel. 0521 13509, Fax 271401, www.visittrollhattanvanersborg.se, im Sommer Mo-Fr 9-18 Uhr, Sa-So 10-16 Uhr, sonst Mo-Fr 8-17 Uhr

Trollhättan verlässt man über die Straße 44 und folgt der Beschilderung nach Vargön und Vänersborg. Bei Vänersborg trifft man auf die bereits erwähnte letzte Schleuse des Trollhättan-Kanals. Doch neben der Schleusenbesichtigung lohnt sich auch ein kurzer Spaziergang durch den Ort, der 1644 gegründet wurde und als Bastion gegen die Norweger und Dänen dienen sollte.

Es gibt auch einen 10 km langen Wanderweg entlang des Strandes von Vänersborg oder einen kürzeren Pfad, den Dalbostigen, der über das **Naturschutzgebiet Dalboberg** verläuft und zahlreiche Aussichtspunkte bereithält. Vänersborg ist die Ortschaft an einem der südlichen Uferabschnitte des Vänernsees.

Stellplatz am Hafen von Vänersborg

N58,376251 E012,316698

nur von Mai-Sept., 160 Skr.

Stellplatz
N58,56307 E012,36666
Das Café Gula Huset (www.cafegulahuset.se) bietet auf seinem Grundstück genau auf der Hälfte zwischen Vänersborg und Mellerud an der E45 in Brålanda einen Wohnmobilstellplatz an (60 Skr.). Es gibt zwar keine Entsorgungsmöglichkeit, dafür aber einen Stromanschluss und am nächsten Morgen frische Brötchen.

㉓ Ursands Camping ****
N58,41470 E012,31986
Großer, lebhafter Campingplatz mit Minigolfbahn, Fahrrad- und Bootsverleih, Supermarkt. **Lage/Anfahrt:** am südlichen Ufer des Vänernsees, 3 km nördlich von Vänersborg; der Ausschilderung ab der Straße 45 folgen; **Platzanzahl:** 240; **Untergrund:** Wiese; **Ver-/Entsorgung:** Strom, Trinkwasser, Abwasser, Chemie-WC; **Preise:** 365 Skr.; **Kontakt:** Ursands Camping, 46221 Vänersborg, Tel. 0521 18666, Fax 18667, www.ursandscamping.se

VÄNERN

Vänern als See zu bezeichnen, ist eher untertrieben. Man kann bereits ahnen, wie groß das Gewässer ist, wenn man in Vänersborg am Ufer steht und das gegenüberliegende Ufer nicht sieht. Und wenn man dann auf die Landkarte schaut und feststellt, dass dieser Bereich des Sees nur ein Bruchteil des gesamten Vänersees ist, dann wird die Ahnung zur Gewissheit. Mir persönlich ist es schon passiert, dass ich vormittags am Kattegatt war und auf das ruhige vor sich hindümpelnde Meer schaute und nachmittags in den relativ hohen Wellen des Vänernsees baden ging.

Ein paar Zahlen an dieser Stelle sollen die tatsächliche Größe veranschaulichen: Der Vänersee ist nach den beiden russischen Seen Ladoga und Onega der **drittgrößte See Europas** und verfügt über 4880 km Küstenlinie, ist Heimat für 140.000 Wasservögel und 40 Fischarten, hat auf seinem Grund ca. 10.000 Schiffswracks und liefert das Wasser für 650.000 Menschen. Im Übrigen dauert es neun Jahre, bis das Wasser sich einmal komplett erneuert hat. Angesichts dieser gewaltigen Zahlen sollte der See nicht unterschätzt werden, oder um es kurz und knapp zu verdeutlichen: Der See ist mehr als doppelt so groß wie das Saarland. Für einen wirklich schönen Blick auf das kleine Meer sollte man sich nun aber auf nach **Vargön** machen. In dem kleinen Dorf befindet sich die Auffahrt zu den beiden Felsplateaus Halleberg und Hunneberg.

HALLEBERG UND HUNNEBERG

Dabei folgt man schlicht der Beschilderung zu den jeweiligen Bergen. Bei beiden handelt es sich eigentlich nicht direkt um Berge, sondern um Plateaus, die im Mittel 90 m höher liegen als die Wasseroberfläche des Vänernsees. Beide bieten Wanderwege und gelten als das elchreichste Areal Schwedens, auf die Fläche gesehen. Und in der Tat: Eigentlich fährt man zum Halleberg und Hunneberg hauptsächlich, um mit der Kamera auf **Elchsafari** zu gehen. Mittlerweile sind die beiden Hügel zu einem Ökopark erklärt worden. Der Hunneberg ist wesentlich größer als der Halleberg und die Straße zieht relativ weit

außen am Rande des Plateaus einen Kreis um den dortigen Wald. Deshalb ist die Chance, hier einen Elch zu sehen, wesentlich geringer als auf dem Halleberg. Dort ist die Straße eine reine Sackgasse und kein Rundkurs. Zudem ist der Berg flächenmäßig kleiner und die Strecke geht mitten durch den Wald quer über das Plateau. Ungefähr auf halber Strecke haben Mitarbeiter des Naturschutzreservates am Straßenrand einen Holzstamm mit Salz befestigt. Da auch Elche Salz benötigen, dieses aber in der freien Natur selten finden, kann das Salz als Lockmittel angesehen werden. So sind an dieser „Salzstange" die Chancen am größten, ein solches Tier zu sehen. Mein Tipp: Da die Elche auf dem Halleberg Autos gewohnt sind, sollte man für ein Foto im Wagen bleiben und sich möglicherweise auf diese Art heranpirschen. Fußgänger, so langsam und vorsichtig sie sich auch bewegen mögen, verschrecken die scheuen Tiere schneller. Wer auf professionelle Elchsafari gehen möchte, wendet sich am besten an das Touristenbüro von Vänersborg. Dort können in den beiden Sommermonaten Juli und August Gruppentouren gebucht werden, die an Montagen und Donnerstagen in den Abendstunden von 18.30 Uhr bis 22 Uhr stattfinden. Im Preis enthalten ist auch ein Besuch im königlichen Jagdmuseum und ein kleines Abendessen. Am Ende der Straße auf dem Halleberg befindet sich der Parkplatz **Ekebaken.**

Viel Ruhe bietet der See Hallsjön auf dem Halleberg

Picknickplatz Ekebaken
N58,39458 E012,46283

Wer dort an dem einsamen Haus vorbeigeht und den Wanderschildern folgt, erreicht über eine kleine Holztreppe einen schönen Aussichtspunkt auf den Vänernsee. Direkt vor einem wedeln die Baumwipfel unterhalb des Plateaus und dahinter erstreckt sich bis zum Horizont das Blau des Sees. Doch bei aller Naturschönheit ist hier natürlich Vorsicht geboten. Wer hier unwahrscheinlicherweise einen Absturz überleben sollte, wird in dem Dickicht so schnell nicht gefunden.

LIDKÖPING (hin und zurück 92 km)

Information
Lidköping-Götene Turistbyrå, GPS: N58,50411 E013,16412, Nya stadens torg, 53131 Lidköping, Tel. 0510 20020, Fax 27191, www.lackokinnekulle.se, im Sommer Mo–Fr 10–19 Uhr, Sa 10–18 Uhr, So 12–18 Uhr, sonst Mo–Fr 12–17 Uhr

In Vargön führt die Straße 44 mitten durch die Felsformationen des Hallebergs auf der linken und des Hunnebergs auf der rechten Seite. Anschließend geht es etwas mehr als 50 Kilometer auf der fast schnurgeraden Straße relativ unspektakulär an Feldern vorbei bis in den Ort Lidköping. Ein größerer Aufenthalt lohnt sich hier nicht. Interessant sind jedoch zwei Sehenswürdigkeiten in der näheren Umgebung (siehe nächstes Kapitel „Kinnekulle und Läckö"). Wer sich für das Schloss Läckö und den Berg Kinnekulle jedoch nicht interessiert, sollte diese Fahrt Richtung Lidköping nicht antreten und über Trollhättan und Uddevalla wieder zum Kattegatt fahren (siehe Kapitel „Uddevalla").

Lidköping selbst wird vom Fluss Lidan geteilt, der dort in den Vänernsee mündet. Die Einheimischen unterteilen den Ort in Altstadt am Ostufer und Neustadt am Westufer. Allerdings stammt die Neustadt auch schon aus dem 17. Jahrhundert und in der Altstadt existieren Häuser, die zwei Jahrhunderte später gebaut wurden. Die Besonderheit der Stadt liegt darin, dass kein Haus höher sein darf, als die Straße nebenan breit ist. Nett anzuschauen ist das rote Holzhaus mitten auf dem Marktplatz, es handelt sich dabei um das Rathaus.

Das Rathaus von Lidköping in auffälligem Rot

㉔ Lidköping SweCamp Kronocamping *****
N58,51374 E013,14019
Großer, lebhafter Campingplatz mit Badestrand. Quick-Stop. **Lage/Anfahrt:** 1000 m nördlich vom Stora torget, direkt am Vänernsee; vom Stadtzentrum Richtung Läckö und am zweiten Kreisverkehr rechts; **Platzanzahl:** 700; **Untergrund:** Wiese; **Ver-/Entsorgung:** Strom, Trinkwasser, Abwasser, Chemie-WC; **Preise:** 405 Skr. inkl. Dusche, Strom/TV; **Geöffnet:** ganzjährig; **Kontakt:** Läckögatan, 53154 Lidköping, Tel. 0510 26804, Fax 21135, www.kronocamping.com

㉕ Filsbäcks Camping ***

N58,49324 E013,24693

Großer, lauter Campingplatz am Vänernsee. Quick-Stop. **Lage/Anfahrt:** 4 km östlich von Lidköping; über die Straße 44 Richtung Kinnekulle, Bahngleise überqueren, Platz auf der linken Seite; **Platzanzahl:** 240; **Untergrund:** Wiese; fest; **Ver-/Entsorgung:** Strom, Trinkwasser, Abwasser; **Preise:** 240 Skr., Strom 40 Skr.; **Kontakt:** Badvägen, 53170 Lidköping, Tel. 0510 546027, www.filsbackscamping.se

Parkplatz Lidköping
N58,512724 E013,156080
Parkplatz zwischen Marina und Industriehafen, der oftmals auch zum Übernachten genutzt wird. Um das Zentrum von Lidköping zu erreichen, muss man eine Viertelstunde durch das Hafenareal gehen.

KINNEKULLE UND LÄCKÖ (hin und zurück 50 km)

Wenn die Schweden von Kinnekulle reden, dann meinen sie einen Berg östlich von Lidköping. Allerdings ist es doch eher nur eine sanfte Erhebung am Ufer des Vänernsees. *Carl von Linné* bezeichnete Kinnekulle als „blühenden Berg“ und in der Tat bietet die Region zwischen Lidköping und Götene eine abwechslungsreiche Natur. Auf dem Weg dorthin passiert man auf der linken Seite zwei **Runensteine.** Einer zeigt ein Kreuz, auf dem zweiten ist der Fruchtbarkeitsgott *Freyr* abgebildet.

Picknickplatz Runenstein
N58,50671 E013,31511

Kirche von Husaby
N58,52595 E013,38131

Kinnekulle
N58,60340 E013,41487
Aussichtsturm Eintritt 10 Skr.

Der wohl wichtigste der kleinen Ortschaften ist **Husaby** nördlich der Straße 44. Dort befindet sich die Quelle, an der der spätere König *Olof Skötkonung* getauft wurde. Die mächtige Kirche des Dorfes ist ebenfalls ein beliebtes Ausflugsziel. Nicht nur, dass sie das älteste Gotteshaus Westschwedens ist, sie ist für diese Region auch ungewöhnlich groß. Vor dem Turm befinden sich zwei Steinsarkophage, angeblich handelt es sich bei diesen um die Gräber von König *Olof* und seiner Gattin.

Von Husaby aus hat man zahlreiche Möglichkeiten, den Kinnekulle zu Fuß zu erkunden. Interessant ist der Weg zu **Kinnekullegården** weiter im Norden, wo man allerdings auch mit dem Auto hinfahren kann. Dort befindet sich ein Holzturm, der einem ein wunderbares Panorama bietet, sobald man die 117 Stufen im Inneren erklommen hat. Dabei blickt man auf den **Kinneviken,** die Bucht nordöstlich von Lidköping.

Fährt man zurück in die Stadt Lidköping und umrundet dabei die Bucht, so führt der Weg nördlich bis zum Ende der Halbinsel. Am Ende überquert man eine kleine Brücke, und befindet sich auf der Insel Kållandsö, welche gar nicht unbedingt als solche erkannt wird, da das Wasser zwischen der Halbinsel und Kållandsö ebenso ein schmaler Fluss sein könnte.

Am Ende der Straße erreicht man einen großen Parkplatz und alleine die vielen Parkmöglichkeiten lassen ahnen, dass einen hier eine besondere Sehenswürdigkeit erwartet. Um zum Campingplatz zu gelangen, muss man den Parkplatz übrigens überqueren. Die Rezeption wiederum ist am Kassenhäuschen des Parkplatzes. Geht man an diesem vorbei und folgt den vielen Menschen, ist das schon von weitem sichtbare **Schloss Läckö** erreicht. Berühmt ist es als sagen-

Stellplatz
N58,52179 E013,468541
Östlich vom Naturreservat Kinnekulle existiert im Ort Götene ein kostenloser Wohnmobilstellplatz, 10 Plätze auf Schotter, Standzeit max. 12 Std. Er ist ganzjährig geöffnet (falls keine Veranstaltung stattfindet). Folgen Sie der Beschilderung „Folkets Park“.

Routenatlas Seite VI, VII

⊡ *Das Schloss Läckö gehört zu den beliebtesten Ausflugszielen*

umwobenes „De la Gardie-Schloss“. Die Geschichte reicht bis ins Mittelalter zurück, als im Jahr 1298 der Bischof *Brynolf Algotsson* den Grundstein für eine befestigte Burg legte. Diese bestand jedoch in den Anfängen nur aus maximal drei kleineren Häusern, umgeben von einer Schanzenmauer. Erweitert wurde die Burg nach einem Brand im ausgehenden 15. Jahrhundert. In der Folgezeit war das Schloss dem Verfall ausgesetzt und keiner schien sich darum kümmern zu wollen, bis ein Schwager von *Gustav Wasa* das Gebäude renovieren ließ.

Doch große Bedeutung erhielt das Schloss erst zu Beginn des 17. Jahrhunderts, als *Jacob Pontusson De la Gardie* das Schloss als Lehen bekam. Unter seiner Aufsicht wurden zahlreiche An- und Umbauten vorgenommen sowie das obere Geschoss des Hauptgebäudes fertiggestellt. Später übernahm sein Sohn, der Graf *Magnus De la Gardie,* das Schloss und es wurden abermals bauliche Veränderungen und Erweiterungen vorgenommen. Er war es auch, der die dazugehörige Schlosskirche bauen ließ.

Heute finden zahlreiche Veranstaltungen im und um das Schloss herum statt. So kann es durchaus passieren, dass man bei seinem Besuch in ein Konzert eines schwedischen Künstlers platzt.

Anschließend geht es über Lidköping und Trollhättan wieder zurück zur Hauptstrecke.

㉖ Läckö Camping

N58,674852 E013,216499

Campingplatz mit Gästehafen für Bootstouristen. **Lage/Anfahrt:** auf der anderen Seite des Schlossparkplatzes, zur Wahl stehen auch Stellplätze auf dem Parkplatz selber (90 Skr.); **Platzanzahl:** 31; **Untergrund:** Wiese; **Ver-/Entsorgung:** Strom, Trinkwasser; **Preise:** 150 Skr., Strom 30 Skr., Quick-Stop 100 Skr.; **Geöffnet:** Mitte Mai-Mitte Sept.; **Kontakt:** Camping Läckö Slott, 53102 Lidköping, Tel. 0510 484668, www.lackoslott.se/camping-gasthamn.aspx

㉗ Kinnekulle Camping ****

N58,631063 E013,432117

Angenehmer, ruhiger Campingplatz, der im Jahr 2009 durch ein neues Servicegebäude seinen vierten Stern erhielt. **Lage/Anfahrt:** am alten Hafen in Hällekis; von der Straße 44 nordwärts über den Berg, am Aussichtsturm vorbei; **Platzanzahl:** 150; **Untergrund:** Wiese; **Ver-/Entsorgung:** Strom, Trinkwasser; **Preise:** 275 Skr. zzgl. 1,25 Skr. je kWh Strom; **Geöffnet:** April-September; **Kontakt:** Kinnekulle Camping, 53394 Hällekis, Tel./Fax 0510 544102, Mobil 0705444102, www.kinnekullecamping.se

UDDEVALLA (88 km - km 284)

Information (TC)

Uddevalla Turistbyrå, Herrestads Torp 353, 45181 Uddevalla, Tel. 0522 587178, Fax 99710, www.uddevalla.com

Nach diesem Abstecher geht es wieder in Richtung Küste bzw. zum Kattegatt. Über die breite Straße 44 passiert man zunächst wieder Vargön, schließlich Trollhättan mittels der steil ansteigenden Brücke und schließlich erreicht man Uddevalla. Die Stadt mit ihren rund 30.000 Einwohnern hat keine alte Architektur, da im Jahr 1806 beinahe alles bei einem großen Brand zerstört wurde. Allerdings hat man in der Umgebung der Stadt zahlreiche Möglichkeiten für Aktivitäten. Wenn man nicht auf einem der vielen Seen Wassersport betreiben möchte, dann sollte man den Wanderweg bei den Muschelbänken nutzen. Denn obwohl Uddevalla gar nicht direkt an der Küste liegt, findet man kleine Hügelchen mit tausenden alten Muscheln bei **Kuröd-Bräcka** an der Kreuzung der beiden Straßen 44 und 172, gleich hinter der Shell-Tankstelle. Entstanden sind diese Muschelbänke am Ende der letzten Eiszeit.

Von Uddevalla aus führen zwei Wege nach Lysekil. Von der E6 hat man die Möglichkeit über die Straße 161 bis Fiskebäcksil zu fahren, wo man mit der kostenlosen Fähre über die Gullman-Bucht übersetzen kann. Von dort geht es wenige hundert Meter bis zur Straße 162, wo man nur noch links abbiegen muss, um Lysekil zu erreichen. Ohne Fährpassage geht es von Uddevalla über die E6 durch das Städtchen Munkedal und anschließend ebenfalls auf die 162. Dieser Weg ist jedoch nicht nur ein Umweg, sondern zugleich auch ein Teil des späteren Verlaufs dieser Reisebeschreibung. So würde man den Abschnitt demnach doppelt fahren.

㉘ Unda Camping ****
N58,329616 E011,823263
Ruhiger und gemütlicher Platz am See, teilweise von Bäumen umgeben.
Lage/Anfahrt: 8 km westlich von Uddevalla; in Richtung Oslo fahren, jedoch nicht über die E6 und hinter dem Tunnel der Beschilderung nach Unda folgen; **Platzanzahl:** 200; **Untergrund:** Wiese; **Ver-/Entsorgung:** Strom, Trinkwasser; **Preise:** 270 Skr., Strom 50 Skr.; **Geöffnet:** ganzjährig, mit begrenztem Service außerhalb der Hochsaison; **Kontakt:** Unda Camping, 45194 Uddevalla, Tel. 0522 86347, Fax 86392, www.undacamping.se

LYSEKIL (18 km - km 302)

Parkplatz Lysekil
N58,27270 E011,43627

Information
Lysekils Turistbyrå AB, Strandvägen 9, 45330 Lysekil, Tel. 0523 13050, Fax 13049, www.lysekilsturist.se

Größtes Merkmal von Lysekil sind die faszinierenden rot-braunen Schären, auf denen die Stadt zu großen Teilen errichtet wurde. Allerdings handelt es sich bei dem Städtchen nicht um ein kleines und verschlafenes Fischerörtchen. Lysekil hat zwar weniger als 8000 Einwohner, aber in den Sommermonaten kann es um ein Vielfaches voller werden. Geprägt wird das Stadtbild von der **Kirche** aus dem Jahr 1901. Der Turm ragt 63 m hoch, endet aber erst bei 95 m über dem Meeresspiegel, da das Gotteshaus auf einer Anhöhe errichtet wurde. Unterhalb der Kirche befindet sich die **Altstadt,** wo sich in den malerischen Gassen die Fischer und Seeleute einst niederließen. Beliebt ist Lysekil als Badeort schon seit dem Jahr 1846, als die erste Badeanstalt gebaut wurde.

Beliebt macht sich die Stadt auch bei Wohnmobilfahrern, da sie über drei **Parkplätze** verfügt, auf denen man 24 Stunden parken darf. Zwei davon befinden sich mit etwas Abstand auf der Bangårdsgatan direkt am Hafen und sind für eine Stadtbesichtigung ideal gelegen. Gleich in der Nähe befindet sich auch noch ein großer ICA-Supermarkt. Die dritte Übernachtungsmöglichkeit befindet sich etwas außerhalb im Jachthafen des Ortsteils Valbodalen. Hier ist die Übernachtung zwischen den Schiffen zwar erlaubt, aber nicht besonders schön.

Einen Stadtrundgang startet man am besten am Hafen. Dort befindet sich das Havets Hus, bei dem es sich um ein **Meeresaquarium** handelt, das das Leben der Tiere und Pflanzen aus dem Kattegatt zeigt. Wie schon in Göteborg gibt es auch hier einen Unterwasserkanal, durch den der Besucher gehen kann. Neben den lokalen Unterwasserlebewesen werden auch hier unter anderem Haie gezeigt, zu deren natürlichen Umgebung nicht die Küste von Schweden gehört.

Geht man zurück in das Zentrum von Lysekil, passiert man das Havsbad und den dazugehörigen Park, wo im 18. Jahrhundert das Leben blühte. Das Kaltbadehaus und das angeschlossene Restaurant stammen beide aus der Zeit. Etwas jünger, aber aus demselben Jahrhundert, ist der **Kungstorget** mitten im Zentrum. Das dort stehende Stadshotellet ist eines der ältesten Häuser Lysekils und wurde 1878 fertiggestellt. Hinter der bereits erwähnten Kirche, zu der es steil hinauf geht, wandert man über einige **Schärenfelsen** entlang bis zu einem kleinen Aussichtsturm, von dem aus man einen schönen Blick über die Ortschaft hat.

SMÖGEN (40 km - km 342)

Die weitere Fahrt gen Norden führt zuerst über die Straße 162, doch bevor man möglicherweise die E6 benutzt und so die halbe Küste entlangrast, sollte man vorher auf die Straße 171 abbiegen und nach Smögen folgen, wo es wesentlich näher an der Küste viel schöner entlanggeht. Smögen sollte man jedoch nur besichtigen, wenn man auf

Information

Sotenäs Turistbyrå, Parkgatan 46, im Sommer Köpmanstorget, 45631 Kungshamn, Tel. 0523 665550, Fax 665559, www.sotenasturism.se

Auf Schären gebaut: Lysekils Altstadt und die dazugehörige Kirche

Stellplatz Smögen
N58,41379 E011,31774
Auf der Straße 171 befindet sich auf der rechten Seite ein kleiner Hof mit einem Womo-Symbol. Der Besitzer bietet für 200 Skr. drei Stellplätze im Hinterhof inkl. Toilette und Wasser.

überfüllte Küstenstädtchen steht und einem der Besucheransturm nichts ausmacht. Angelockt werden die vielen Menschen hauptsächlich von den **Fisch- und Garnelenauktionen.** Ansonsten sollte man über die Straße 174 weiterfahren und so über Hamburgsund nach Tanumshede gelangen. Auf dem Weg dorthin durchquert man noch **Hunnebostrand.** Hier lohnt sich ein kleiner Halt am **Tierpark Nordens Ark.** Die dort tätige Stiftung unterhält ein Aufzuchtprogramm für gefährdete Tierarten und siedelt Tiere wieder in der freien Wildbahn an.

Picknickplatz
Am Abzweig nach Bovallstrand befindet sich ein Parkplatz für Wanderer, von dem Wege zu einigen vorgeschichtlichen Fundstellen abgehen.

㉙ Ramsvik Camping ****
N58,439322 E011,267692
Kleines Ferienhausgelände mit einigen Stellplätzen für Womos. **Lage/Anfahrt:** an der Küste bei Sotenäset im Ramsviks Naturschutzgebiet; 7 km vor Smögen der Ausschilderung nach Ramsvik folgen; **Platzanzahl:** 15; **Untergrund:** Asphalt; fest; **Ver-/Entsorgung:** Strom, Trinkwasser; **Preise:** 330 Skr.; **Geöffnet:** Ende April–Ende September; **Kontakt:** Ramsvik Camping, 45046 Hunnebostrand, Tel. 0523 50303, Fax 58737, www.ramsvik.nu

㉚ Wiggersviks Familjecamping ****
N58,362621 E011,280931
Unparzellierter und lebhafter Campingplatz direkt am Ufer. **Lage/Anfahrt:** in direkter Nachbarschaft zum Campingplatz Johannesvik, 3 km von Smögen entfernt; auf der Straße 171 nach Hovenäset abbiegen; **Untergrund:** Wiese; fest; **Ver-/Entsorgung:** Strom, Trinkwasser; **Preise:** 320 Skr.; **Geöffnet:** Mitte April–Anfang Oktober; **Kontakt:** Wiggersvik 5, 45691 Kungshamn, Tel. 0523 32635, Fax 70381, www.wiggersvik.se

㉛ Johannesvik Camping ****
N58,365907 E011,281382
Lauter und in der Hochsaison extrem voller Campingplatz. **Lage/Anfahrt:** an der Küste kurz vor Smögen; auf der Straße 171 nach Hovenäset abbiegen. 800 m hinter der Brücke befindet sich die Einfahrt; **Untergrund:** fest; **Ver-/Entsorgung:** Strom, Trinkwasser, Abwasser; **Preise:** 370 Skr.; **Geöffnet:** ganzjährig; **Kontakt:** Wägga Nordgård 1, 45691 Kungshamn, Tel. 0523 32387, Fax 30378, www.johannesvik.nu

㉜ Solvik Camping ****
N58,39111 E011,26250
Ruhiger Platz eingebettet in felsiger Küstenlandschaft. **Lage/Anfahrt:** 3 km nördlich von Kungshamn; an der Straße 174 zwischen Smögen und Hamburgsund; **Platzanzahl:** 80; **Untergrund:** Wiese; **Ver-/Entsorgung:** Strom, Trinkwasser, Abwasser; **Preise:** ab 260 Skr. aufwärts (je nach Ausstattung); **Geöffnet:** Mitte Mai–Anfang September; **Kontakt:** Solviks Camping, 45691 Kungshamn, Tel. 0523 18890, Fax 18897, http://firstcamp.se/campingar/solvik-kungshamn

HAMBURGSUND (27 km - km 369)

Information

Hamburgsunds Touristinformation, Färjeläget, Hjalmars kaj, 45070 Hamburgsund, Tel. 0525 33620, www.hamburgsund.com

Hamburgsund ist ein beliebtes Ausflugsziel bei deutschen Reisenden und das ist einzig und allein der Verdienst des Ortsnamens, von dem anscheinend jeder Deutsche magisch angezogen wird, möglicherweise auf der Suche nach einer schwedischen Alster oder einem Miniatur-St.-Pauli. Doch abgesehen von der schönen Schärenküste und dem Blick auf die vorgelagerte Insel Hamburgö ist in dem Ort nichts Nennenswertes zu entdecken.

TANUMSHEDE (20 km - km 389)

Information

Turistkontoret Tanum, Brehogsvägen 1, 45732 Tanumshede, Tel. 0525 29922, Fax 18360, http://tanum.vastsverige.com

Als Nächstes erscheint **Grebbestad,** wo sich auf der rechten Seite frühgeschichtliche Grabhügel befinden. Das Gebiet trägt den Namen Greby Gravfält und besteht aus ca. 200 Hinkelsteinen, Grabhügeln, Feuerstellen und weiteren Funden aus vorchristlicher Zeit.

Wenige Kilometer in das Landesinnere hinein erreicht man Tanumshede und folgt einfach der Beschilderung zum UNESCO-Weltkulturerbe. In der näheren Umgebung von **Tanumshede** befinden sich an mehreren Stellen **Felszeichnungen.**

Auf der linken Seite erscheinen der Parkplatz des Museums und der angrenzende Campingplatz. Von dort kann man entweder durch den Wald wandeln (ohne Gebühr) oder sich im Museum Informationsmaterial sowie einen Audio-Guide holen, um sich die einzelnen Zeichnungen erklären zu lassen. Diese gehören zu den bedeutendsten vorgeschichtlichen Denkmälern des Landes. Auf Granitfelsen sind zahlreiche Figuren und Motive wie z. B. Jagdszenen oder Fruchtbarkeitssymbole eingeritzt. Die Museumsverwaltung hat diese nachträglich mit roter Farbe kenntlich gemacht, damit man sie besser erkennen kann. Zahlreiche **Findlinge aus Granitgestein** liegen auf dem Rundgang und lassen unweigerlich die Frage aufkommen, wie viele Felsen möglicherweise noch gar nicht entdeckt wurden, weil sie in den letzten 3000 Jahren mit Moos und Waldboden zugewachsen und zugeschüttet wurden. Die Felsen sind über Holzwege miteinander verbunden und können so bei einem Spaziergang erkundet werden. Verständlicherweise wird darum gebeten, die Felsen nicht zu betreten, da sie ohnehin durch Umwelteinflüsse insbesondere in den letzten Jahren stark angegriffen wurden.

Jahrtausendealte Felszeichnungen bei Tanumshede

Lässt man den Museumsparkplatz links liegen und fährt die Straße weiter, so erscheint auf der linken Seite ein weiterer kleiner Picknickplatz, der ebenfalls zum Übernachten genutzt werden kann. Und nach weiteren 600 m geht es in hinab zu einem kleinen Rundweg, auf dem ebenfalls Felsen zu betrachten sind. Der kleine Parkplatz liegt in der Rechtskurve und dient ebenfalls sehr gut zum freien Stehen.

33 Tanums Camping ***
N58,70076 E011,34066
Kleiner, ruhiger Campingplatz. **Lage/Anfahrt:** direkt am Museum; von Tanumshede in Richtung Weltkulturerbe, Museum und Campingplatz erscheinen auf der linken Seite; **Untergrund:** Wiese; **Ver-/Entsorgung:** Strom, Trinkwasser; **Preise:** 190 Skr. exkl. Dusche, Strom 40 Skr.; **Geöffnet:** Juni–August; **Kontakt:** Tanums Camping, Vitlycke 4, 45793 Tanumshede, Tel. 0525 20002, Fax 29386, www.tanumscamping.se

STRÖMSTAD (33 km – km 422)

Information

Strömstad Tourist, Ångbåtskajen 2, Gamla Tullhuset, Norra Hamnen, 45222 Strömstad, Tel. 0526 62330, Fax 62335, www.stromstad.se

Von Tanumshede aus hat man die Möglichkeit, über die E6 weiter nach Norden zu fahren. Etwas über dreißig Kilometer geht es durch die waldreiche Landschaft bis Strömstad. Man sollte erst gar nicht versuchen, mit dem Wohnmobil im direkten Zentrum einen Parkplatz zu finden. Entweder nutzt man sowieso den Campingplatz, der sich bei der Einfahrt in die Stadt auf der linken Seite befindet, oder man fährt geradewegs durch den Ort und parkt wenige hundert Meter weiter auf der rechten Seite, wo es zahlreiche Parkmöglichkeiten gibt. Strömstad ist offiziell seit 1676 eine Stadt und zugleich Schwedens westlichste Kommune. Zwar ist die Grenze zu Norwegen noch ein paar Kilometer weiter nördlich, aber Strömstad gilt dennoch als Grenzstadt. Daher war sie in früheren Zeiten besonders bei Kriegen bedeutend und stand oftmals im Mittelpunkt. So hatte der schwedische König *Karl XII.* sein Hauptquartier hierhin verlagert, als das Land Anfang des 18. Jahrhunderts im Krieg mit Norwegen stand. Später erhielt Strömstad wie so viele Orte Bedeutung durch den Fischfang – insbesondere Hering – und als Badeort. Das quirlige Zentrum der Stadt befindet sich auf einer kleinen Landzunge und wird geprägt von den Anlegestellen, von denen aus es auf die vorgelagerten Inseln wie z. B. Nötholmen, Killingholmen, Furholmen und Karholmen und viele weitere Inselchen geht.

Parkplatz Strömstad
N58,94360 E011,18417

Die Touristeninformation befindet sich in einem kleinen Eckgebäude zwischen den Schiffsanlegestellen. Von dort führt die Straße am Badehaus vorbei hinauf in das Viertel mit dem Namen **Bukten.** Es ist der älteste Stadtteil und beherbergt zum Teil Holzhäuser, die älter als 200 Jahre sind. Direkt daneben erhebt sich der Korpeberget. Von diesem aus hat man einen schönen Blick auf den Gästehafen und die Schären. Etwas weiter außerhalb im **Skagerrak,** wie der Abschnitt der Nordsee an dieser Stelle mittlerweile heißt, liegen die **Kosterinseln.** Sie sind ebenfalls von Strömstad aus zu erreichen, jedoch autofrei, also ist an eine Überfahrt mit dem Wohnmobil nicht zu denken. Getrennt werden die beiden Hauptinseln durch den Kostersundet. Die südliche Kosterinsel ist in etwa doppelt so groß wie das nördliche

Auf nach Alaska (gemeint ist hier die kleine Insel vor Strömstad)

Elch-Info

Auch wenn Elche langsam grasen und durch das Unterholz streifen, ist Vorsicht angebracht. Die Tiere können es bei Gefahr für kurze Zeit auf eine Geschwindigkeit von über 50 km/h bringen. Im Übrigen heißen die Tiere Schaufler (Männchen), Elchkuh (Weibchen) und Kalb (Jungtier).

Pendant und erlaubt das Radfahren auf dem Eiland. Auf Nord-Koster hingegen erwartet man, dass der Besucher sich zu Fuß fortbewegt, die Insel ist zu klein zum Radeln. Beide Inseln sind mit einer Seilfähre verbunden, die nur zweieinhalb Minuten von Ufer zu Ufer benötigt. Um aber überhaupt auf eine der Inseln zu gelangen, begibt man sich in Strömstad zum Norra Hafen gleich neben dem Markt und besteigt eines der Koster-Boote. Die Abfahrtszeiten können variieren und sind dort angeschlagen. Bezahlt wird erst auf den Booten, Fahrräder werden hierbei gesondert berechnet. Wer keines hat, der kann sich eines auf der südlichen Insel ausleihen. An allen drei Bootsanlegestellen befinden sich Fahrradverleihstationen.

Der westlichste Punkt Schwedens ist im Übrigen das kleine unbewohnte **Eiland St. Drammen,** nördlich der Kosterinseln.

Seit September 2009 verfügt Schweden über seinen ersten Meeres-Nationalpark. Vor der Küste Strömstads eröffnete König Carl Gustaf höchstpersönlich diesen 29. schwedischen Nationalpark mit dem Namen „Kosterhavet". Sehr viel zu sehen ist allerdings erst einmal nicht, denn bei 97 % der über 400 Quadratkilometer des Parks handelt es sich um Meeresboden. Doch allein die Tatsache, dass sich hier über 6000 verschiedene Arten von Lebewesen tummeln, ist beachtlich. Gleichzeitig handelt es sich um einen grenzüberschreitenden Nationalpark, denn im Norden befindet sich der norwegische Park „Ytra Hvaler".

Idyllische Bucht kurz vor der norwegischen Grenze

Zurück geht es zur E6, wo sich das **Blomsholm-Grabfeld** befindet. Blomsholm ist ein Teil des **Ökomuseums Gränsland.** Wo sich heute Wald und die E6 befinden, schwappte vor rund 2000 Jahren noch das Meerwasser ans Ufer. Daher ist es nicht verwunderlich, dass eines dieser Grabfelder die Form eines Schiffes hat. Diese sogenannten Schiffssetzungen findet man in Schweden und auch im baltischen Raum des Öfteren. Die von der Seefahrt geprägten Menschen glaubten damals, dass man mit einem Schiff in das Jenseits fährt und erwiesen den Verstorbenen (sofern sie auf dem Schiff das Sagen hatten) die letzte Ehre, indem sie ebendiese Monolithen aufstellten. Bei manchen ist der Stein am Bug ein Runenstein. Die **Schiffssetzung** in Blomsholm ist eine der größten Schwedens und hat eine „Schiffslänge" von 41 m, die Bug- und Hecksteine reichen in eine Höhe von vier Metern.

Einen Abstecher kann man Richtung Norden unternehmen, wenn man deutsche Brückenbaukunst sehen möchte. Etwa 20 km nördlich von Strömstad verläuft der **Svinesund** und bildet die Grenze zwischen Norwegen und Schweden. Seit 1946 verbindet eine zweispurige Straßenbrücke die beiden Länder, doch diese Brücke reichte für den wachsenden Verkehr nicht mehr aus und so wurde am 10. Juni 2005 durch die schwedischen und norwegischen Königspaare die von Bilfinger+Berger gebaute vierspurige Brücke eingeweiht. Im Touristenbüro von Strömstad erhält man eine kostenlose Infobroschüre mit zahlreichen Bildern vom Bau der Brücke. Eine Überfahrt nach Norwegen kostet auf beiden Brücken Maut, bei der alten kann man jedoch vorher anhalten und zu Fuß bequem den Svinesund überqueren und hat zudem einen Blick auf das neue Bauwerk.

34 Lagunen Camping ****

N58,91287 E011,20380

Großer, lebhafter und lauter Platz mit mehreren Freizeiteinrichtungen; schöner Küstenradweg vom Campingplatz in das Zentrum von Strömstad. In der Hauptsaison nur für mehr als zwei Personen möglich. **Lage/Anfahrt:** 3 km südlich von Strömstad; über die Straße 176 südwärts; **Platzanzahl:** 120; **Untergrund:** Wiese; fest; **Ver-/Entsorgung:** Strom, Trinkwasser, Abwasser, Chemie-WC; **Preise:** 310 Skr. exkl. Dusche, Strom 50 Skr. ; **Geöffnet:** ganzjährig; **Kontakt:** Skärsbygdsvägen 40, 45297 Strömstad, Tel. 0526 755000, Fax 12367, www.lagunen.se

Wohnmobilstellplatz am Campingplatz 34

N58,913035 E011,207334

Lagunen Camping bietet mittlerweile auch einen kleinen Stellplatz für 24 Wohnmobile an, inkl. Strom, Wasser, WLAN, TV und Grillplatz.

35 Daftö Resort *****

N58,90473 E011,20208

Große Ferienanlage mit Swimmingpool, Animation und zahlreichen Freizeitaktivitäten. **Lage/Anfahrt:** 5 km südlich von Strömstad am Meer; der Beschilderung nach Tjärnö folgen; **Platzanzahl:** 650; **Untergrund:** Wiese, Sand; fest; **Ver-/Entsorgung:** Strom, Trinkwasser, Abwasser, Chemie-WC; **Preise:** 280 bis 470 Skr., je nach Standort und Ausstattung des Stellplatzes inkl. Duschen und in der Hochsaison inkl. freiem Eintritt in das Freibad; **Geöffnet:** ganzjährig; **Kontakt:** Daftö Resort, 45297 Strömstad, Tel. 0526 26040, Fax 26250, www.dafto.com

BENGTSFORS (83 km – km 505)

Wer den Abstecher nach Svinesund macht, sollte der kürzeren Fahrzeit wegen über die alte Brücke nach Norwegen einreisen und dort auf der Straße 21 nach **Halden** fahren und der gemütlichen Straße 101 Richtung Schweden folgen. Zwar gehört Norwegen nicht zur Europäischen Union, hat aber dennoch das Schengener Abkommen unterzeichnet und so finden glücklicherweise keine Grenzkontrollen mehr statt. Die Maut für die alte Brücke ist im Verhältnis zu der langen Strecke, die man erst zurückfahren müsste, kaum der Rede wert.

Von **Tanumshede** aus fährt man über die Straßen 163 und 164 bis zur Straße 166, wo die Svinesund-Besucher auch ankommen. Wer in Strömstad ist und nicht über Norwegen weiterreisen möchte, der begibt sich über die Straße 176 zur E6, fährt ein kurzes Stück südwärts bis Skee und nutzt ab dort ebenfalls die Straße 164 bis diese auf die 166 trifft.

Elch-Info
Jungtiere von Elchen werden in der Regel im Frühsommer geboren, da die Paarungszeit im Herbst stattfindet und die Elchkühe ihre Jungen neun Monate lang austragen. In den Herbstmonaten dulden Elche daher keine Tiere gleichen Geschlechts um sich. In freier Natur werden Elche bis zu 15 Jahre alt.

Für ein kurzes Stück hat die folgende Straße nach Bengtsfors die Bezeichnungen 164 und 166. Letztere zweigt aber bei Ed nach Mellerud ab. Interessanter ist die Weiterfahrt auf der Straße 164 nach **Bengtsfors.** Doch bei Ed sollte man trotzdem seinen Wagen kurz auf dem Parkplatz der **Dalsland Moose Ranch** abstellen und das private Gehege mit den drei Elchen anschauen. Sehr zahme Tiere werden im Familienbetrieb gefüttert und gepflegt und es besteht für den Besucher auch die Möglichkeit die Elche zu streicheln, woran natürlich besonders Kinder eine Freude haben, sowie die Tiere selber zu füttern. Viel zu sehen gibt es nicht in Bengtsfors, das ein wenig von Industrie geprägt ist. Doch es hat eine faszinierende Lage. Zahlreiche Seen befinden sich nicht nur rund um die Stadt, sondern in der gesamten Region. Kein Wunder, dass der Ort als wichtiger Treffpunkt für Kanufahrer gilt, jedes Jahr findet in Bengtsfors ein Kanu-Marathon statt. Doch auch für weniger Sportbegeisterte bietet die Seenlandschaft natürlich viele Möglichkeiten.

Wohnmobilstellplatz Dals Långed
N58,922703 E012,307409
Acht Stellplätze befinden sich rund 16 Kilometer südlich von Bengtsfors im kleinen Dorf Dals Långed, zwar direkt neben einer Bahnstrecke, aber auch mit schönem Ausblick auf einen See, der Teil des Dalslandkanals ist. 150 Skr. inkl. Strom, Duschen und zwei Grillplätzen.

Zum Saisonbeginn eröffnet in dem Ort auf der kleinen **Landzunge Sågudden** ein Angelzentrum mit einer Touristeninformation. Dafür wurde dort von der Gemeinde eigens ein Holzhäuschen errichtet, um den Angeltourismus zu fördern.

Einen schönen Überblick über die Stadt und die Umgebung hat man vom **Majberg.** Dort befindet sich auch das **Freilichtmuseum Gammelgården** mit 17 Gebäuden, die veranschaulichen, wie die Menschen in früheren Zeiten in der Region Dalsland gelebt haben. Die Unterschiede zwischen der Dalslandstuga eines Großbauern und dem wesentlich kleineren Ryggåsstuga, der nur über einen Lehmfußboden verfügt, sind bemerkenswert. Neben dem Museum gibt es noch das Halmens Hus, das sich mit dem Handwerk des Strohflechtens befasst und die Geschichte des Strohs erläutert.

› **Halmens Hus,** Gammelgården, Tel. 0531 528020, www.halmenshus.com, mit einer Führung und der Anleitung, wie man aus einem Bündel Stroh einen Ziegenbock kreiert. Dazu gehört ein kleiner Laden, der zahlreiche Strohkunstwerke anbietet, Di–Fr, im Sommer auch bis Sonntag, 10–16 Uhr, Eintritt frei.

Alternativ zu Kanufahrten und Angeln bieten sich noch verschiedene **Wanderwege** entlang der etwa 400 kleineren und größeren Seen an, die es rund um Bengtsfors gibt. Einer dieser Pfade ist der „Weg der schönen Aussicht" zwischen der Stadt und dem nächsten Ort Lennartsfors und führt am westlichen Ufer des Lelång-Flusses entlang. Unterwegs trifft man auf mehrere Vogelbeobachtungstürme und Kulturdenkmäler.

Wer das meist gesüßte Brot der Schweden schon nicht mehr sehen kann, dem bietet sich die Möglichkeit, in einer echten **deutschen Bäckerei** zu frühstücken, wenn er in Bengtsfors die Straße 172 benutzt und bis ins weiter nördlich gelegene Gustavfors fährt. Somit findet man „echtes" Roggen- oder Vollkornbrot auch in Schweden bzw. in „Svens Kopparkittel", wie das Café heißt (www.kopparkittel.com).

Anschluss
Route 3

VON DER NORWEGISCHEN GRENZE WIEDER ZUM VÄNERNSEE, DIESEN AN DER NORDSEITE ENTLANG, BIS MAN NACH NORDEN ABBIEGT

Eines der wichtigsten Bauwerke Schwedens ist der Götakanal, der auf dieser Route zum ersten Mal überquert wird. Die Landschaft wird wald- und seenreicher. Der größte See, Vänern, wird auf der Strecke halb umrundet und über die Halbinsel Värmlandsnäs bis zur Seemitte besucht. Nach den größeren Städten Karlstad und Kristinehamn folgen wieder ruhigere Gefilde, in denen die Schriftstellerin Selma Lagerlöf aufwuchs. Sie dachte sich die Geschichte von den Gänsen aus, die den kleinen Nils Holgersson durch das gesamte Land fliegen.

⊡ *Ausflugsfahrt auf dem Dalslandkanal*

043sw Abb.: mm

ROUTE 3: DER NORDWESTEN

IM REICH DER TROLLE

› Routenübersicht hinterer Umschlag innen

Anschluss
Route 2

STRECKENVERLAUF

Strecke:
Håverud (43 km) - Åmål (36 km) - Säffle (20 km) - Arvika (74 km) - Karlstad (64 km) - Abstecher nach Kristinehamn (<-> 72 km) - Abstecher nach Karlskoga (<-> 52 km) - Mårbacka (52 km) - Rottneros (12 km) - Torsby (41 km)

Streckenlänge:
ohne Abstecher circa 342 km
mit Abstecher circa 466 km

HÅVERUD (43 km - km 43)

Von Bengtsfors ist eine Fahrt Richtung Süden bzw. Richtung Mellerud ein unbedingtes Muss. Nicht wegen Mellerud, die Stadt hat nicht viel zu bieten, aber nördlich von ihr in der Nähe von Köpmannebro befindet sich die kleine Ortschaft Håverud. Hierfür fährt man auf der Straße 172 (Stenebyvägen) Richtung Billingsfors. Hinter Billingsfors biegt man links ab und folgt auf kleinen Wegen der Beschilderung durch den Weiler Dals Långed nach Håverud. Diese Ortschaft ist bei Reisenden, die mit dem Schiff unterwegs sind, bekannt. Denn bei Håverud befindet sich der **Dalslandkanal,** der den Vänernsee mit zahlreichen Gewässern im Norden Schwedens und sogar in der norwegischen Region Nordmark verbindet. Zugegebenermaßen sollte man meinen, ein kleiner Kanal mit ein paar Schleusen sei diesen Umweg nicht wert. Doch vor dieser Schleuse muss der Schiffskapitän erst über eine mit Wasser gefüllte Brücke, um einen Abhang zu überwinden. Über dieser Wasserbrücke verläuft eine Eisenbahnbrücke.

Bootsverleih
In Schweden besteht natürlich die Möglichkeit, sich sein eigenes Boot zu chartern. Wer dann damit oder mit einem Kanu unterwegs ist, muss in den Schleusen einige Regeln beachten. Die oberste Regel ist hierbei, den Anweisungen des Schleusenpersonals Folge zu leisten und zu bedenken, dass nur diese die Schleusen bedienen dürfen. Hat man sich beim Personal bemerkbar gemacht, dann wird man in die Schleuse in der Reihenfolge eingeschleust, wie man angekommen ist. Eine Ausnahme gibt es nur bei der optimalen Ausnutzung der Schleusenkapazität. Aber das ist dann Sache des Schleusenwärters. Ansonsten besteht Rauchverbot während des Schleusens, was auch für den Schiffsmotor gilt, der abgestellt werden muss. Und für die eigene Sicherheit gilt sowieso, dass eine Rettungsweste getragen werden sollte.

Schleuse am Dalslandkanal

Darüber wiederum hat man von einer Straßenbrücke eine schöne Aussicht auf dieses merkwürdig verzweigte System von Brücken und Schleusen, das immer wieder Besucher anlockt. Das angeschlossene **Kanalmuseum** in einem ehemaligen Bürogebäude zeigt, wie sich in Dalsland das Leben der Einheimischen vor und nach dem Bau des Kanals veränderte. An der Schleuse sieht man auch die Anlegestelle eines Ausflugsschiffes. Die **„M/S Storholmen"** legt in der Sommerzeit dreimal wöchentlich in Håverud ab, um nach fast fünf Stunden auf dem Kanal Bengtsfors zu erreichen. Zurück geht es leider immer erst am nächsten Tag, doch in Bengtsfors besteht die Möglichkeit auf den Schienenbus aus den 1950er-Jahren umzusteigen, der dann wieder zurückfährt.

ÅMÅL (36 km - km 79)

Information

Åmåls Turistbyrå, Hamngatan 5, 66322 Åmål, Tel. 0532 17098, Fax 17650, www.amal.se

Parkplatz Åmål
N59,052513 E012,705249

Nördlich von **Köpmannebro** trifft man direkt am Vänernsee wieder auf die aus Trollhättan bekannte Straße 45 und folgt dieser Richtung Norden bzw. der Beschilderung nach Karlstad. Rund 40 km fährt man in unmittelbarer Nähe des größten schwedischen Sees entlang, sieht ihn dabei aber selten, bis man in Åmål eintrifft. Zuvor passiert man das Örtchen **Tösse.** Dort befindet sich der größte Schärengarten des Sees, der aus über 30 größeren Inseln mit Wald und vielen weiteren kleinen Inselchen besteht. Tösse ist auch als Brutgebiet der heimischen Seevögel bekannt.

Stellplatz am Hafen von Åmål
N59,055114 E012,707533
bis zu 48 Stunden ist das Parken dort erlaubt, 100 Skr.

Åmål erhielt die Stadtrechte in der ersten Hälfte des 17. Jh und wurde in den ersten vier Jahrzehnten laut Stadtchronik dreimal überfallen und geplündert. Später war die Stadt aufgrund der guten Lage am Ufer des Vänernsees ein Zentrum für den Seehandel. 2005 wurde sie von der UNEP, einer Organisation der Vereinten Nationen, zur zweitbesten Kleinstadt der Welt gewählt. Interessanterweise wirbt die Stadt selbst damit, dass sie frei von Ampeln und Parkscheinautomaten ist. Das dürfte aber nicht der Grund für diese Auszeichnung gewesen sein.

Direkt neben der Touristeninformation befindet sich in einem typisch schwedischen Holzhaus das **Heimatmuseum** der Stadt und informiert auf drei Etagen über die Vergangenheit der Region. Interessant ist aber auch das **Industriemuseum,** in dem die Werkstatt aus dem Jahr 1918 noch genauso aussieht wie damals, als sie in den 1920er-Jahren verlassen wurde. Das Zentrum der Stadt ist malerisch angelegt und wird vom **Flüsschen Åmålsån** durchquert. An einer Schleife kurz vor dem Gästehafen bildet eine Grünanlage das Zentrum inmitten mehrerer alter Gebäude. Geht man über die schmale Fußgängerbrücke, sieht man den **Vågmästergården,** eines der besser erhaltenen Gebäude aus den Anfängen des 18. Jahrhunderts, auf der linken Seite.

Das Gebäude daneben trägt den Namen **Dahlgrensgården.** Beide Häuser beherbergten einstmals schwedische Könige. Schräg hinter dem Haus befindet sich die alte Kirche. Sie ist noch älter als die Häuser und ersetzte bereits ein Gotteshaus aus dem Mittelalter. Doch erst seit der Mitte des letzten Jahrhunderts wird sie nach einer gründlichen Restaurierung wieder als Kirche genutzt, zuvor gebrauchte man das Haus als Lagerraum.

Westlich der Stadt treibt der Fluss Åmålsån eine noch immer intakte **Wassermühle** aus der zweiten Hälfte des 19. Jahrhunderts an.

Sehenswertes

Industriemuseum C.W. Thorstenssons Mekaniska Verkstad, Strömbergsgatan, Tel. 0532 17098, http://amallok.amal.se/foreningar/thorstensons/ty.html. Industriegeschichtliche Ausstellung und die originale Einzimmerwohnung eines typischen Arbeiters aus den 1920er-Jahren.

Åmåls Heimatmuseum, Hamngatan 7, Tel. 0532 15820, interessante Ausstellungsstücke aus diversen Handwerksbetrieben der 1930er-Jahre, Mitte Juni–Ende August Di–Do 9–16 Uhr, Fr 9.30–14 Uhr, 40 Skr.

Handwerkshaus, Strandgatan 1, Tel. 0532 71014. In einem alten Bootsmannhaus aus der Zeit Ende des 19. Jahrhunderts sind mehrere Kunsthandwerkstätten untergebracht. So kann man den Künstlern bei der Herstellung von Messern, Puppen, Holzarbeiten, Porzellanmalereien zuschauen. Vor dem Haus existiert zudem ein kleines Gartencafé, tägl. 10–18 Uhr.

Essen

Café Trägården, Gartenlokal am Ufer des Vänernsees direkt hinter der alten Kirche. Spezialität ist das selbstgebackene Brot.

㊱ Örnäs Camping ****

N59,04692 E012,72176

Großer Campingplatz mit Badestrand und beliebtem Angelrevier. **Lage/Anfahrt:** am nordwestlichen Ufer des Vänernsees; ab dem Zentrum von Åmål einfach dem Campingsymbol folgen; **Platzanzahl:** 190; **Untergrund:** Schotter, Wiese; fest; **Ver-/Entsorgung:** Strom, Trinkwasser, Abwasser, Chemie-WC; **Preise:** 250 Skr. exkl. Dusche, Strom 50 Skr.; **Geöffnet:** ganzjährig; **Kontakt:** Gamla Örnäsgatan 22, 66222 Åmål, Tel. 0532 17097, Fax 71624, ornascamping@amal.se

SÄFFLE (20 km - km 99)

Auf dem weiteren Weg verlässt man Dalsland auch schon wieder und erreicht auf der Straße 45 kurz hinter Åmål die Region Värmland. Die Landschaft liegt am Nordufer des Vänernsees und beherbergt weitere 11.117 Seen.

Man spürt mittlerweile auch schon die Nähe zu Mittelschweden bzw. merkt, dass das dichter besiedelte Südschweden bereits hinter einem liegt. In Värmland wohnen gerade einmal 17 Einwohner auf einem Quadratkilometer, in Deutschland sind es im Vergleich 231. Selbst Mecklenburg-Vorpommern, das Bundesland mit der geringsten Besiedlungsdichte, hat noch 82 Einwohner je Quadratkilometer.

Wohnmobilstellplatz Säffle

N59,124430 E012,924274

10 Stellplätze auf einem Schotterparkplatz in der Nähe des Gästehafens am südlichen Rand von Säffle. Bezahlt (100 Skr. zzgl. 20 Skr. für Strom) wird von Mai bis September im Büro des Hafens, wo man die Einrichtungen mitbenutzen kann. In der übrigen Zeit muss man sich im Touristenbüro anmelden.

Trolle

Feen, Elfen und Hexen sind allesamt weiblich. Doch existiert in der Mythologie auch ein ähnliches Wesen in männlicher Form? Ja, zumindest in Skandinavien kennt man den Troll. Eigentlich in Norwegen beheimatet, ist der Troll aber auch in Schweden bekannt und berüchtigt. Gibt es irgendwo ein Phänomen, für das so schnell keine Erklärung gefunden werden kann, dann war es mit Sicherheit der Troll. Die geheimnisvollen Lebewesen findet man der Sage nach im Wald und sie verfügen auf sämtlichen Abbildungen über eine dicke Knollennase. Gerne wird den Kindern erzählt, dass sie der Troll holt, wenn sie nicht artig sind.

In zahlreichen schwedischen Büchern wird von Trollen berichtet, die meistens in irgendeiner Art Schaden bringen. Heute findet man Trolle hauptsächlich in Souvenirgeschäften in allen möglichen Arten, sei es als geschnitzte Holzfigur, als Schlüsselanhänger oder als schwarzer Autoaufkleber, den vor allem Wohnmobilbesitzer gerne an ihrem Gefährt anbringen.

045sw Abb.: mm

In der ersten größeren Gemeinde, in Säffle, passiert man wieder einen Kanal. Dieser verläuft natürlich mal wieder zum Vänernsee und endet auf der anderen Seite im See Harjefjorden, der durch natürliche Verbindungen ein System von weiteren kleineren Seen Värmlands bildet. Von Säffle aus führt eine schmale, aber wohnmobiltaugliche Straße auf die Halbinsel Värmlandsnäs. Wer die Zeit hat, sollte bis zur Landspitze bei Ekenäs fahren, wo Ausflugsschiffe zum **Naturschutzgebiet Djurö** ablegen. Auf der waldreichen Halbinsel befinden sich mehrere mittelalterliche Kirchen und einige Hügelgräber aus der Bronzezeit.

37 Duse Udde Camping ****
N59,084824 E012,888004
Familienfreundlicher Campingplatz mit Badestrand. Quick-Stop. **Lage/Anfahrt:** 6 km von Säffle entfernt, direkt am Vänernsee und dem Leuchttum Duse; ab der Straße 45 ausgeschildert; **Platzanzahl:** 150; **Untergrund:** Wiese; **Ver-/Entsorgung:** Strom, Trinkwasser, Abwasser, Chemie-WC; **Preise:** 320 Skr.; **Geöffnet:** Anfang Januar bis Mitte September; **Kontakt:** Duse Udde Camping, 66194 Säffle, Tel. 0533 42000, Fax 42002, Mobil 706910331, www.vanernlakeresort.se

ARVIKA (74 km - km 173)

Information

Arvika Turistbyrå, Storgatan 22, 67131 Arvika, Tel. 0570 81790, Fax 81720, www.arvika.se, im Sommer Mo-Fr 9-18 Uhr, Sa 10-18 Uhr, So 12-16 Uhr, sonst Mo-Fr 9-12 Uhr und 10-17 Uhr

Von der Halbinsel geht es wieder zurück nach Säffle oder über die östlichere Straße auf direktem Weg zur Straße 45. Es sind nur noch wenige Kilometer auf der an dieser Stelle teilweise vierspurigen Straße bis Karlstad. Dennoch ist ein Abstecher nach Arvika, weiter nordwestlich, lohnenswert. Wer ein Sabbatjahr einlegen und dieses komplett in Arvika verbringen möchte, der kann innerhalb der Gemeinde jeden Tag einen anderen See besuchen, denn genau 365 Gewässer befinden sich in der Kommune. Der schnellste Weg nach Arvika führt über die Straße 175 an der Nordseite des langgezogenen Sees Glafsfjorden entlang.

Neben mehreren Naturreservaten mit unzähligen Wander- und Wasserwegen findet aber auch der Kulturinteressierte etliche Ausflugsziele bei Arvika. Am Rackensee an der Straße 61 befindet sich zum Beispiel das **Rackstadmuseum** in dem Werke aus der ehemaligen Kolonie schwedischer Künstler ausgestellt werden. Zu der Zeit, als in der Kolonie zahlreiche Künstler lebten, interessierte sich anfangs kein Mensch hierfür, womöglich weil die Kunstschaffenden in ärmlichen Verhältnissen lebten. Doch heute gelten die Werke als Meilensteine in der schwedischen Kunstgeschichte.

› **Rackstadmuseum,** Kungsvägen 11, Tel. 0570 80990, www.rackstadmuseet.se, mit Besichtigung des Ateliers vom Skulpturenkünstler Christian Eriksson, geöffnet in der Hauptsaison tägl. 11–17 Uhr, im April, Mai und September Mo geschlossen, sonst nur Do, Sa und So 11–16 Uhr, 60 Skr.

Ein weiterer Höhepunkt ist der Besuch im **Freilichtmuseum Sågudden.** 20 typische Häuser aus Värmland wurden aufgestellt und zeigen das bäuerliche Leben der letzten zwei Jahrhunderte.

› **Såguddens Museum,** Tel. 0570 13795, www.sagudden.se, von Ende Mai bis Ende August tägl. außer Mo von 12–16 Uhr geöffnet, 40 Skr.

Wer einfach in Ruhe spazieren möchte, der sollte auf der Straße 172 Richtung Årjang fahren und nach Jössefors links abbiegen. Dort geht es zum **Naturreservat Bergs Klätt.** Ein ruhiger Rundwanderweg mit einigen Picknickplätzen führt dort um die Halbinsel im Älgafjorden und auch an Gräbern aus der Bronzezeit vorbei.

38 Arvika SweCamp Ingestrand ****

N59,62597 E012,61381

Idyllischer, ruhiger Campingplatz in Waldrandlage. **Lage/Anfahrt:** am Glasfjord, 4 km südlich von Arvika; von der Straße 175 aus zu erreichen; **Platzanzahl:** 350; **Untergrund:** Wiese; **Ver-/Entsorgung:** Strom, Trinkwasser, Abwasser; **Preise:** 260 Skr.; **Geöffnet:** ganzjährig; **Kontakt:** Ingestrands Camping, 67191 Arvika, Tel. 0570 14840, Fax 12338, www.ingestrandscamping.se

Wohnmobilstellplatz Nysäter

N59,283647 E012,782598

Auf dem Weg von Säffle nach Arvika kommt man durch Nysäter, wo sich direkt am Ufer des Säfflekanals und des dortigen Gästehafens ein Wohnmobilstellplatz mit 20 Stellflächen befindet. Inkl. Strom, Picknick- und Stellplatz kostet er 100 Skr, Duschen kostet 10 Skr.

KARLSTAD (64 km – km 237)

Information (TC)

Karlstad-Hammarö Turistbyrå, Biblioteksbuset, Västra Torggatan 26, 65184 Karlstad, Tel. 054 5402470, Fax 151039, www.karlstad.se, Mo–Do 9–18 Uhr, Fr 9–17 Uhr, Sa und So 10–16 Uhr

Von Arvika aus geht es über die Straße 61 zurück zur Straße 45, die wiederum in die breite E18 mündet. Diese wiederum wird kurz vor Karlstad vierspurig und autobahnähnlich. Um in das Zentrum zu gelangen, muss man sich an die Ausschilderung nach Norrstrand halten.

Tingvalla, wie die Stadt in früheren Zeiten hieß, ist die Hauptstadt von Värmland, vermittelt aber einen ruhigen und gemütlichen Eindruck. Über die Hamngatan geht es links in die Östra Torggatan, wo

Stellplatz

N59,39362
E013,513778

Stellplatz nördlich des Zentrums von Karlstad. Keine Schönheit, aber zweckmäßig. Einfacher Parkplatz unter Bäumen in der Sävegatan 2, in Nachbarschaft zu einer Tankstelle. Maximale Parkdauer sieben Tage.

Mit 168 Metern ist diese Steinbrücke die längste Schwedens

sich am Ende einer der Mündungsarme des Flusses Klarälven befindet. Am Ufer befinden sich die Bibliothek und das alte Badehaus und es stehen dort Parkplätze bereit.

Auf dem Weg dorthin fährt man automatisch am **Stora Torget** vorbei, dem zentralen Platz der Stadt, auf dem sich gerne die Jugend trifft. Dort befindet sich vor dem Rathaus die **Friedensfigur,** die 1955 enthüllt wurde und den Frieden mit Norwegen symbolisiert. 50 Jahre zuvor beschloss man in Karlstad die friedliche Auflösung der Union mit dem Nachbarland. In Karlstad findet man wenige Bauten, die älter als 150 Jahre sind, da ein großer Brand 1865 fast alles zerstörte. Verschont blieben lediglich der weißgetünchte **Dom** nordöstlich vom Marktplatz sowie die **längste Steinbrücke Schwedens,** die mit ihren zwölf Bögen den Klarälven überspannt. Fährt man auf der E18 weiter in Richtung Karlskoga und Örebro, dann kommt sehr schnell der Abzweig nach Alster. Wenig spektakulär, jedoch erwähnenswert, da sich dort das **Geburtshaus des Schriftstellers Gustaf Fröding** befindet. Er schrieb gegen Ende des 19. Jahrhunderts mehrere Werke und wurde damit einer der erfolgreichsten Lyriker des Landes.

Zarah Leander

Karlstad ist der Geburtsort von Zarah Leander. Am 15. März 2007 hätte sie ihren einhundertsten Geburtstag gefeiert. Als Sängerin begann sie in Schweden ihre Karriere und wurde in der Zeit des Zweiten Weltkrieges eine gefeierte Schauspielerin in Deutschland. Sie arbeitete unter anderem mit Persönlichkeiten wie Heinrich George, dem Vater von Götz George, Marika Rökk, Will Quadflieg, Nadja Tiller und O. W. Fischer zusammen. Gegen Ende des Krieges ging sie zurück in ihr Heimatland und drehte noch einige Filme, die jedoch nicht mehr an den Erfolg aus Deutschland anknüpfen konnten. Im Juni 1981 starb sie in Stockholm an einer Gehirnblutung.

39 Karlstad SweCamp ****

N59,362617 E013,358871

Kinderfreundlicher und lauter Campingplatz mit angeschlossenem Badezentrum. **Lage/Anfahrt:** 9 km westlich von Karlstad, direkt am Vänernsee; über die E18, Richtung Bomstadbaden abbiegen und noch 2 km südlich fahren; **Platzanzahl:** 250; **Untergrund:** Schotter, Schotterrasen; **Ver-/Entsorgung:** Strom, Trinkwasser, Abwasser, Chemie-WC; **Preise:** 370 Skr.; **Geöffnet:** Anfang April-Mitte Oktober; **Kontakt:** Bomstadsvägen 640, 65346 Karlstad, Tel. 054 535068, Fax 535375, www.bomstadbaden.se

40 Skutbergets Camping ****

N59,375288 E013,394737

Ähnlich lebhaft wie Karlstad SweCamp. **Lage/Anfahrt:** 7 km westlich von Karlstad, direkte Lage am Vänernsee; auf der E18 der Beschilderung nach Skutberget folgen, 1 km weiter südlich fahren; **Platzanzahl:** 400; **Untergrund:** Wiese; **Ver-/Entsorgung:** Strom, Trinkwasser, Abwasser, Chemie-WC; **Preise:** ab 250 Skr. exkl. Dusche, Strom 50 Skr.; **Geöffnet:** ganzjährig; **Kontakt:** Skutbergets Camping, 65346 Karlstad, Tel. 054 535120, Fax 535121, http://firstcamp.se/campingar/karlstad

KRISTINEHAMN (hin und zurück 72 km)

Information (TC)

Kristinehamns Turistbyrå, Södra Torget 3, 68184 Kristinehamn,
Tel. 0550 88187, Fax 18845, www.kristinehamn.se,
im Sommer Mo-Fr 9-19 Uhr, Sa 10-16 Uhr, So 11-16 Uhr,
sonst Mo-Fr 9-12 Uhr und 13-16 Uhr, Sa 10-13 Uhr, So 10-16 Uhr

Die Routenbeschreibung führt von Karlstad aus weiter nach Norden. Daher sollten die Fahrten nach Kristinehamn und Karlskoga nur als Abstecher benutzt werden. Mein Tipp: Wer momentan kein Bedürfnis verspürt, die beiden Ortschaften zu besichtigen, der sollte erst einmal der weiteren Beschreibung nach Mårbacka folgen und kann sich später in Route 5, von Osten bzw. von Örebro kommend, den beiden

Ortschaften immer noch nähern. Sie sind über die gut ausgebaute Schnellstraße E18 zügig zu erreichen.

Auch die Fahrt von Karlstad nach Kristinehamn geht über die E18 flott und ohne Unterbrechung voran. Kristinehamn liegt am nordöstlichsten Punkt des Vänernsees und ist auf der beschriebenen Reise der letzte Ort, der mit dem See zu tun hat. Wer also noch keinen Schiffsausflug gemacht hat, hat hier die letzte Möglichkeit und Kristinehamn bietet dafür zahlreiche Gelegenheiten: Sei es eine Minikreuzfahrt mit Musikunterhaltung, ein Tagesausflug oder eine der vielen Themenkreuzfahrten – in Kristinehamn werden viele verschiedene Schiffsfahrten angeboten.

Bekannt ist Kristinehamn für eine Skulptur, die von einem der berühmtesten Künstler der Welt stammt: *Pablo Picasso.* Auf einer Halbinsel im Vålösund steht die 15 m hohe **Monumentalskulptur,** die ursprünglich in Norwegen aufgestellt werden sollte. Doch die dortige Gemeinde war von dem Entwurf gar nicht begeistert, sodass man sich schließlich auf Kristinehamn einigte. Den künstlerischen Feinschliff ließ *Picasso* von *Carl Nesjar* ausführen und sich von ihm ständig über den Fortgang der Arbeiten informieren. Von der Skulptur gelangt man über die blau markierte Strecke wieder zurück zum Gästehafen.

An der Straße Svinvallen am Gästehafen sollte man unbedingt in das **Magasinet** einkehren. Dieser Dorfladen hat den Stil früherer Jahrhunderte und bietet kunsthandwerkliche Waren, Süßigkeiten und Produkte aus Leinen an. Im Inneren des Geschäftes gibt es ein kleines Sparschwein, auch Lusasken genannt. Seit Jahrhunderten wird in die Sparbüchse Geld gelegt, das für die Seeleute bestimmt war. Am 13. Dezember eines jeden Jahres, also dem Luciatag, wurde die Büchse geleert und der Inhalt unter den bedürftigen Seeleuten verteilt. Geleert wird die Dose auch heute noch, aber das Geld geht an wohltätige Einrichtungen.

Essen

Strandgårdens Wärdshus, Strandvägen 1, Tel. 0550 80060. Traditionelle schwedische Speisen in gemütlich-rustikaler Atmosphäre.

Stellplatz Gästehafen

N59,31055 E014,09638

Direkt am Hafen ist das Übernachten gegen eine Gebühr von 175 Skr. inkl. Strom erlaubt, Tel. 0550 13080.

(41) Kristinehamn Herrgårdscamping **

N59,307808 E014,067091

Ruhiger, idyllischer Campingplatz an einem abgetrennten Teil des Vänernsees. **Lage/Anfahrt:** 2 km westlich von Kristinehamn; ab dem Zentrum auf dem Presterudsvägen; **Platzanzahl:** 150; **Untergrund:** Wiese; **Ver-/Entsorgung:** Strom, Trinkwasser; **Preise:** 240 Skr. inkl. Dusche und Strom; **Geöffnet:** ganzjährig; **Kontakt:** Presterudsallén 2, 68152 Kristinehamn, Tel. 0550 10280, www.herrgardsliv.se

KARLSKOGA (hin und zurück 52 km)

Nur 25 km sind die Städte Kristinehamn und Karlskoga voneinander entfernt und Karlskoga ist sehr gut über die E18 zu erreichen. Der Name der Stadt ist unweigerlich mit der **Rüstungsindustrie** verbunden. Größter Betrieb ist die *Bofors AB,* die in den 1980er-Jahren in einen Skandal verwickelt war, bei dem es um Waffenlieferungen nach Indien ging. Durch das Vorhandensein dieses Industriezweiges kommt es nicht von ungefähr, dass in Karlskoga Erfindungen im Bereich der Waffenproduktion gemacht wurden bzw. sich Personen ansiedelten, die an ähnlichen Produkten arbeiten. In den 1890er-Jahren forschte und arbeitete zum Beispiel ein gewisser **Alfred Nobel** an der Herstellung von Sprengstoff, was ihm letztendlich erfolgreich gelang und womit er reich wurde. Aufgrund seiner Kinderlosigkeit vermachte er sein damit erlangtes Vermögen einer Stiftung, die jedes Jahr einen Preis an bedeutende Persönlichkeiten in verschiedenen Bereichen vergeben sollte. So trägt der wohl begehrteste und bekannteste Preis der Welt heute seinen Namen: Nobelpreis.

Machte seinen Namen unsterblich: Alfred Nobel

(42) Lunedets Camping **
N59,335728 E014,517145
Kleiner, angenehmer Campingplatz. **Lage/Anfahrt:** am Rand der Stadt; über die E18 der Ausschilderung folgen; **Platzanzahl:** 50; **Untergrund:** Wiese; **Ver-/Entsorgung:** Strom, Trinkwasser; **Preise:** 240 Skr.; **Geöffnet:** ganzjährig; **Kontakt:** Lunedets Camping, 69191 Karlskoga, Tel. 0586 15082, Fax 15191, www.lunedet.eu

(43) Villingsbergsgårdens Camping
N59,27916 E014,68430
Ruhiger und einfacher Campingplatz mit angeschlossener Herberge. **Lage/Anfahrt:** direkt am See und in waldreicher Lage 10 km östlich von Karlskoga; über die E18 bei Villingsberg der Beschilderung folgen; **Untergrund:** Schotterrasen, Wiese; fest; **Ver-/Entsorgung:** Strom, Trinkwasser; **Preise:** 200 Skr., Strom 40 Skr.; **Geöffnet:** Juni–August; **Kontakt:** Villingsbergsgårdens Camping och Pensionat, 69194 Karlskoga, Tel. 0586 770140, Fax 770260, www.villingsberg.com

Wohnmobilparkplatz
N59,322943 E014,575954
Parkplatz, der auch zum Übernachten genutzt wird. Gleich an einem Sandstrand, jedoch mit Blick auf Industrie.

Anschluss
Route 5

MÅRBACKA (52 km - km 289)

Von Karlskoga geht es nun erst einmal über Kristinehamn auf der E18 wieder westwärts zurück bis Karlstad. 6 km hinter Värmlands Hauptstadt trifft sie auf die Straße 62, die nordwärts endgültig vom Vänernsee wegführt. Durch lange Wälder führt die Straße und es dauert ein Weilchen, bis der Abzweig nach Mårbacka erscheint.

Der Ort selbst ist klein, so klein, dass man am Ortseingang rechtzeitig bremsen muss, um nicht plötzlich schon am Ortsausgang zu sein. Um genau zu sein, besteht der Ort nur aus einem Hof, der sich auf der linken Seite der Straße befindet und einen großen Parkplatz zur Verfügung stellt. Aber dieser Hof ist berühmt, legendär und bei

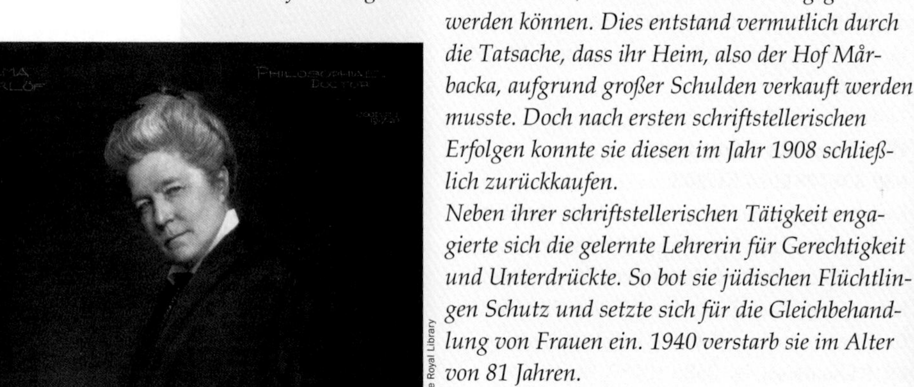

Selma Lagerlöf

Selma Lagerlöf schrieb „Die wunderbare Reise des Nils Holgersson mit den Wildgänsen" und erhielt dafür im Jahr 1909 als erste Frau den Nobelpreis in Literatur. Rund 70 Jahre später wurde das Buch durch ein japanisches Trickfilmstudio verfilmt. Schon in ihrem ersten Buch „Gösta Berling", das sie während ihrer Zeit als Volksschullehrerin schrieb, hielten reale Personen aus ihrer Heimat Einzug in das Werk. Auch in späteren Werken verarbeitete sie entweder Erlebnisse aus ihrer persönlichen Vergangenheit oder Ereignisse aus ihrer Umgebung. Im Mittelpunkt standen hierbei oft Geborgenheit und Sicherheit, die durch ein Zuhause gegeben werden können. Dies entstand vermutlich durch die Tatsache, dass ihr Heim, also der Hof Mårbacka, aufgrund großer Schulden verkauft werden musste. Doch nach ersten schriftstellerischen Erfolgen konnte sie diesen im Jahr 1908 schließlich zurückkaufen.

Neben ihrer schriftstellerischen Tätigkeit engagierte sich die gelernte Lehrerin für Gerechtigkeit und Unterdrückte. So bot sie jüdischen Flüchtlingen Schutz und setzte sich für die Gleichbehandlung von Frauen ein. 1940 verstarb sie im Alter von 81 Jahren.

Die Schriftstellerin in einem zeitgenössischen Porträt von Henry B. Goodwin

den Schweden als Reiseziel ein unbedingtes Muss. Es handelt sich um den **Hof der Schriftstellerin Selma Lagerlöf.** Sie wuchs auf dem Hof auf und kaufte ihn später, als sie schriftstellerischen Erfolg hatte. In ihrem Testament verfügte sie, dass der Hof der Öffentlichkeit zugänglich gemacht werden solle, aber zugleich auch so erhalten bleiben soll, wie sie damals dort gelebt hat. So ist zum Beispiel der Garten genauso wieder hergerichtet worden wie zu *Selma Lagerlöfs* Lebzeiten.

Geburtshaus Selma Lagerlöf (Mårbacka-Hof)
N59,78081 E013,23584
Das ganze Jahr durchgehend geöffnet, allerdings nur im Rahmen einer geführten Tour. Der Garten des Hofs kann von Mai bis September besichtigt werden, 30 Skr., ansonsten 125 Skr., www.marbacka.com. Von Juli bis Mitte August werden um 11 Uhr deutschsprachige Führungen veranstaltet.

ROTTNEROS (12 km - km 301)

Selma Lagerlöf hat in ihren Romanen viele schwedische Orte beschrieben und ihnen andere Namen gegeben. Einer davon ist Rottneros, der in der „Gösta Berling"-Saga als Ekeby bezeichnet wurde. Fährt man auf der Straße an ihrem Hof weiter in die ursprüngliche Richtung und hält sich später links Richtung Sunne, dann erreicht man die Straße 45, wo sich an der Ecke ein Campingplatz befindet. Die Innenstadt von Sunne erreicht man erst später auf der 45.

Dafür muss dieser nach Norden, also nach rechts gefolgt werden. Doch zuerst lohnt ein kleiner Abzweig in die entgegengesetzte Richtung, wo man am Campingplatz vorbeifährt und nach rund einem Kilometer den **Rottneros-Park** auf der linken Seite erreicht. Vor dem Eingang wird man von einer großen Ansammlung voll Blumen begrüßt, die einen Vogel darstellt. Der Blumen- und Skulpturenpark beherbergt einen Kräutergarten, gepflegte Hecken, einen Rosengarten und für die Kinder einen Nils-Holgersson-Abenteuerpark.

Rottneros Park
N59,80261 E013,12251
Geöffnet Mitte Mai bis Mitte September ab 10 Uhr bis max. 18 Uhr, 120 Skr. in der Hauptsaison, sonst 100 Skr., www.rottnerospark.se.

44 Sunne SweCamp Kolsnäs ****
N59,825288 E013,140593
Großer, lauter Campingplatz, seit 2006 mit einem Abenteuer-Erlebnisbad für Kinder. Quick-Stop. **Lage/Anfahrt:** direkt an der Straße 45; **Platzanzahl:** 390; **Untergrund:** Wiese; **Ver-/Entsorgung:** Strom, Trinkwasser, Abwasser, Chemie-WC; **Preise:** 300–340 Skr. exkl. Dusche; **Geöffnet:** ganzjährig; **Kontakt:** Sunne SweCamp, Kolsnäsvägen 4, 68680 Sunne, Tel. 0565 16770, Fax 16785, www.kolsnas.se

TORSBY (41 km - km 342)

Information (TC)

Torsby Turistbyrå, GPS: N60,13139 E012,99763, Torsby InfoCenter, Gräsmarksvägen 12, 68580 Torsby, Tel. 0560 16050, Fax 10500, www.torsby.se, Mo-Fr 9-16 Uhr

Stellplatz Sunne

N59,83790 E013,13871

Auf der Storgatan befinden sich die Feuerwehr und die Touristeninformation. Dazwischen liegt ein kostenloser Womo-Stellplatz.

Vom Blumenpark geht es zurück über die Straße 45, dabei passiert man das kleine Örtchen **Sunne,** welches malerisch am Mellanfryken liegt, und fährt am Ufer weiter nordwärts in das 30 km entfernte Torsby. Dieser Ort liegt bereits in Nordvärmland, einer Region, die auch als **Finnskogen** bezeichnet wird, da sich bereits vor vier Jahrhunderten Finnen ansiedelten. Ein **Kulturzentrum** neben dem Touristenbüro erinnert daran. Es zeigt die Kultur, Bauweise und die Lebensart der finnischen Einwanderer. Das Touristenzentrum ist nicht zu übersehen und befindet sich an dem Kreisverkehr der Straße 45 direkt auf der rechten Seite. Spätestens an dieser Stelle merkt man, dass man sich

Die pittoreske Kirche von Sunne im Nebel

schon recht weit nördlich befindet. Denn die Stromkästen auf dem Parkplatz vor der Touristeninformation deuten leider nicht darauf hin, dass es sich um einen Wohnmobilstellplatz handelt. Die Geräte dienen vielmehr im Winter dazu, den parkenden Wagen über Nacht warm zu halten. Aufmerksame Schwedenreisende werden bereits festgestellt haben, dass viele Fahrzeuge vorne im Bereich des Kühlers eine Steckdose haben. An dieser wird der Strom angeschlossen und erleichtert damit den Autobesitzern morgens das Anlassen des Fahrzeuges.

Über die Gräsmarksvägen gelangt man ins Zentrum von Torsby, wo als Erstes der Alte Markt zu sehen ist. Dort beginnt ein 5 km langer Wanderweg durch die südlichen und ältesten Stadtteile von Torsby.

Sehenswertes

Finnkulturcentrum, Gräsmarksvägen, www.varmlandsmuseum.se, Tel. 0560 16293. Kulturelle Informationen über die Einwanderer aus Finnland, Mo-Fr 10-18, Mi 10-20 Uhr, Sa/So 11-17 Uhr, im Sommer tägl. 11-17 Uhr, 80 Skr.

Fordonsmuseum, Herrgårdsparken, Tel. 0560 71210, www.varmland.nu/fordonsmuseum. Das Fahrzeugmuseum zeigt Autos, Motorräder und einen restaurierten Lastwagen, der vom Grund des Sees Fryken geborgen wurde, tägl. 12-17 Uhr, 60 Skr.

Anschluss

Route 4

DER NÖRDLICHSTE TEIL VOM SÜDLICHEN SCHWEDEN AUF EINER FAHRT DURCH NORD-VÄRMLAND UND DALARNA

Lange Zeit geht es durch weite Wälder bis zum nördlichsten Abschnitt auf dieser Reise. Dieser liegt etwas nördlicher als der Siljansee, einer bei Touristen sehr beliebten Gegend. Echte Bären findet man im Bärenpark von Orsa und kleine Holzpferde in einer Werkstatt von Nusnäs. Diese gelten bei vielen Schweden als Nationalsymbol und stehen in fast jedem schwedischen Haushalt auf dem Kaminsims oder dem Fensterbrett. Anschließend folgt das „Ruhrgebiet" Schwedens, jedoch mit weniger Einwohnern, aber einer ähnlichen Bergbautradition, die sogar zwei Weltkulturerbestätten umfasst.

107sw Abb.: kw

In jedem schwedischen Haushalt gibt es ein sogenanntes Dala-Holzpferd. Hier in Nusnäs werden sie hergestellt und verkauft.

ROUTE 4:
DER NORDEN SÜDSCHWEDENS
HÖLZERNE PFERDE UND ECHTE BÄREN

› Routenübersicht hinterer Umschlag innen

STRECKENVERLAUF

Anschluss
Route 3

Strecke:
Malung (90 km) - Mora (70 km) - Rättvik (37 km) - Leksand (20 km) - Falun (51 km) - Abstecher nach Gävle (<-> 50 km) - Avesta (122 km) - Fagersta (34 km) - Ängelsberg (17 km) - Sala (42 km)

Streckenlänge:
ohne Abstecher circa 483 km
mit Abstecher circa 533 km

MALUNG (90 km - km 90)

Die Straße 45 führt von Torsby nun weit rauf in den Norden bis zur nördlichsten Ortschaft auf dieser Reise, Orsa. Dies ist zugleich der längste Abschnitt auf den Routen, in dem die Fahrt fast nonstop verläuft. Mit jedem Kilometer spürt man die Weite und Wildnis Schwedens mehr.

Dabei darf man nicht vergessen, dass die Straße 45 noch weitere 1300 km Richtung Norden verläuft und es bis zum einsamen Nordkap dann noch weitere 800 km sind. So könnte man meinen, wahre Wildnis und Einsamkeit findet man erst in Lappland und darüber hinaus. Doch auch schon im Norden Südschwedens kann man sehr schnell Ruhe, einsame Gegenden und unberührte Natur finden. Auf der langen und waldigen Strecke zwischen Torsby und Mora kommen einem nur noch relativ wenige Fahrzeuge entgegen und die Entfernungen zwischen den einzelnen Ortschaften werden langsam größer. Doch bevor man Mora erreicht, durchquert man erst noch die Stadt Malung.

Diese Stadt liegt ziemlich zentral in Skandinavien und es gibt kaum einen Ort in Schweden, der weiter von einer Küste entfernt ist als Malung. Allgemein wird Malung als **Stadt des Leders** bezeichnet, da zahlreiche Firmen aus der lederverarbeitenden Industrie im Ort angesiedelt sind. So kann man beim Werksverkauf das eine oder andere Schnäppchen machen und sich mit schönen Lederartikeln eindecken.

(45) Malungs Camping ***
N60,68219 E013,69757
Familienfreundlicher und ruhiger Campingplatz. Quick-Stop. **Lage/Anfahrt:** am Bullsjön am Ortsrand; im Zentrum der Beschilderung folgen; **Platzanzahl:** 150; **Untergrund:** Wiese; **Ver-/Entsorgung:** Strom, Trinkwasser, Abwasser; **Preise:** 180 Skr. inkl. Dusche, Strom 40 Skr.; **Geöffnet:** ganzjährig; **Kontakt:** Bullsjövägen, 78231 Malung, Tel. 0280 18650, Fax 18615, www.malungscamping.se

SILJANSEE

Nach langer Fahrt auf der Straße 45 hat man plötzlich den Siljansee rechts neben sich liegen. Damit befindet man sich in einer beliebten touristischen Region mitten in Dalarna. Die Hauptorte rund um den See sind Mora, Leksand und Rättvik, wovon sich die letzten beiden am südöstlichen Ufer befinden. Der Siljansee ist Teil eines imposanten Kraters, der durch den Einschlag eines 2,5 km breiten Meteoriten vor rund 370 Millionen Jahren entstand. Deutlich erkennbar wird das durch einen Blick auf die Karte. Der Siljansee bildet mit dem Orsasee, dem Skattungen und dem Ljugaren ein ringförmiges Gebiet und ist damit der größte Einschlagkrater in Europa. Im See befindet sich eine größere Insel, die jedoch mit zwei Straßenverbindungen einfach zu erreichen ist. Die Nordspitze des Sees beherbergt die Ortschaft Mora und grenzt direkt an das nächste Gewässer, den Orsasee.

Picknickplatz

5 km südlich von Mora liegt der Badeplatz Vinäs direkt am Ufer des Siljansees.

MORA (70 km – km 160)

Mora hat keine spezielle oder besondere Sehenswürdigkeit und doch kennt in Schweden jedes Kind diesen Ort und das hängt nicht mit der Beliebtheit als Reiseziel zusammen. Vielmehr ist die Geschichte Moras bekannt, die für den heute jährlich stattfindenden **Wasa-Lauf** *(Vasaloppet)* verantwortlich ist.

Ansonsten wird Mora auch immer wieder gerne mit der Herstellung des **Dalapferdchens** in Verbindung gebracht. Dabei wird die wichtigste Figur in schwedischen Haushalten in Nusnäs hergestellt, das sich am südlichen Rand von Mora befindet. Fährt man über die Straße 70 in Richtung Rättvik, folgt man der Beschilderung nach **Nusnäs** und kann sich dort einen originalen Handwerksbetrieb anschauen.

Nusnäs Parkplatz
N60,962592 E014,649448

Vor der **Werkstatt** ist ein großer Parkplatz, der in der Hauptsaison auch ständig gut gefüllt ist, ein merkwürdiger Anblick, wenn man auf dem Weg dorthin keine Menschenseele

Holzschnitzer in der Werkstatt von Nusnäs

108sw Abb.: kw

Der Wasa-Lauf zieht zehntausende Läufer in seinen Bann

053sw Abb.: www.imagebank.sweden.se © Bo Lind

Der Wasa-Lauf

Im 16. Jahrhundert wurde der Adelige Gustav Wasa von Soldaten des Königs Christian festgenommen, weil er zum Widerstand gegen die Union mit Dänemark aufrief. Nach einem Ausbruch befand er sich auf der Flucht und landete in Mora, wo er versuchte, einige Bauern im Kampf gegen den König zu mobilisieren. Diese verneinten jedoch skeptisch und so zog Wasa im tiefsten Winter alleine gen Westen. Kurz darauf drangen Nachrichten von weiteren Gräueltaten des Königs nach Mora, die die Bauern dazu brachten, ihre Entscheidung zu bereuen. Daraufhin schickten sie zwei von ihnen los, um Wasa einzuholen, damit dieser den Kampf anführen soll. So geschah es und sie zogen erfolgreich mit ihm in den Krieg. Anders Pers, ein Zeitungsredakteur, wollte an dieses Ereignis erinnern und hatte die Idee des modernen Wasa-Laufs, der erstmals am 19. März 1922 ausgetragen wurde und seitdem regelmäßig veranstaltet wird. Dieser verläuft über 90 km und endet in Sälen.

gesehen hat. Die *Nils Olsson Hemslöjd AB* stellt die kleinen Holzpferde in verschieden Größen und Farben her. Meistens jedoch in dem Rot, das auch für die typischen rot-weißen Schwedenhäuser verwendet wird. Entstanden ist die kleine Fabrik im Jahr 1928, als die Brüder *Nils* und *Janne Olsson* im noch jungen Alter von 13 und 15 Jahren das Pferd herstellten. Hierfür liehen sie sich 400 schwedische Kronen und kauften sich eine einfache Bandsäge. Geschnitzt wurden die Pferde jedoch schon viele Jahrzehnte früher und richtig berühmt wurde die Figur durch die Weltausstellung 1939 in New York, als man vor dem schwedischen Pavillon ein überdimensionales Pferd aufstellte. In der kleinen Werkstatt von Nusnäs kann man den Mitarbeitern kostenlos bei der Arbeit zuschauen und sich sogar, neben fertigen Produkten natürlich, vorgefertigte Holzteile im Set kaufen und sich sein eigenes Pferd lackieren. Allerdings wird wohl kaum einer so fingerfertig und flink eine Figur bemalen wie die ältere Dame in dem Betrieb. Sie benötigt gerade mal vier Minuten für ein Tier.

› **Dalapferd-Werkstatt Nils Olsson Hejmslöjd,** Nusnäs, Tel. 0250 37200, www.nohemslojd.se. Kostenloser Rundgang mit oder ohne Führung durch die Werkstatt, geöffnet Mo–Fr 8–17 Uhr, Sa 10–14 Uhr, im Sommer Mo–Fr 8–18 Uhr, Sa und So 9–17 Uhr.

Stellplatz am Siljansee
N60,901379 E014,581790
Vor einem Campingplatz auf der über Straßen erreichbaren Insel Sollerön im Siljansee befindet sich ein Stellplatz für 18 Wohnmobile. Im Rahmen des Quickstop darf man erst nach 18 Uhr an- und muss vor 9 Uhr wieder abreisen. 110 Skr. zzgl. 30 Skr. für Strom.

Andere Tiere, aber lebendige, gibt es weiter nördlich von Mora. Rund 16 km sind es von Moras Zentrum bis **Orsa,** wo man links zu einem **Bärenpark** abzweigt. Einfach der Beschilderung und der ansteigenden Straße auf den Berg folgen, aber das Wohnmobil am besten auf dem ersten Parkplatz abstellen. Dieser ist wesentlich größer als der am Eingang. 90.000 m² Fläche, unterteilt in mehrere Gehege, beherbergen mehrere Braunbären. Besucher laufen über spezielle Rampen mit Aussichtsplattformen und sehen die Tiere meist von oben. Aufgrund der Größe des Parks kann es sinnvoll sein, ein Fernglas einzupacken.

› **Orsa Grönklitt,** Tel. 0250 46200, geöffnet von Mai–September, meist von 10 bis16 Uhr, von Ende Juni bis Mitte August 10–18 Uhr, 195 Skr., www.orsabjornpark.se

46 Orsa SweCamp ****

N61,120967 E014,598749

Lebhafter Familiencampingplatz, wird überwiegend zum Besuch des Bärenparks genutzt. Quick-Stop. **Lage/Anfahrt:** am Orsasee, 400 m westlich des Ortes; ab der Straße 45 ausgeschildert; **Platzanzahl:** 250; **Untergrund:** Schotter, Schotterrasen, Wiese; **Ver-/Entsorgung:** Strom, Trinkwasser, Abwasser, Chemie-WC; **Preise:** 230–335 Skr., Strom 45 Skr.; **Geöffnet:** ganzjährig; **Kontakt:** Bowlingvägen 1, 79421 Orsa, Tel. 0250 46200, Fax 46260, www.orsacamping.se

Stellplatz am Campingplatz 46

N61,121318 E014,601062

Im Jahr 2014 wurden vor dem Campingplatz 16 komplett eingerichtete Stellflächen als Wohnmobilstellplatz geschaffen.

Zu guter Letzt gehört zu einem Aufenthalt in Mora noch der Familienausflug zum Weihnachtsmann. Südlich von Mora auf der Westseite des Siljansees liegt **Tomteland.** Ein Besuch in diesem Freizeitpark ist womöglich in den Wintermonaten authentischer, aber auch im Sommer arbeitet der Weihnachtsmann, wie man dort lernen kann. Daher sollte man seinen Weihnachtswunschzettel nicht vergessen. Und ist er mal nicht zu sehen, dann findet man genügend Trolle, die durch den Park wuseln und Kindern eine Freude bereiten.

› **Tomteland Santaworld,** Gesundaberget, 79290 Sollerön, Tel. 0250 28770, www.tomteland.se. Freizeitpark rund um den Weihnachtsmann und die helfenden Zwerge. Die Öffnungszeiten sind so unterschiedlich wie die Christbaumkugeln eines Weihnachtsbaumes, daher bitte direkt vor Ort oder im Touristenbüro erfragen. Die Preise reichen ebenfalls je nach Jahreszeit von 65 Skr. bis 180 Skr.

47 Mora Parkens Camping ****

N61,00829 E014,532133

Gemütlicher, ruhiger Campingplatz im Wald. Quick-Stop. **Lage/Anfahrt:** 2 km westlich von Mora; an der Feuerwache in den Oxbergsleden abbiegen und der Beschilderung Mora Camping folgen; **Platzanzahl:** 400; **Untergrund:** Wiese; **Ver-/Entsorgung:** Strom, Trinkwasser, Abwasser; **Preise**: 310 Skr. inkl. Dusche; **Geöffnet:** ganzjährig; **Kontakt:** Mora Parken, 79225 Mora, Tel. 0250 27615, www.moraparken.se

RÄTTVIK (37 km - km 197)

Information

Rättviks Turistbyrå, GPS: N60,88486 E015,11649, Vasagatan 1, Tel. 0248 797210, Fax 12551, www.rattvik.se, www.siljan.se

Auf der Straße 70 geht es die ganze Zeit am Nordufer des Siljansees entlang. Diesen bekommt man aber dabei nicht immer zu sehen, insbesondere weil zwischen Straße und Ufer nicht nur Wald, sondern auch noch eine Eisenbahnlinie entlangführt. Nach etwa 37 km hat man Rättvik erreicht, doch bis auf die 700 Jahre alte Kirche direkt am See gibt es in dem Ort kaum sehenswerte Gebäude. Beliebt ist der See bei Rättvik aufgrund des seichten Ufers. Man kann sehr weit in den See hineingehen und wird obenrum noch lange nicht nass. Wer auch untenrum nicht nass werden möchte, der sollte den 628 m langen, rekonstruierten Holzsteg aus dem 19. Jahrhundert benutzen. Vom Ende des Steges hat man einen schönen Blick auf die Stadt und auf den weißen Kirchturm, der sich links davon im Wasser spiegelt.

Ansonsten ist Rättvik jedoch ein Ort mit zahlreichen attraktiven **Veranstaltungen,** die über das ganze Jahr verteilt stattfinden. So ist eigentlich für jeden Reisenden etwas dabei, man muss nur zum richtigen Zeitpunkt in die Stadt reisen.

Eine Veranstaltung ist die **Rättvikswoche** mit Musik, Tanz und zahlreichen Konzerten. Das Festival findet seit 1969 jährlich in der ersten Juliwoche statt und ist DAS Ereignis in der Umgebung. Mehr als 60 musikalische Veranstaltungen finden an den unterschiedlichsten Orten statt, sei es in der Kirche, am Ufer oder auf dem Marktplatz. Jedoch sind die meisten kostenpflichtig und man sollte sich rechtzeitig um Eintrittskarten bemühen.

Immer in der 31. Kalenderwoche sollte man Rättviks Campingplätze meiden, doch ein Besuch in der Stadt ist dann unbedingt erlebenswert. Aus ganz Schweden kommen **Freunde alter amerikanischer Straßenkreuzer** zusammen und präsentieren ihre Fahrzeuge. Die ganze Stadt ist dann im Ausnahmezustand, an jeder Ecke kommt ein Achtzylinder lautstark um die Ecke gerumpelt und auf dem Marktplatz werden die einzelnen Autos vorgestellt. Man vergisst völlig, dass man sich in einer schwedischen Stadt des 21. Jahrhunderts befindet, und fühlt sich wie in eine amerikanische Kleinstadt der 1950er Jahre versetzt und wartet nur noch darauf, dass *James Dean* hinter irgendeinem Steuer sitzt. Der Nachteil ist allerdings, dass beide Campingplätze völlig überfüllt sind und die Besitzer der Autos bis weit in die Nacht feiern können. Es verläuft zwar alles friedlich, aber Ruhe findet man nicht – vorausgesetzt man bekommt überhaupt einen Stellplatz, die Chance ist sowieso gering.

Abschließend sei noch der **Rättvik Markt** erwähnt. Zweimal im Jahr, in der ersten Mai- und in der ersten Oktoberwoche, besuchen bis zu 120.000 Menschen die kleine Stadt und schlendern zwischen

Standesgemäß: mit Petticoat zum Oldtimertreffen

1600 Verkaufsständen entlang, an denen es alle möglichen Dinge zu erwerben gibt.

48 Siljansbadets Camping ****

N60,89034 E015,10669

Zentraler Campingplatz mit Badestrand. **Lage/Anfahrt:** direkt im Ort, nur wenige Gehminuten zum Bahnhof mit dem Tourismusbüro; Straße 70 ins Zentrum und am Kreisverkehr vor dem Bahnhof rechts, nächste wieder links; **Platzanzahl:** 350; **Untergrund:** Wiese, Sand; fest; **Ver-/Entsorgung:** Strom, Trinkwasser, Abwasser, Chemie-WC; **Preise:** 270–400 Skr. inkl. Dusche (je nach Stellplatz), Strom 45 Skr.; **Geöffnet:** Ende April–Anfang Oktober; **Kontakt:** Strandvägen 1, 79532 Rättvik, Tel. 0248 51691, Fax 51689, www.siljansbadet.com

49 Enåbadets Camping ****

N60,888869 E015,133334

Bekannter Campingplatz. **Lage/Anfahrt:** am Ortsrand von Rättvik, direkt am Fluss Enån; am Marktplatz vorbei und der Beschilderung in den Wald hinein folgen; **Platzanzahl:** 175; **Untergrund:** Wiese; fest; **Ver-/Entsorgung:** Strom, Trinkwasser, Abwasser; **Preise:** 175–405 Skr. inkl. Dusche; **Geöffnet:** ganzjährig; **Kontakt:** Enåbadsvägen 8, 79532 Rättvik, Tel. 0248 56100, Fax 12660, www.enabadet.se

Elch-Info

Natürliche Feinde des Elches sind Braunbären und Wölfe, in Nordamerika kommen noch Schwarzbären und Pumas hinzu. Sie selbst sind Pflanzenfresser und ernähren sich überwiegend von Gräsern, Zweigen und Blättern. Aber auch Wasserpflanzen werden auf der Speisekarte nicht ausgelassen. Elche gehören zu den Wiederkäuern.

LEKSAND (20 km - km 217)

Picknickplatz
N60,712788 E015,034187
Sehr schöner Picknickplatz an einem Flussufer entlang der Straße 70, südlich von Leksand

Information

Leksand Turistbyrå,
GPS: N60,73127 E014,99415, Norsgatan 27 E, 79330 Leksand, Tel. 0247 797200, Fax 796131, www.leksand.se, www.siljan.se, Mo–Fr 10–17 Uhr, Sa 10–14 Uhr

Fährt man weitere 20 km auf der Straße 70 in Richtung Süden, dann erreicht man Leksand. Am besten biegt man erst an der Tankstelle auf der rechten Seite rechts ab und parkt dort auch gleich den Wagen. Es sind nur wenige Meter von dort ins Zentrum, man überquert auf dem Leksandsvägen lediglich noch die Bahngleise. Auf der rechten Seite erscheint der kleine **Marktplatz** mit nett geschnitzten Holzfiguren. Ein Stück weiter führt eine Brücke über den Österdalälven, der in die südlichste Bucht des Siljansees fließt. Vor der Brücke geht man rechts in die Norsgatan und erreicht die auf der rechten Seite liegende Touristeninformation. Schräg gegenüber sieht man das kleine **Haus der Kultur.** Es beherbergt die Bibliothek sowie das lokalgeschichtliche Archiv. In einer ständigen Ausstellung werden Gemälde aus dem 19. Jahrhundert sowie lokale Trachtenkostüme gezeigt.

Neben dem Kulturhaus, wo man auch parken kann, erreicht man eine schöne Grünanlage, die zu Leksands **Kirche** gehört. Direkt am Ufer des Sees gelegen, stammt dieses Gotteshaus zu Teilen noch aus dem 13. Jahrhundert. Die jetzige zwiebelförmige Kuppel erhielt die Kirche jedoch erst im Rahmen eines fast kompletten Neubaus im Jahr 1709.

(50) Leksands Camping ****
N60,750542 E014,972402
Gemütlicher und idyllischer Campingplatz in ruhiger Lage. **Lage/Anfahrt:** am Südufer des Siljansees gegenüber der Ortschaft Leksand; aus der Stadt hinaus und über die Brücke, an der ersten Möglichkeit rechts abbiegen und der Beschilderung folgen; **Platzanzahl:** 150; **Untergrund:** Wiese, Sand; **Ver-/ Entsorgung:** Strom, Trinkwasser, Abwasser, Chemie-WC; **Preise:** 220 Skr., Strom 50 Skr.; **Geöffnet:** ganzjährig; **Kontakt:** Siljansvägen 61, 79390 Leksand, Tel/Fax. 0247 13800, www.leksandstrand.se

FALUN (51 km - km 268)

Information

Falun Turistbyrå, GPS: N60,606750 E015,63403, Trotzgatan 10–12, 79183 Falun, www.visitsodradalarna.se, Tel. 0771 626262, Fax 83314, in der Hauptsaison Mo–Fr 10–18 Uhr, Sa 10–14 Uhr, sonst nur Sa 9–14 Uhr

Stellplatz

N60,479783 E015,415518
Kostenloser Stellplatz auf dem Parkplatz eines Autozubehörgeschäftes (Biltema) in Borlänge

Ein weiteres Weltkulturerbe von der Liste der UNESCO ist das nächste Ziel auf dieser Route. Die gesamte Region um Falun ist für den Bergbau bekannt. Kurz gesagt handelt es sich um die ehemals **größte Kupfergrube der Welt** und diese machte Falun zur damaligen Zeit zur zweitgrößten Stadt Schwedens. Begonnen hat alles mit einer Legende, als vor vielen Jahren ein Ziegenbock abends zurück in seinen Stall musste, die Hörner und das Fell aber voller roter Farbe hatte. Der Bauer erkundigte sich beim Hütejungen, der ihm die Stelle zeigte, wo sich der Bock gerne in der Erde rollte und sich auf diese Weise, ohne es zu ahnen, färbte.

Leksand verlässt man über die Straße 70 in Richtung Borlänge, biegt jedoch bei Insjön auf die kleinere Straße, die durch den Wald führt, links ab. Hinter Rexbo geht es wieder rechts bis Smedsbo. Dort verläuft die etwas breitere Verbindungsstraße und links geht es nach Falun. Bei der Einfahrt nach Falun hat man direkt rechts die Kupfergrube. Um den dortigen Parkplatz zu erreichen, muss man an der nächsten Möglichkeit rechts abbiegen und am folgenden Kreisverkehr erneut rechts, um dann durch das Tor das Bergbaugebiet anzusteuern.

Parkplatz Faluner Grube

N60,60165 E015,61679
Auch mit Übernachtungsmöglichkeit für 100 Skr.

Stora Kopparberget, wie Falun einst bezeichnet wurde, war früher ein Moor. Doch durch den wachsenden **Bergbau** siedelten sich in der Nähe der Grube zahlreiche Bauern an, die sich auf den Kupferabbau konzentrierten. Erste schriftliche Aufzeichnungen hierüber gibt es bereits aus dem 13. Jahrhundert und schon ein Jahrhundert später musste eine Art Logistik aufgestellt werden, da sich die Grube zum größten Arbeitgeber in der Region mauserte. In der Folge bekam das Kupfer aus Falun europaweit eine große Bedeutung und sogar das

Falunrot

Die Nationalfarben Schwedens sind bekanntermaßen blau und gelb. Doch man verbindet schwedische Produkte wie z. B. das Dalapferdchen oder die Blockhütten meist mit einer anderen Farbe – Falunrot. Entstanden ist dies im 17. Jahrhundert, als manche Stadtväter erwarteten, dass die Häuser zumindest zur Straßenseite aus Repräsentationszwecken gestrichen werden müssen. Dabei benutzte man die Farbe aus Falun, da diese für unbehandeltes Holz als am geeignetsten erschien. Es wird aus Mineralien des Kupferbergwerks gewonnen, die als Abraum der Kupfererzgewinnung zur Verfügung standen.

092sw Abb.: dso

⌂ *Das riesige Loch des Tagebaus lässt die Dimensionen des einstigen Kupferbergbaus erahnen*

Dach des Schlosses von Versailles ist mit Kupfer aus Falun gedeckt. Im 17. Jahrhundert wurde Falun der Stadttitel verliehen und es wurde sogar ein Bebauungsplan für eine Großstadt erstellt. Doch wenige Jahre später kam alles anders: Es war ein Sommertag des Jahres 1687 als es plötzlich ein lautes Getöse gab und die gesamte Mine einstürzte. Verletzt wurde wie durch ein Wunder niemand, denn zu dem Zeitpunkt hatten die Grubenarbeiter frei. Doch es entstand die heutige Grube und markierte einen Wendepunkt im Bergbau von Falun. Die Blütezeit des Kupferabbaus ging sowieso dem Ende zu und dieses wurde durch das Unglück noch unterstrichen. Es wurden zwar noch bis 1992 Bodenschätze abgebaut, unter anderem sogar Gold und Silber, doch an die glanzvollen Zeiten des 17. Jahrhunderts reichte das nicht mehr heran. In anderer Hinsicht waren diese Zeiten aber gar nicht so glanzvoll, da der Abbau natürlich nachhaltige Veränderungen der Umwelt mit sich brachte und die Familien der Grubenarbeiter erkrankten durch den rostbraunen Staub, der durch die Luft flog, genauso wie die Grubenarbeiter selbst.

An der Grube befindet sich ein kleiner **Aussichtsturm,** der einen guten Blick in das riesige Loch bietet. Die genaue Geschichte der Grube wird im dazugehörigen **Museum** erklärt. Am Eingang erhält man auch Fahrkarten für eine unterirdische Fahrt in das **Schaubergwerk.**

Sehenswertes

Haus des Welterbes, Tel. 023 782030. Im Haus sind sämtliche Auskünfte zum Thema Weltkulturerbe zu erfahren und es gibt natürlich Informationen über Falun. Dort bucht man auch die einstündigen Führungen durch die Grube, tägl. 10–16 Uhr, im Sommer auch länger.

Bergwerksmuseum, Tel. 023 782030. Das Museum ist im Haus Stora Gruvstugan direkt an der Grube untergebracht und zeigt die Geologie, Geschichte und den Betrieb des Bergwerkes. Im Juli von 10–18 Uhr geöffnet, sonst meist ab 11 Uhr bis maximal 16 Uhr, 20 Skr.

Wie sehr die Entwicklung der Stadt Falun vom Bergwerk abhängig war, zeigt ein Rundgang durch den Ort. Den Wagen sollte man auf dem Parkplatz des Museums stehen lassen und durch das Tor auf die Straße treten. Links vom Kreisverkehr führt ein Weg zum Hüttenberg. Alles, was aus der Grube geholt wurde und nicht verwertet werden konnte, musste schließlich gelagert werden. So entstand dieser Berg, von dem man einen guten Blick auf die Stadt hat.

Rechts vom Kreisverkehr, auf der anderen Seite der Gruvgatan, beginnt **Elsborg.** Dieser Stadtteil wurde im 17. Jahrhundert angelegt und war Heimat für die meisten Grubenarbeiter. Die kleinen Häuschen lagen dicht beieinander und immer mit dem Giebel zur Straße hin. Bei einem Gang durch die Styraregatan kann man das gut beobachten. Über die Gruvgatan gelangt man zu einer kleinen Brücke, die den Fluss Faluån überspannt. Hinter der Brücke geht es am Flussufer links in Faluns Zentrum. Auf der linken Seite befindet sich das Gebäude der **Kopparvägen,** einer Kupferwaage, in der 240 Jahre lang das abgebaute Kupfer gewogen wurde. Sämtliche Aufzeichnungen aus der Zeit von 1633 bis 1873 sind noch vorhanden.

Hält man sich dort rechts, erscheint der **Stora Torget.** Dieser Markt entstand in der Blütezeit der Grube im Rahmen des erwähnten Bebauungsplanes, der von der damaligen Königin *Kristina* erstellt wurde. Nach ihr wurde auch die Kirche benannt, die sich auf dem Platz erhebt. Die im Renaissancestil erbaute **Kristine-Kirche** entstand in derselben Zeit und wurde als zweite Gemeindekirche Faluns genutzt. Das weiße Gebäude gegenüber der Kirche ist das **Rathaus** und sollte ursprünglich ein Getreidespeicher werden. Doch nachdem die Königin die Erlaubnis für ein Rathaus erteilte, wurden schnell die Pläne geändert, Veränderungen vorgenommen und die Stadt erhielt ein Rathaus. Im gelb-braunen Haus auf der Ecke des Platzes war einstmals das Hauptbüro der Bergbaugesellschaft untergebracht. Geht man rechts am Rathaus vorbei in die Åsgatan, sieht man nach wenigen Metern die **Residenz.** Das Hauptgebäude wurde in den 1730er-Jahren erbaut und diente als Sitz für den Landeshauptmann. Linker Hand beginnt das Stadtviertel **Gamla Herrgården,** das zu einem der ältesten Viertel Faluns gehört und bereits im 14. Jahrhundert erwähnt wurde. Dort befindet sich neben verschiedenen Grubenarbeiterhäuschen und kleineren Höfen auch das **Vitriolwerk.** Bei Vi-

Fetter Mats

Mats Israelsson verschwand plötzlich im Jahre 1677 und ließ seine Verlobte zurück. Keiner wusste, wo er war, und bald vergaß man ihn. Über vier Jahrzehnte später tauchte er wieder auf. Er war Gehilfe in der Grube gewesen und starb in einem überfluteten Stollen. Sein Körper, seine Kleider und sogar sein Tabak waren mit Schwefelsalzen durchtränkt und dadurch konserviert, sodass seine damalige Verlobte ihn identifizieren konnte. Anstatt ihn aber zu beerdigen, stellte man ihn aus und so konnte sein Leichnam dreißig Jahre lang in einem blauen Schrank betrachtet werden. Heute hat er aber seine Ruhe auf dem Friedhof gefunden.

triol handelt es sich um die alte Bezeichnung für Schwefelsalz. Die Herstellung von Vitriol wurde zunehmend wichtiger, als in der Grube immer weniger Kupfer gefunden wurde. So arbeitete das Werk noch bis ins Jahr 1976 hinein. Es befindet sich direkt an der Södra Mariegatan, wo es in nördlicher Richtung zur **Stora-Kopparbergs-Kirche** geht. Sie galt von Beginn an als erste Gemeindekirche der Bergleute, die sie regelmäßig besuchten. Viele Bergleute gingen oft in Kirchen oder in Kapellen, aus Dankbarkeit, weil sie sich ihrer gefährlichen Arbeit bewusst waren und es nicht als selbstverständlich nahmen, den Gefahren trotzen zu können. Das in Backsteingotik entstandene Gotteshaus gilt als das älteste Gebäude Faluns.

Nach Besichtigung der Stadt geht es auf der Straße 80 weiter Richtung Osten. Nach 7 km zweigt hinter Korsnäs und dem See Runn eine Straße nach rechts ab und führt unter anderem zum **Bergmannshof Gamla Staberg.** Diesen sollte man als Abschluss des Bergbaureviers noch besichtigen. Er ist einer der am besten erhaltenen Bergmannshöfe des Landes und zeigt – im Gegensatz zu den Grubenarbeiterhäuschen in Falun – wie wohlhabende Bergleute gelebt haben. Zur gleichen Zeit wie Falun wurde auch dieser Hof errichtet. Er beherbergte damals schon einen blühenden Barockgarten, der mittlerweile wieder hergestellt wurde und zu dem ein Obst- sowie ein Gemüsegarten gehören. Der gesamte Hof besteht aus mehreren Gebäuden. Von dort gibt es einen schönen Rundweg durch den Garten bis zu dem alten Schlackenhügel und dem Hafen, von dem aus das Erz aus der Kupfergrube verschifft wurde.

51 Lugnets Camping ***
N60,620761 E015,651773

Ruhiger und einfacher Campingplatz, in der Ski-Saison etwas lauter.
Lage/Anfahrt: am Südrand der Stadt, unterhalb der Skischanze, mit Blick auf Falun; Richtung Lugnet bzw. Sportanlage fahren; **Platzanzahl:** 140; **Untergrund:** Schotterrasen, Wiese; fest; **Ver-/Entsorgung:** Strom, Trinkwasser; **Preise:** 275 Skr. inkl. Dusche, Strom 40 Skr.; **Geöffnet:** ganzjährig; **Kontakt:** Lugnetvägen 5, 79183 Falun, Tel. 023 65400, www.lugnetscamping.se

ABSTECHER NACH GÄVLE (hin und zurück 50 km)

Information (TC)
Gävle Turistbyrå, Drottninggatan 22, 80135 Gävle,
Tel. 026 177117, Fax 177120, www.gavle.se,
Mo–Fr 10–19 Uhr, Sa 10–17 Uhr, So 12–16 Uhr

Auf der Straße 80 trifft man rund 60 km hinter Falun auf die kleine Ortschaft **Storvik.** Auf der weiteren Strecke biegt man nach rechts ab und nutzt die Straße 68, um nach Avesta zu gelangen. Wer jedoch etwas Zeit mit sich bringt und wem ein 60 km langer Umweg nichts ausmacht, der sollte sich die **Altstadt von Gävle** anschauen. Dafür bleibt man einfach auf der Straße 80, die ab Sandviken sogar vierspurig ausgebaut ist. Sandviken selbst muss gar nicht durchquert werden. Einerseits lohnt es nicht, andererseits führt die Straße am Ort vorbei.

In Gävle folgt man wiederum der Beschilderung ins Zentrum und hat eine große Auswahl an Parkplätzen rund um die idyllische Altstadt. Kleine eingeschossige Holzhäuser lassen die Altstadt wie eine kleine eigene Stadt inmitten einer anderen erscheinen. Viele der Häuser sind bereits fast 300 Jahre alt. Ansonsten gibt es noch das gelb-weiße Schloss direkt am Markplatz, welches als das nördlichste **Wasa-Schloss** Schwedens gilt. Die Fassade des Schlosses stammt aber aus jüngerer Zeit, da einige Großbrände Teile der Stadt vernichteten und erhalten gebliebene Gebäude beim Wiederaufbau mit restauriert wurden. Mit Gävle erreicht man die Ostsee und nun begibt man sich wieder an der Küste südwärts.

Stellplatz
N60,650185 E017,169136
kostenloser Stellplatz in Gävle am Kultur- und Freizeitzentrum Hemlingbystugan, Hemlingbyvägen

Stellplatz
N60,676749 E017,160043
kostenloser Stellplatz direkt im Zentrum von Gävle, jedoch nur zwei Stellflächen

Stellplatz zwischen Sandviken und Gävle
N60,635989 E016,964337
am Golfplatz Mackmyra, 200 Skr., Mackmyrabyvägen, Ytterhärde

AVESTA (122 km – km 390)

Information
Avesta Turistbyrå, Kungsgatan 32, 77430 Avesta,
Tel. 0226 645040, Fax 645084, www.avesta.se,
im Sommer Mo–Fr 9–18 Uhr, Sa 10–14 Uhr

Von Storvik aus fährt man auf der 68 südwärts bis die Straße 70 kreuzt. Gleich dort sieht man einen Rastplatz mit Tankstelle, an der sich die größte Sehenswürdigkeit von Avesta befindet und eigentlich gar nicht so recht hierhin gehört, sondern weiter in den Norden. Es handelt sich um ein überdimensioniertes **Dalapferd aus Beton,** das zu Werbezwecken dort aufgestellt wurde.

Ansonsten lohnt nur ein kurzer Besuch in Avesta. In der Stromschnelle des Flusses Dalälv wurden in der ersten Hälfte des 17. Jahrhunderts ein Kupferveredelungswerk und ein Münzwerk angelegt. Rund 250 Jahre später ging die Zeit des Kupfers zu Ende und das Werk wurde auf Eisenverarbeitung umgestellt. Die Eisenhütte besaß drei Hochöfen mit zwei Schornsteinen. Wie im Ruhrgebiet wird die

⊡ *Eigentlich ist das klassische Dala-Pferd nicht zum Reiten gedacht, aber es gibt es auch in Übergröße*

alte **Eisenhütte** heutzutage für kulturelle Zwecke benutzt. Direkt nebenan kann man das **Münzmuseum** besichtigen.

› **Münzmuseum,** Badhusgatan 2, Tel. 0226 50783. Unter anderem mit der größten Münze der Welt, einem fast 20 kg schweren 10-Taler-Stück, und einer Ausstellung über die Historie der schwedischen Zahlungsmittel, Mi–Sa 13–15 Uhr, 40 Skr.

FAGERSTA (34 km – km 424)

In Avesta bleibt man auf der Straße 68 und folgt der Beschilderung nach Fagersta. Diese Stadt ist aber schnell durchquert. Sie entstand im Wesentlichen mit der Entwicklung eines Hüttenwerkes. Fast jeder Einwohner vor rund 100 Jahren hatte irgendeine Verbindung mit der Hütte. Wie aber in vielen deutschen Städten auch, kam es in Fagersta in den 1980er-Jahren zur Schließung des Hüttenwerkes.

ÄNGELSBERG (17 km - km 441)

Parkplatz Ängelsberg
N59,96759 E016,00797

Nicht weit von Fagersta entfernt befindet sich Ängelsberg. Hierfür folgt man über schmale Waldstraßen einfach der Beschilderung und erreicht inmitten des Waldes eine kleine Lichtung mit einigen Gebäuden und einem großen Parkplatz. Sehr unscheinbar und klein scheint hier alles auf den ersten Blick zu sein, doch das Weltkulturerbekomitee der UNESCO hat beschlossen, dass die Anlage schützenswert ist. Es handelt sich um **Engelsberg Bruk,** benannt nach einem Bergmann namens *Englika,* der an dieser Stelle eine Gießerei errichtete. Besichtigen kann man die auf der rechten Seite liegende Schmiede und den Hochofen. Zwar stammen die Bauwerke im 17. Jahrhundert, doch die restaurierten Objekte sind auf dem technischen Stand von 1870. Sie sind noch voll funktionstüchtig.

SALA (42 km - km 483)

Von Ängelsberg geht es über Karbenning, Västerfärnebo und Salbohed schließlich nach Sala, das eine ähnliche Geschichte hat wie Falun. Abgesehen von der Tatsache, dass in Sala kein Kupfer, sondern Silber gefördert wurde und die Ortschaft dementsprechend wichtig für Schweden war. König *Gustav Wasa* ließ so viel Silber wie möglich fördern und in manchen Jahren waren es einige Tonnen.

Anschluss
Route 5

VOM BERGBAUGEBIET ÜBER DIE HAUPTSTADT RUND UM DEN MÄLARENSEE BIS KURZ VOR DEN VÄTTERNSEE

Über die Universitätsstadt Uppsala geht es wieder an die Küste zurück, die Ostsee wartet mit zahlreichen Schären auf den Besucher. Doch zuerst werden zahlreiche kleine Inseln besucht, die die Hauptstadt des Landes bilden. An dieser Stelle ist Schweden gar nicht typisch schwedisch, sondern typisch europäisch: laut und hektisch. Eine schöne Altstadt und zahlreiche königliche Schlösser befinden sich im Großraum Stockholm, die besucht werden möchten. Auf der Südseite des Mälarensees geht es bis nach Örebro, wo die Schlösser wieder Burgen werden. Und erneut fährt man in Richtung Küste, besucht das wichtigste schwedische Bauwerk und begibt sich weiter nach Süden, zu spüren daran, dass die Tage wieder kürzer werden.

⊡ *Gamla Stan, die Altstadt von Stockholm, steckt voller Leben*

119sw Abb.: mm

ROUTE 5: DER NORDOSTEN

DIE STADT „AUF DEM WASSER“

STRECKENVERLAUF

Anschluss
Route 4

Strecke:
Uppsala (75 km) - Norrtälje (72 km) - Stockholm (65 km) - Abstecher nach Dalarö (<-> 46 km) - Drottningholm (12 km) - Mariefred (54 km) - Strängnäs (17 km) - Eskilstuna (25 km) - Abstecher nach Västerås (<-> 122 km) - Örebro (68 km) - Katrineholm (92 km) - Nyköping (59 km) - Norrköping (59 km)

Streckenlänge:
ohne Abstecher circa 598 km
mit Abstecher circa 766 km

UPPSALA (75 km - km 75)

Information

Uppsala Turistbyrå, Kungsgatan 59, 75310 Uppsala, Tel. 018 7274800, Fax 124320, www.destinationuppsala.se, Mo-Fr 10-18 Uhr, Sa 10-15 Uhr, im Sommer auch So 11-15 Uhr

Parkplatz
N59,85861 E017,63250

Uppsala, schon allein der für deutsche Ohren lustig klingende Name lockt viele Reisende in Stadt. Doch auch mit einem anderen Namen wäre die Stadt einen Besuch wert. Von Sala nach Uppsala führt die Straße 72 geradewegs auf die Stadt zu und man sieht schon von Weitem die beiden Türme des Domes auf der halbrechten Seite. Diese sollten auch angesteuert werden, denn den Teil der Stadt, den man auf dem Weg dorthin passiert, kann man sich getrost schenken. Es handelt sich bei der Neustadt um ein schachbrettartiges Straßennetz, das den Charme der 1960er versprüht. Doch auf der anderen Seite des Flusses Fyrisån sieht es schon etwas angenehmer aus. Am Kreisverkehr fährt man rechts in die Kungsgatan und biegt dann in dieser modernen Straße wieder rechts ab in die St. Olofsgatan. Auf dieser überquert man den Fluss und fährt am besten bis zum Ende durch, schaut aber vorher schon nach Parkplätzen, die es am Straßenrand vereinzelt gibt. Spätestens am Ende der St. Olofsgatan finden sich aber einige Parkmöglichkeiten.

Dabei hat man schon eines der wesentlichsten und wichtigsten Gebäude der Stadt passiert. Die **Universität,** um die sich vieles dreht in Uppsala, wurde im Jahr 1477 gegründet und war damals die nördlichste Universität der Welt. Das Leben der Stadt wird zu großen Teilen noch heute von der Universität geprägt und man sieht viele junge Leute, die nicht nur aus Schweden zum Studium anreisen, sondern auch aus dem Ausland. Das mächtige Hauptgebäude mit der großen Treppe im Vordergrund ist jedoch wesentlich jünger als die Universität an sich und bringt es gerade mal auf rund 150 Jahre. Vor der Universität geht man durch die Grünanlage bis zum **Gustavianum**

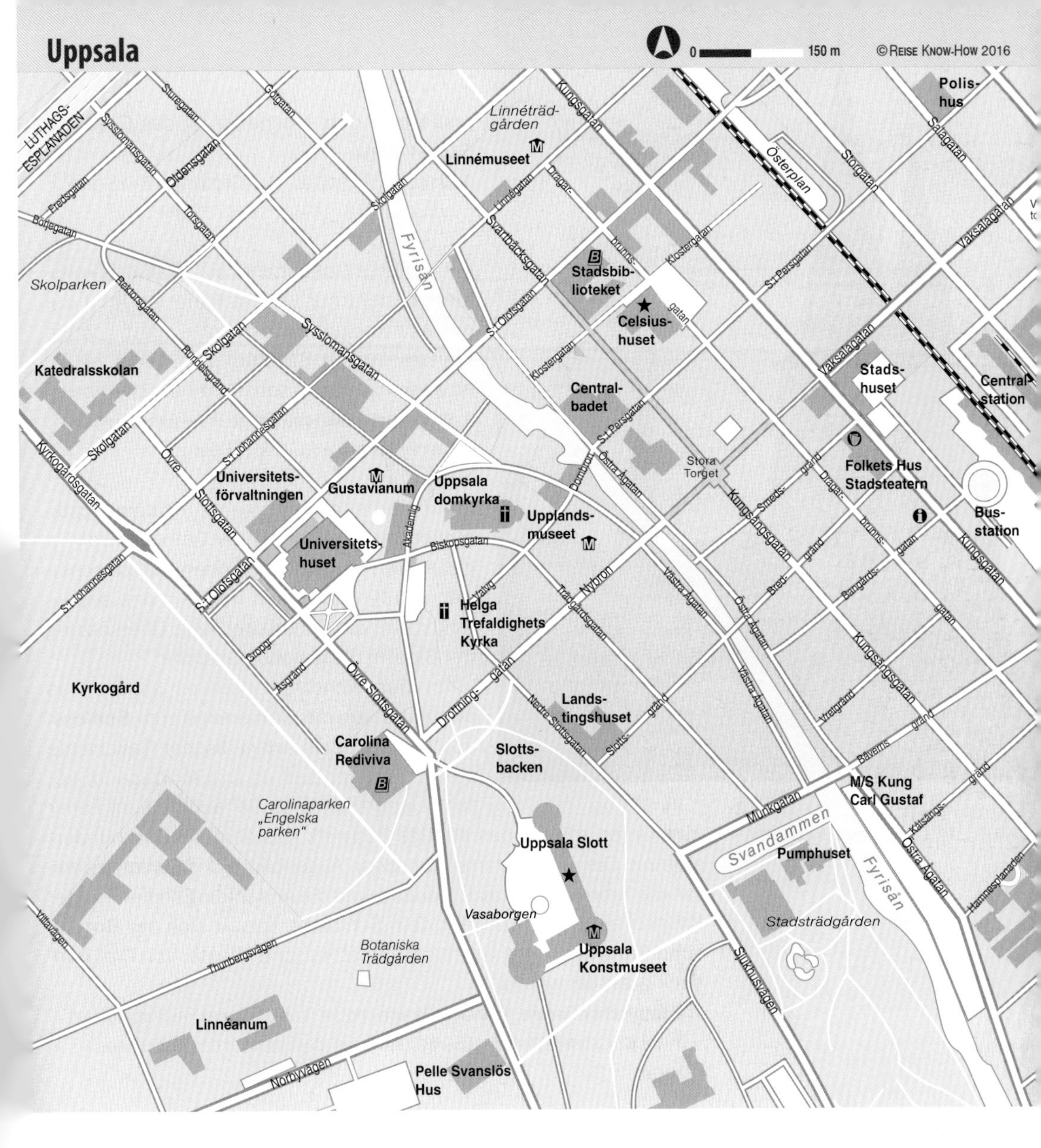

mit seiner prächtigen Kuppel. Unterhalb der Kuppel befindet sich das Anatomische Theater, das von *Olof Rudbeck* entworfen wurde. Er gilt als Entdecker der Lymphgefäße und sezierte im Rund des Theaters Leichen, um diese den Studenten vorführen zu können.

Direkt dahinter erhebt sich der **Dom,** Skandinaviens größte Kirche. Die beiden Türme sind exakt so hoch wie der Dom lang ist und sind weithin sichtbar. Man stellte das Gotteshaus im Jahr 1435 nach 150-jähriger Bauzeit fertig. Nach einem schweren Brand wurde das gotische Bauwerk im 18. Jahrhundert wieder aufgebaut und beherbergt heute legendäre Persönlichkeiten aus der schwedischen Geschichte. So befinden sich im Inneren der Krönungskirche die Gräber von *Carl von Linné, Nathan Söderblom* und *Emanuel Swedenborg*

Carl von Linné

Die Kategorisierung der Natur in die Bereiche Reich, Abteilung, Stamm, Klasse, Ordnung, Familie, Gattung und Art stammt von Carl von Linné, der als Botaniker tätig war und auch den Begriff Homo sapiens schuf.

057sw Abb.: mm

Der Dom von Uppsala

und hinter dem Hochaltar ist das Grab von *Gustav Wasa.*

› **Dom,** Domkyrkoplan, Mai-September 8-18 Uhr, sonst So-Fr 8-16 Uhr, Sa 10-18 Uhr

Ein weiteres Gotteshaus, die **Dreifaltigkeitskirche**, steht nur wenige Meter entfernt auf der Akademigatan und präsentiert schöne Wandmalereien. Sie stammt aus dem 14. Jh, ist aber von außen sonst eher unscheinbar.

› **Dreifaltigkeitskirche** (Helga Trefaldighets kyrka), Domkyrkoplan 2, Di-Fr 9-17 Uhr

An ihr vorbei gelangt man zur **Universitätsbibliothek.** Im Inneren der *Carolina rediviva* genannten Bibliothek befinden sich zwischen vier und fünf Millionen Werke – das bedeutendste ist die Silberbibel, eine Übersetzung der Bibel in die gotische Sprache.

Vor der Bibliothek geht es links etwas bergauf durch die Grünanlage zum **Schloss,** das ebenfalls voll schwedischer Geschichte steckt. Erbauen ließ es *Gustav Wasa* im 16. Jahrhundert, doch es fiel auch einem Feuer zum Opfer, sodass das heutige Bauwerk aus dem 18. Jahrhundert stammt. Die wichtigsten historischen Augenblicke des Schlosses waren die Krönung *Gustav II. Adolfs* sowie die Abdankung seiner Tochter *Kristina* als Königin. Hinter dem Schloss erstreckt sich der **Botanische Garten,** der wie bereits das Anatomische Theater von *Olof Rudbeck* gestaltet wurde.

› **Botanischer Garten,** Villavägen 8, www.botan.uu.se/BTindex, im Sommer tägl. 7-21 Uhr, sonst Mo-Fr 9-15 Uhr, Eintritt frei, der Eintritt in das Tropenhaus kostet 40 Skr.

Einen weiteren Garten gibt es auf der anderen Seite des Flusses inmitten der Wohnhäuser auf der Svartbäcksgatan, doch ein Besuch lohnt kaum: Der **Linnéträdgården** von *Carl von Linné* zeigt zwar Pflanzen, die ebenso angelegt wurden wie im linnéschen System, doch er sieht selbst im Sommer recht trostlos aus.

52 Fyrishov Camping ***

N59,870513 E017,623165

Lebhafter Campingplatz mit Schwimm- und Sportzentrum. **Lage/Anfahrt:** am Stadtrand von Uppsala; der Beschilderung zum Sportzentrum (Idrott) Fyrishov folgen; **Platzanzahl:** 80; **Untergrund:** Schotterrasen, Wiese; fest; **Ver-/Entsorgung:** Strom, Trinkwasser; **Preise:** 225 Skr. inkl. Dusche u. Strom; **Geöffnet:** ganzjährig; **Kontakt:** Idrottsgatan 2, 75333 Uppsala, Tel. 018 7274950, Fax 244333, www.fyrishov.se

Geschäftiges Treiben in Norrtälje

NORRTÄLJE (72 km – km 147)

Von Uppsala aus hat man die Möglichkeit, direkt nach Stockholm zu reisen oder noch einen kleinen Umweg über Norrtälje in Kauf zu nehmen. In beiden Fällen nutzt man erst die E4 durch die landschaftlich unspektakuläre Region, nach Norrtälje verlässt man jedoch an der ersten Möglichkeit die Autobahn und fährt über die Straße 77 dorthin. Zu sehen gibt es dort jedoch nur eine kleine Altstadt mit kopfsteingepflasterten Straßen. Noch weiter westlich führt die Straße nach Kappellskär, wo regelmäßige Schiffsverbindungen mit dem Baltikum und auf die finnischen Åland-Inseln bestehen.

Information (TC)
Norrtälje Turistbyrå, Lilla Brogatan 3b, 76128 Norrtälje, Tel. 0767 650660, Fax 10618, www.roslagen.se, Mo–Sa 10–17 Uhr

STOCKHOLM (65 km – km 212)

Von Norrtälje aus führt schließlich die E18 in die Hauptstadt, während man von Uppsala aus über die E4 nach Stockholm gelangt. Bei beiden Möglichkeiten erreicht man Stockholm jedoch ziemlich entspannt und merkt erst recht spät, dass man sich der bevölkerungsreichsten Stadt Skandinaviens nähert – kein Wunder, hat sie ja immer noch weit weniger Einwohner als beispielsweise Köln.

Wer nicht in Stockholm übernachten möchte, der sollte sich Richtung Skansen und Nordiska Museet halten. Automatisch gelangt man auf die Straße Strandvägen, auf der sich zahlreiche Parkplätze befinden. Eine weitere Parkmöglichkeit befindet sich auf der westlichen Seite des Zentrums. Am Stadhuset verläuft die Hantverkargatan, die weiter westlich Parkplätze bereithält. Auf keinen Fall sollte man jedoch den Versuch unternehmen, im direkten Zentrum oder gar am

Information
Stockholm Visitors Board, Vasagatan 14, 10325 Stockholm, Tel. 08 50828508, www.visitstockholm.com, Mo–Fr 9–19 Uhr, Sa 10–17 Uhr, So 10–16 Uhr
Weitere Touristeninformationen in Stockholm:
Kulturhuset, Sergels Torg 5
Frihamnsgatan 66
Frihamnsgatan 15
Masthamnen, Stadsgården
Hamngatan 37
Västerlånggatan 52 (nur von Mai bis September)

Stadtgeschichte

Stockholm wird immer gerne als „schwimmende Stadt" bezeichnet. Liegt sie ja direkt am Ausfluss des Mälarsees, der nur mittels einer Schleuse vom Salzwasser der Ostsee abgetrennt ist. Stockholm besteht zu einem Drittel aus Wasser, welches 14 bebaute Inseln umspült, die alle mit über 50 Brücken verbunden sind. Erwähnt wurde die Stadt zum ersten Mal im Jahr 1252 durch Birger Jarl, der damit als Stadtgründer gilt. Die Lage Stockholms direkt am Bindeglied zwischen Mälarsee und Ostsee machte den Ort interessant für Kaufleute auf der einen und Plünderer auf der anderen Seite. Zahlreiche Herrscher versuchten im Laufe der Zeit, die Macht in der Stadt zu übernehmen. Dänen, Deutsche und aus den heutigen baltischen Ländern die Ordensritter nahmen Einfluss auf die Entwicklung der Stadt. Stockholm wuchs im 13. Jahrhundert schnell und die bisherigen Stadtmauern reichten nicht mehr aus. Ohne Hauptstadt zu sein, wurde Stockholm jedoch mächtiger. Der düsterste Tag der Stadt fand im November 1520 statt und ging als Stockholmer Blutbad in die Geschichte ein. Fast einhundert der mächtigsten und einflussreichsten Köpfe Schwedens wurden gefangen genommen und auf dem Stortorget auf Veranlassung von Christian II. hingerichtet, um seine Krönung zu feiern. Dieses Ereignis wurde Auslöser für den Bauernaufstand in Mora/Dalarna, als diese sich Gustav Wasa anschlossen und nach einem dreijährigen Kampf Stockholm für sich gewannen und die Wasa-Dynastie einläuteten. Den Hauptstadtstatus erhielt die Stadt erst im 17. Jahrhundert und durch die Industrialisierung im 19. Jahrhundert wuchs die Stadt innerhalb weniger Jahrzehnte um das Vierfache an. Heute kämpft Stockholm wie die meisten europäischen Metropolen gegen den Verkehrsinfarkt, Umweltprobleme und teilweise gegen die Gettoisierung in den teilweise trostlosen Vororten. Zudem machte sie bereits zweimal in den vergangen Jahrenzehnten Schlagzeilen als Tatort für Politiker-Attentate, die jeweils tödlich ausgingen (Olof Palme 1986, Anna Lindh 2003).
In der Adventszeit 2010 kam es zudem zu einem Terroranschlag, bei dem der Selbstmordattentäter ums Leben kam. Vermutlich ist eine der sechs Rohrbomben, die an seinem Körper befestigt waren, zu früh detoniert.
Im Kampf gegen die Umweltprobleme hat die Stadt bereits einen wichtigen Teilerfolg errungen und erhielt den Titel „Umwelthauptstadt Europas", der 2010 zum ersten Mal vergeben wurde. Im Mai 2013 geriet Stockholm negativ in die Schlagzeilen, als es zu Ausschreitungen randalierender Jugendlicher kam. Die Gewaltaktionen dauerten mehrere Nächte an und fanden in den sogenannten Problemvierteln statt, die es auch in einem Land wie Schweden gibt.
Im Mai 2016 schaut das musikalische Europa wieder nach Stockholm, wenn dort der Eurovision Song Contest zum dritten Mal ausgetragen wird.

Parkmöglichkeit Stadthaus
N59,326546 E018,044636

Bahnhof einen Parkplatz zu suchen. Das ist schon mit einem Pkw ein gewagtes Unternehmen. Auf dem Weg von der E4 oder der E18, je nachdem von wo aus man die Stadt erreicht, sieht man Schilder, die auf ein innerstädtisches Mautsystem aufmerksam machen. Nähere Informationen zu den Mautgebühren innerhalb Stockholms sind auf Seite 45 aufgeführt.

Ein Teil der Mautgebühren soll übrigens für die geplante „Förbifart Stockholm" verwendet werden. Damit ist eine Umgehungsstraße gemeint, auf der man Stockholm großräumig umfahren können soll. Sie soll nördlich der Hauptstadt an der E4 bei Sollentuna beginnen, an Lunda bis zur Insel Lovön vorbeiführen und zwischen Bredäng und Skärholmen wieder auf die E4 bzw. E20 treffen. Von den 21 Kilometern Strecke sollen 17 Kilometer unterirdisch verlaufen. Nachdem die schwedische Regierung im Spätsommer 2009 grünes Licht für das Mammutprojekt gegeben hat, verzögerte sich der Start des Bauvorhabens immer wieder. Die Fertigstellung ist derzeit für 2021 geplant.

Stockholm mit seinen vielen Sehenswürdigkeiten, Restaurants und Einkaufsmöglichkeiten füllt zahlreiche Reiseführer. An dieser Stelle soll daher nur ein Rundgang zu den wichtigsten Ausflugszielen beschrieben werden.

Wer an oder auf der Hantverkargatan auf der Insel Kungsholmen sein Fahrzeug abstellt, wird an der südöstlichsten Spitze des Eilands automatisch auf das **Stadshuset** treffen, welches mit seinem 106 m hohen markanten Turm unübersehbar und das Wahrzeichen der Stadt ist.

Im Stadshuset tagt nicht nur das Parlament, es werden auch jedes Jahr am 10. Dezember die **Nobelpreise** (nur die Verleihung des Friedensnobelpreises findet im norwegischen Oslo statt) verliehen. Der Turm, der zweimal täglich ein Glockenspiel ertönen lässt, kann besucht werden und bietet von oben eine herrliche Aussicht auf die Inseln der Stadt. Tritt man durch den Innenhof und den Säulengang nach draußen, so kann man links herum um das Gebäude spazieren und trifft auf den **Schrein des Stadtgründers Birger Jarl.** Dort benutzt man die erste von vielen Brücken auf dem Rundweg und hält sich rechts. Auf der linken Seite kann man sehen, dass das Treiben der modernen Innenstadt rund um den Bahnhof stattfindet. Dorthin führt der Rundgang später, erst geht es nun über die Vasa-Brücke auf die **Insel Gamla Stan,** die den Ostseebereich vom Mälarensee trennt und die Altstadt beherbergt.

Zuerst sieht man **Riddarhuset,** einen Prachtbau des schwedischen Adels, und biegt dahinter rechts ab und erreicht die **Insel Riddarholmen.** Direkt hinter der Bücke ist der zentrale Platz **Birger Jarls torg,** der sich vor der Kirche **Riddarholmskyrkan** ausbreitet und häufig

Literaturtipp
„CityTrip Stockholm" von Stefan Krull und Lars Dörenmeier, Reise Know-How Verlag. Der praktische Begleiter für einen Kurztrip durch die Hauptstadt. Mit separatem Faltplan und GPS-Daten aller Points of Interest.

Die Stadt kennenlernen

*Seit Sommer 2009 kann man sich ein **Fahrrad** und gleichzeitig eine **Micro-SD-Karte** für sein **Mobiltelefon** leihen, über die man sich drei Minuten lange, auf Deutsch gehaltene Vorträge zu Sehenswürdigkeiten anhören kann. Damit besteht die Möglichkeit, das Handy als Audioguide zu nutzen und mit dem Rad von Sehenswürdigkeit zu Sehenswürdigkeit zu radeln. Der Spaß kostet 112 Skr. für zwei Stunden und 41 Skr. für jede weitere Stunde. Voraussetzung ist, dass das Handy über einen passenden Karteneinschub verfügt. Erhältlich sind Rad und Karte bei Gamla Stans Cykel, Stora Nygatan 20, 11127 Stockholm.*

*Weitere Möglichkeiten, die Stadt kennenzulernen, gibt es mit dem einfachen **Bus,** mit dem **Doppeldeckerbus** ohne Dach und den vielen **Fähren,** die zwischen den einzelnen Anlegestellen an den Kais hin- und herpendeln.*

› Routenatlas Seite IX

Evert Taube

Wer auf einer kleinen Insel geboren wird, hat schon von Geburt an einen gewissen Bezug zum Meer und zur Schifffahrt. So auch Evert Taube, der auf Vinga im Kattegat zur Welt kam. Mit 18 Jahren zog er aus und reiste nach Australien und Südamerika, was ihn und seine späteren Werke prägte. Nach dem Ersten Weltkrieg kehrte er in sein Heimatland zurück und veröffentlichte die ersten selbst gedichteten Lieder. Neben zahlreichen Fernsehauftritten in den 1950er-Jahren spielte er seine Lieder im Stockholmer Vergnügungspark Gröna Lund. Seine Texte handelten oftmals von der Schifffahrt, Abenteuern in fernen Ländern und der schwedischen Natur, was seine Werke zu gern gesungenen Liedern in der schwedischen Bevölkerung machte. 1976 starb der mehrfach ausgezeichnete Künstler, der sich ebenfalls gerne der Malerei widmete.

059sw Abb.: mm

Mittendrin: Evert-Taube-Skulptur in Gamla Stan

als Busparkplatz verwendet wird. Die Kirche enthält die Gräber der Könige *Gustav II. Adolf* bis *Gustav V.* und war ursprünglich als Kloster der Franziskaner gedacht.

› **Stadshuset,** Hantverkargatan 1, Tel. 08 50829059, www.stockholm.se/cityhall. Stockholms Wahrzeichen kann nur bei einer Führung besichtigt werden. Lediglich den Turm kann man individuell besuchen (40 Skr.). Deutschsprachige Führungen im Sommer täglich um 10 Uhr, Turmbesteigung von 9.15–17.15 Uhr.

Über den Platz und an der Kirche vorbei, kommt man auf die **Evert-Taube-Terrasse,** von der man einen schönen Blick auf das Stadshuset hat. Es ist einer der ruhigeren Plätze in Stockholm. Neben der Skulptur des Sängers *Evert Taube* kann man sich vom Trubel der Stadt erholen.

Zurück auf Gamla Stan sollte man sich am Riddarhuset halbrechts halten und in die Storkyrkobrinken einkehren, diese führt geradewegs auf die Storkyrkan zu, doch zuvor erreicht man die Haupteinkaufsstraße der Altstadt, die **Västerlånggatan.**

Diese zieht sich quer über die Insel, gespickt mit Souvenirgeschäften und bevölkert mit zahlreichen Touristen. Man sollte sich dieses Treiben jedoch nicht entgehen lassen. Rechts und links zweigen zahlreiche schmale Gassen ab, die schön anzusehen sind, jedoch zu keiner Besonderheit führen. Anders bei der Tyska Brinken, die nach 300 m erscheint. Folgt man ihr nach links, trifft man auf die Tyska kyrkan oder auch St.-Gertrud-Kirche genannt. Sie wurde im 17. Jahrhundert von der deutschen *(tyska)* Gemeinde errichtet, die zu dem Zeitpunkt großen Einfluss in Stockholm hatte. Sehenswert in dem barocken Gotteshaus sind der 9 m hohe Altar und zahlreiche Gemälde mit biblischen Motiven. Zurück zur Västerlånggatan sollte man der Einkaufsstraße weiter folgen, bis man den Järntorget erreicht. Auf diesem Platz treffen die Västerlånggatan und die Österlånggatan zusammen, auf der man weitergeht und später das Königsschloss erreicht. Auf dem

060sw Abb.: mm

Die Wachablösung vor dem königlichen Schloss ist ein Besucherspektakel

Järntorget nicht zu übersehen ist die Bronzefigur von *Evert Taube,* die neben einer Hauswand weilt.

Auf der Österlånggatan wird es nun etwas ruhiger und man erreicht den Käpmantorget. Nutzt man dort links die Treppe und biegt später rechts ab in die kleine Seitengasse und durch das Tor, gelangt man zur **finnischen Kirche (Finska kyrkan).** Es wird vermutet, dass die Kirche das älteste Gebäude von Gamla Stan ist. Besuchergruppen werden aber auch wegen des angrenzenden kleinen **Friedhofs** hergeführt. Auf diesem befindet sich die kleinste Skulptur der Stadt. Nur eine Handvoll Bronze, zu einem kleinen Jungen geformt, lockt Touristen her, die Münzen und kleine Gegenstände ablegen und sich etwas wünschen. Jeden Winter kommt übrigens eine ältere Dame aus der Nachbarschaft und „schützt" die Figur mit einem Schal vor der Kälte.

Verlässt man den Friedhof wieder und folgt der Köpmangatan, so ist man mitten im Herz von **Gamla Stan.** Dieser Ort war im Jahr 1520 für viele Adlige das Letzte, was sie gesehen haben, da sie auf Geheiß von Dänenkönig *Christian II.* auf diesem Platz geköpft wurden. Doch der Platz sah damals noch ganz anders aus, die ihn umgebenden Häuser stammen aus dem 17. und 18. Jahrhundert. An der Nordseite des Platzes befindet sich das schmucke Gebäude der ehemaligen Börse. Im Obergeschoss des Hauses wird alljährlich

Stockholmskortet

Wie viele touristische Städte bietet auch Schwedens Hauptstadt eine Karte an, mit der zahlreiche Sehenswürdigkeiten kostenlosen Eintritt gewähren. Die Karte gibt es mit einer Gültigkeitsdauer von 2, 3 oder 5 Tagen. Sie gilt für rund 75 Museen, ermöglicht die unentgeltliche Nutzung des öffentlichen Nahverkehrs und eine kostenlose Schiffsfahrt innerhalb Stockholms. Die Karte kostet 765 Skr. für zwei Tage und gilt für eine Person.
Das 3-Tages-Ticket kostet 895 Skr. und das 5-Tagesticket liegt bei 1150 Skr., was auf den einzelnen Tag gerechnet natürlich deutlich günstiger ist.
Man sollte sich vorher gut überlegen, was man wirklich sehen möchte und ob man dies in der vorgegebenen Zeit schafft. Erhältlich ist die Karte in den Touristenbüros und auch auf manchen Campingplätzen in der Region Stockholms. Auf http://shop.visitstockholm.com ist sie auch online erhältlich.

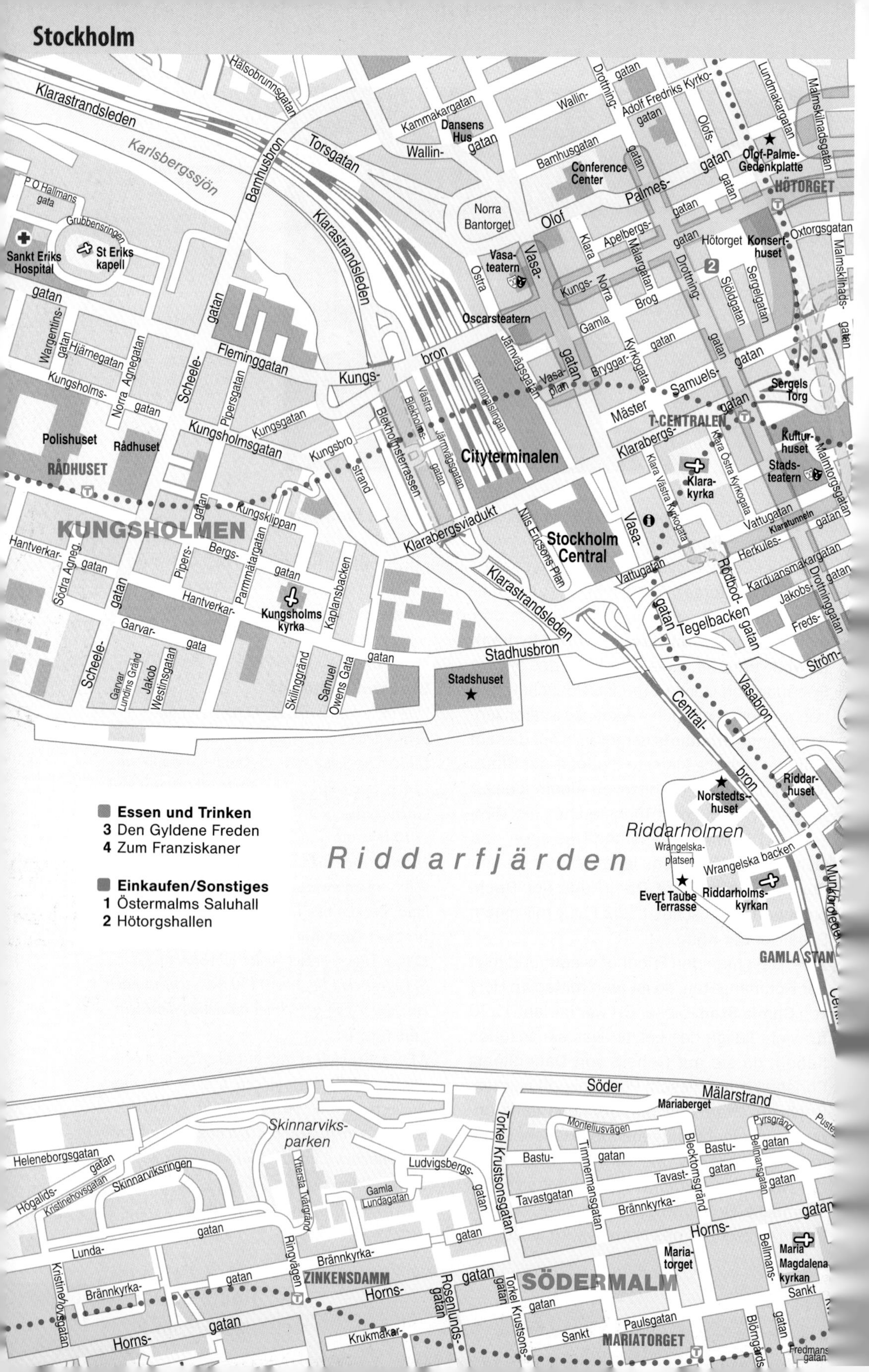
Stockholm
Essen und Trinken
3 Den Gyldene Freden
4 Zum Franziskaner
Einkaufen/Sonstiges
1 Östermalms Saluhall
2 Hötorgshallen
Riddarfjärden
KUNGSHOLMEN
SÖDERMALM
Riddarholmen
Klarastrandsleden
Karlsbergssjön
Hälsobrunnsgatan
Bamhusbron
Torsgatan
Kammakargatan
Dansens Hus
Wallin-gatan
Drottning-gatan
Adolf Fredriks Kyrko-gatan
Olofs-gatan
Lundmakargatan
Malmskilnadsgatan
Bamhusgatan
Conference Center
Olof Palmes-gatan
Olof-Palme-Gedenkplatte
HÖTORGET
P O Hallmans gata
Grubbensringen
Sankt Eriks Hospital
St Eriks kapell
Norra Bantorget
Vasa-teatern
Östra Järnvägsgatan
Apelbergsgatan
Målargatan
Hötorget
Konserthuset
Oxtorgsgatan
Sergelgatan
Sjöldgatan
Kungsgatan
Norra
Brog
Gamla Brogatan
Oscarsteatern
Wargentinsgatan
Hjärnegatan
Norra Agnegatan
Scheele-gatan
Fleminggatan
Pipersgatan
Kungsbron
Kungsholmsgatan
Kungsgatan
Polishuset
Rådhuset
RÅDHUSET
Vasaplan
Bryggargatan
Kyrkogata
Mäster Samuels-gatan
Sergels Torg
T-CENTRALEN
Klarabergsgatan
Kulturhuset
Stadsteatern
Malmtorgsgatan
Västra Järnvägsgatan
Blekholmsgatan
Blekholmsterrassen
Kungsbro strand
Terminalslingan
Cityterminalen
Klara Västra Kyrkogata
Klara Östra Kyrkogata
Klara-kyrka
Vattugatan
Klaratunneln
Kungsklippan
Hantverkargatan
Södra Agnegatan
Bergsgatan
Parmmätargatan
Klarabergsviadukt
Nils Ericsons Plan
Stockholm Central
Vasagatan
Herkulesgatan
Karduansmakargatan
Drottninggatan
Jakobsgatan
Fredsgatan
Rödbodgatan
Tegelbacken
Kaplansbacken
Kungsholms kyrka
Garvargata
Garvar Lundins Gränd
Jakob Westinsgatan
Skilinggränd
Samuel Owens Gata
Stadhusbron
Stadshuset
Strömgatan
Centralbron
Vasabron
Riddarhuset
Norstedtshuset
Wrangelska-platsen
Wrangelska backen
Evert Taube Terrasse
Riddarholmskyrkan
Munkbroleden
GAMLA STAN
Söder Mälarstrand
Mariaberget
Skinnarviksparken
Heleneborgsgatan
Högalidsgatan
Kristinehovsgatan
Skinnarviksringen
Yttersta Tvärgränd
Ludvigsbergsgatan
Gamla Lundagatan
Torkel Knutssonsgatan
Monteliusvägen
Timmermansgatan
Blecktornsgränd
Pyrsgränd
Bastugatan
Bellmansgatan
Tavastgatan
Brännkyrkagatan
Hornsgatan
Lundagatan
Ringvägen
ZINKENSDAMM
Rosenlundsgatan
Maria-torget
Maria Magdalena kyrkan
Krukmakargatan
Sankt Paulsgatan
MARIATORGET
Blörngårdsgatan
Fredmans gatan

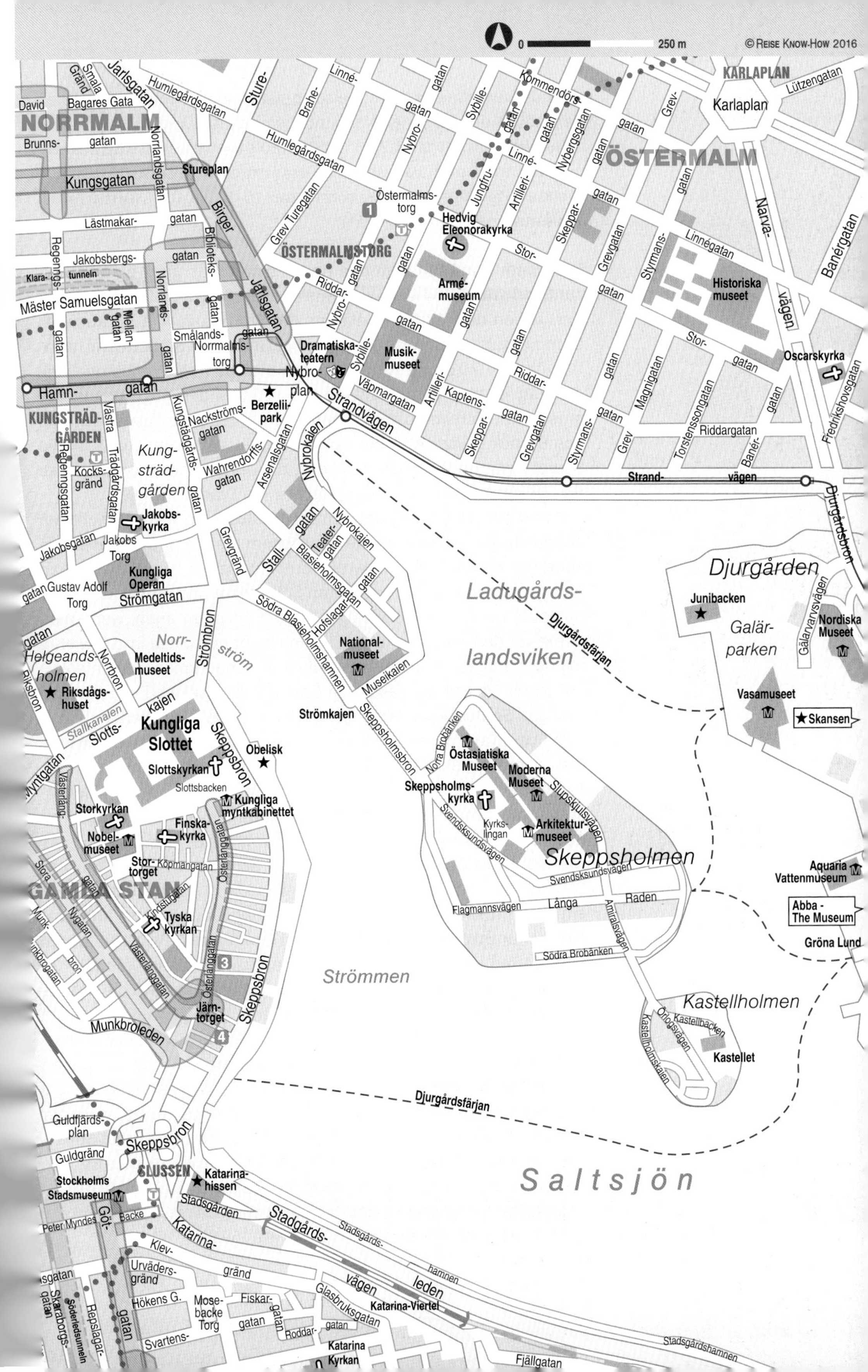
0
250 m
© Reise Know-How 2016
NORRMALM
ÖSTERMALM
KARLAPLAN
Karlaplan
Lützengatan
David
Bagares Gata
Smala Gränd
Jarlsgatan
Humlegårdsgatan
Sture-
Brahe-
Linné-
gatan
Nybro-
Sybille-
Kommendörs-
Grev-
Brunns-
Norrlandsgatan
Stureplan
Kungsgatan
Östermalms-
torg
Jungfru-
Artilleri-
Nybergsgatan
Skeppar-
Lästmakar-
Birger
Biblioteks-
Regeringsgatan
Jakobsbergs-
Klara-
tunneln
Mäster Samuelsgatan
Mellan-
Smålands-
Norrmalms-
torg
Grev Turegatan
ÖSTERMALMSTORG
Hedvig
Eleonorakyrka
Stor-
Riddar-
Armé-
museum
Grevgatan
Styrmans-
Linnégatan
Historiska
museet
Narva-
vägen
Banérgatan
Dramatiska-
teatern
Musik-
museet
Magnigatan
Torstenssonsgatan
Oscarskyrka
Fredrikshovsgatan
Hamn-
Nybro-
plan
Berzelii-
park
Väpmargatan
Strandvägen
Kaptens-
Riddargatan
Banér-
KUNGSTRÄD-
GÅRDEN
Västra
Trädgårdsgatan
Kungsträdgårdsgatan
Nackströms-
Wahrendorffs-
Arsenalsgatan
Nybrokajen
Kung-
sträd-
gården
Kocks-
gränd
Jakobs-
kyrka
Strand-
Djurgårdsbron
Jakobsgatan
Jakobs
Torg
Grevgränd
Stall-
Teater-
Blasieholmsgatan
Kungliga
Operan
Gustav Adolf
Torg
Strömgatan
Södra Blasieholmshamnen
Hofslagaregatan
Ladugårds-
landsviken
Djurgårdsfärjan
Djurgården
Junibacken
Galär-
parken
Galärvarvsvägen
Nordiska
Museet
Helgeands-
holmen
Norrbron
Medeltids-
museet
Strömbron
Norr-
ström
National-
museet
Museikajen
Riksbron
Riksdags-
huset
Stallkanalen
Slotts-
kajen
Kungliga
Slottet
Skeppsbron
Strömkajen
Skeppsholmsbron
Vasamuseet
Skansen
Obelisk
Norra Brobänken
Östasiatiska
Museet
Moderna
Museet
Slupskjulsvägen
Myntgatan
Västerlång-
Slottskyrkan
Slottsbacken
Kungliga
myntkabinettet
Skeppsholms-
kyrka
Svendsksundsvägen
Kyrks-
lingan
Arkitektur-
museet
Storkyrkan
Nobel-
museet
Finska-
kyrka
Österlånggatan
Stor-
torget
Köpmangatan
Skeppsholmen
Svendsksundsvägen
Aquaria
Vattenmuseum
GAMLA STAN
Stora
Nygatan
Kindstugatan
Tyska
kyrkan
Flagmannsvägen
Långa
Raden
Amiralsvägen
Abba -
The Museum
Gröna Lund
Munk-
bron
Södra Brobänken
Strömmen
Kastellholmen
Kastellbacken
Örlogsvägen
Kastellholmskajen
Kastellet
Järn-
torget
Munkbroleden
Skeppsbron
Djurgårdsfärjan
Guldfjärds-
plan
Guldgränd
Skeppsbron
SLUSSEN
Katarina-
hissen
Saltsjön
Stockholms
Stadsmuseum
Göt-
Peter Myndes
Backe
Stadsgården
Stadsgårds-
Stadsgårdshamnen
Katarina-
Klev-
Urväders-
gränd
Hökens G.
Mose-
backe
Torg
Fiskar-
gatan
Glasbruksgatan
vägen
leden
Katarina-Viertel
Söderledstunnel
Repslagar-
Roddar-
Svartens-
Katarina
Kyrkan
Fjällgatan
1
3
4

über die Vergabe des Nobelpreises beraten. In den unteren Stockwerken ist das dazugehörige Nobelmuseum untergebracht.

› **Nobelmuseum,** Stortorget 2, Tel. 08 53481800, www.nobelmuseet.se. Das weltweit einzige Museum, das sich mit der Geschichte des Nobelpreises beschäftigt und alle Preisträger vorstellt. Kernöffnungszeit 10–17 Uhr, 100 Skr. Freier Eintritt dienstags zwischen 17 und 20 Uhr.

Bei einem Gang rund um das Haus kommt man ganz automatisch zur **Storkyrkan** und dem weit ausladenden Platz Slottsbacken, der sich neben dem Schloss befindet. Die Storkyrkan wird oft auch als Dom bezeichnet und ist die Krönungskirche der Stadt. In ihr heiratete im Juni 2010 die Kronprinzessin Victoria ihren Verlobten Daniel Westling, der nun den Titel Prinz von Schweden trägt. Das Innere präsentiert sich im spätgotischen Stil, während die Fassade im Stil des Barock glänzt. Am sehenswertesten in dem Gotteshaus ist die Skulpturengruppe von *Bernt Notke,* die auf beeindruckende Weise den *Heiligen Georg* beim Kampf mit einem Drachen zeigt.

Hinter der Kirche befindet sich das **Schloss** und wer zum richtigen Zeitpunkt dort ist, wird schon von Weitem den Lärm der **Wachablösung** der königlichen Leibgarde hören. Zu sehen ist sie, wenn man nah genug ran kommt, im inneren Schlosshof und dauert eine gute halbe Stunde. Ein merkwürdiges Gefühl bekommt man, wenn man direkt vor den absperrenden Soldaten steht und diese ihre Gewehre mit dem aufgesetzten Bajonett auf die Zuschauermassen richten.

Fast ein Viertel der gesamten Gamla-Stan-Insel wird von dem gewaltigen **Schlosskomplex** eingenommen. In dem Bauwerk befinden sich über 600 Zimmer, von denen einige auch besichtigt werden können, vorausgesetzt, es finden keine Staatsempfänge oder ähnliche Aktivitäten statt. Denn man sollte nicht vergessen, dass im Gegensatz zu anderen europäischen Schlössern, dieses auch tatsächlich noch als Königsschloss benutzt wird. Vorgänger dieses Schlosses war das Wasa-Schloss Tre Konor („Drei Kronen“, heute Symbol der Stadt Stockholm), das jedoch im ausgehenden 17. Jahrhundert durch ein Feuer restlos zerstört wurde. Zu sehen gibt es unter anderem die Rüstungskammer mit zahlreichen Gewändern, Paradekutschen und Waffen sowie die eigentlichen Repräsentationsräume mit der originalen Einrichtung einer Gästewohnung und natürlich die Schatzkammer, in der die typischen Reichsschätze gezeigt werden.

In unmittelbarer Nähe zur Storkyrkan befindet sich in der Südfassade des Schlosses der Zugang zur **Schlosskirche,** gut erkennbar an dem Portal mit der Palastwache. In dieser Kirche heiratete im Juni 2013 Prinzessin Madeleine, die jüngste Tochter des Königs, sowie der einzige Königssohn Prinz Carl Philip im Juni 2015 seine Braut Sofia.

› **Königsschloss,** Slottsbacken, Tel. 08 4026130. Die offizielle Residenz des schwedischen Königspaares. Öffnungszeiten sollte man tagesaktuell erfragen, da Staatsempfänge oder Ähnliches die Zeiten beeinträchtigen. Generell jedoch 12–15 Uhr, in der Hauptsaison auch 10–17 Uhr, 150 Skr.

Nördlich des Schlosses befindet sich noch eine kleine Insel mit dem **Reichstagsgebäude.** Doch Gamla Stan sollte man über Slottsbacken verlassen, wo sich der **Obelisk** erhebt.

Am Ende des steilen Platzes biegt man links ab und überquert die Ström-Brücke, um von dort die nächste Insel zu erreichen. Dafür geht man einfach rechts herum und immer am Wasser entlang, wo zahlreiche Ausflugsschiffe auf Gäste warten. Schon vom Slottsbacken aus konnte man auf der anderen Uferseite das **Nationalmuseum** sehen. Es ist das größte Kunstmuseum des Landes und dient gewissermaßen als Tor zu weiteren Museen, die sich auf der angrenzenden **Insel Skeppsholmen** befinden.

› **Nationalmuseum,** Södra Blasieholmshamn, www.nationalmuseum.se, Tel. 08 51954300. Größtes Kunstmuseum des Landes, welches Malerei, Bildhauerei und Kunsthandwerk zeigt. Auch ausländische Kunst von Rubens, Renoir, Rembrandt u. a. ist zu sehen. Kernöffnungszeit Di–So 11–17 Uhr, 100 Skr.

Zu erreichen ist diese über die gleichnamige Brücke und war ursprünglich ein Eiland der schwedischen Marine. Als diese jedoch im Laufe der Zeit von der Insel verschwand, zogen in die leer stehenden Gebäude mehrere Museen, wie das **Moderne, das Architektur- und das Ostasiatische Museum** sowie Designausstellungen ein. Ein bisschen Erholung von den ganzen Besichtigungen erhält man auf der grünen Oase **Kastellholmen,** die als eigene Insel wiederum vorgelagert ist. Das Kastell, nach dem die Insel benannte wurde, kann aber nicht besichtigt werden.

Über Skeppsholmen gelangt man wieder zum Nationalmuseum auf der Halbinsel Balsieholmen. Umrundet man die Halbinsel rechts herum und bleibt weiter am Ufer, läuft man einmal um die Bucht Nybroviken. Im Scheitelpunkt der Bucht, die ebenfalls von Anlegestellen geprägt ist, befindet sich eine kleine Grünanlage, **Berzelii Park** genannt. Diesen Park passiert man im späteren Verlauf auf dem Weg in das moderne Zentrum. Zuvor geht es auf der lang gezogenen Straße Strandvägen weiter am Wasser entlang. Dabei verlässt man ein wenig den hektischen Bereich der Großstadt und nähert sich einem naturreichen Naherholungsgebiet, in dem allerdings auch noch einige Museen mit ihren Ausstellungsstücken aufwarten.

Ausflugsfahrten

Besonders reizvoll sind die Stockholmer Schären natürlich bei einer Ausflugsfahrt mit dem Schiff. So kann man den Besuch der idyllischen Inseln Möja, Vaxholm und Grinda mit einem Restaurantbesuch oder Strandnachmittag dort verknüpfen. Informationen zu den zahlreichen Schiffsausflügen hält die Touristeninformation bereit.

Am Ende vom Strandvägen führt die Djurgårdsbrücke auf die **Djurgårdsinsel,** die zugleich als Nationalpark geschützt ist. Auf ihr kann man stundenlang spazieren gehen oder in Ruhe die weiteren Ausstellungen besichtigen. Eine der bekanntesten ist wohl **Skansen,** ein Freilichtmuseum aus dem Jahr 1891. 150 Bauwerke aus dem ganzen Land wurden zusammengetragen und auf dem Gelände ausge-

⊡ *Modell und Original des Vasa-Schiffs*

stellt. Das Spektrum reicht dabei vom einfachen Heim eines armen Landarbeiters bis zum herrschaftlichen Gutshof, daneben befinden sich natürlich zahlreiche Handwerksstätten und ein Tierpark mit verschiedenen Tieren aus dem hohen Norden.

› **Freilichtmuseum Skansen,** Djurgårdsslätten 49, Djurgården, Tel. 08 4428000, www.skansen.se. Mai 10–20 Uhr, Juni/August 10–22 Uhr, September 10–20 Uhr, sonst 10–16 Uhr, immer täglich, 60–100 Skr.

In direkter Nachbarschaft zum Skansen befinden sich das **Aquaria Wassermuseum,** das **Nordiska Museum** sowie das legendäre **Vasamuseum,** das zum Pflichtprogramm bei einem Gang durch die Stadt gehört. Dabei handelt es sich eigentlich „nur" um ein einziges Schiff, die Vasa. Doch im Inneren wird eine gelungene Präsentation mit Führungen in zahlreichen europäischen Sprachen abgehalten und lässt Langeweile gar nicht erst aufkommen. In einer großen Halle ist das Kriegsschiff aufgestellt, das auf seiner Jungfernfahrt im Jahr 1628 noch nicht mal den Hafen verlassen konnte. Augrund eines Konstruktionsfehlers ging das Schiff, das das stattlichste der gesamten damaligen Flotte sein sollte, innerhalb einer Viertelstunde unter und lag 333 Jahre auf dem Meeresgrund, bis es im letzten Jahrhundert geborgen, konserviert und restauriert wurde.

› **Vasamuseum,** Galärvarvsvägen 14, Djurgården, Tel. 08 51954800, www.vasamuseet.se. Hauptsaison tägl. 8.30–18 Uhr, 130 Skr.

› **Aquaria Wassermuseum,** Falkenbergsgatan, Djurgården, Tel. 08 6609089, www.aquaria.se. Tropischer Regenwald und Meerwasseraquarium mit dementsprechender Fauna und Flora. Hauptsaison tägl. 10–18 Uhr, 165 Skr.

Weitere Museen (Seehistorisches Museum, Technisches Museum und Ethnographisches Museum) finden sich nördlich der Insel hinter dem Nobel-Park.

› **Seehistorisches Museum,** Djurgårdsbrunnsvägen 24, Tel. 08 51954900, www.sjohistoriska.se. Modellschiffe aller Arten gibt es zu besichtigen, angefangen bei goldverzierten Kriegsschiffen bis zu modernen U-Booten und zivilen Schiffen. Mo–So 10–17 Uhr, Eintritt frei.

Doch der Rundweg soll langsam wieder zurückführen und verläuft durch das moderne Stadtviertel Stockholms. Dabei erreicht man über den Strandvägen wieder den Berzelii Park und das gegenüberliegende **Dramatische Theater** im Jugendstilgebäude aus dem Jahre 1908. Dort beginnt die Hamngatan, die bis zum verkehrsreichen und hektischen Platz **Sergels Torg** verläuft. Dort am Kulturhaus, worin sich eines der Stockholmer Touristenbüros befindet, kann man rechts auf die Sveavägen abbiegen. Rund 300 m weiter sieht man auf dem Bürgersteig auf der rechten Seite an der Ecke zur **Olof Palmes Gatan** eine Gedenktafel zu Ehren *Olof Palmes,* der hier heimtückisch ermordet wurde.

Am Kulturhaus vorbei gelangt man zur Klarabergsgatan, die direkt am Hauptbahnhof entlangführt. Wer Stockholm mit öffentlichen Verkehrsmitteln besichtigt, sollte sich unbedingt die U-Bahnhöfe näher anschauen. Sie sind künstlerisch gestaltet und besonders der Bahnhof **Centralstation** ist sehenswert. Man benötigt allerdings ein gültiges Metroticket, da man sonst nicht bis zu den Gleisen durchgelassen wird. Über die nachfolgende Brücke geht es zurück zur Hantverkargatan bzw. zum Stadshuset.

Dieser kurze Rundgang kann nur einen Teil Stockholms erfassen. Besichtigt werden sollte zum Beispiel auch die südliche **Insel Södermalm.** Dort findet man das **Stadtmuseum,** die **Moschee,** die **Katharinenkirche** und die **Fjällgatan,** die steil ansteigende Straße, die gerne als Aussichtspunkt genutzt wird. Ein weiterer Aussichtspunkt steht weiter im Norden und ist insgesamt 155 m hoch: der **Kaknästorn** genannte Fernsehturm hat in 128 m Höhe eine Aussichtsplattform.

Olof Palme

Am 28. Februar 1986 verließ der damalige Premierminister Schwedens mit seiner Frau ein Stockholmer Kino, nachdem sie sich dort „Bröderna Mozart" angeschaut hatten. Sein Name: Olof Palme. Auf dem Heimweg, den die beiden ohne Polizeischutz bestritten, kam es um 23.23 Uhr zu zwei Schüssen, die den Premierminister tödlich trafen. Olof Palme war Sozialdemokrat und kritisierte den Vietnamkrieg, die Apartheid in Südafrika und war Vermittler im damaligen Iran-Irak-Krieg. Das Attentat wurde nie aufgeklärt. Zahlreiche Fehler in der Polizeiarbeit und Ungereimtheiten bei der Ermittlung ließen einige Verschwörungstheorien entstehen. Der vermeintliche Täter Christer Petterson, der drei Jahre nach dem Mord gefasst wurde, musste nach einem Verfahrensfehler in zweiter Instanz freigesprochen werden und starb 2004. Im Februar 2007 gab die langjährige Freundin Pettersons bekannt, dass er ihr den Mord gestanden habe.

An dieser Stelle starb Olof Palme

Essen

Wärdshuset Ulla Winbladh, Rosendalsvägen 8, Tel. 08 6630571. Schwedische Gerichte in der Nähe von Schloss Rosendal.
Zum Franziskaner, Skeppsbron 44, Tel. 08 4118330. Deutsches Lokal mit Blick auf die Ostsee.
Den Gyldene Freden, Österlånggatan 51, Tel. 08 109046. Rustikales Lokal in der Altstadt mit gemütlichem Kellergewölbe.

Sehenswertes

Junibacken, Djurgården, Tel. 08 58723000, www.junibacken.se. Besonders für Kinder sehenswert inkl. Märchenzug, der durch eine Art Astrid-Lindgren-Welt fährt. Im Juli 9–18 Uhr, sonst 10–17 Uhr, 145 Skr.
Schloss Rosendal, Rosendalsvägen, Djurgården, Tel. 08 4026130. Königliches Lustschloss mitten im Grünen im schwedischen Empirestil. Nur mit Führungen, viermal täglich Di–So, 80 Skr.
Architekturmuseum, Exercisplan 4, Skeppsholmen, www.arkdes.se. Geschichte der schwedischen Baukunst mit zahlreichen Zeichnungen, Bauplänen und Modellen. Di 10–20 Uhr, Mi–So 10–18 Uhr, 60 Skr.
Käknas-Turm, Mörka kroken 3, Tel. 08 6672105, www.kaknastornet.se, Aussichtspunkt in 128 m Höhe in einem eher unschönen Fernsehturm. Tägl. 9–22 Uhr, in der Nebensaison nur bis 21 Uhr, 55 Skr.
Königliches Münzkabinett, Slottsbacken 6, Tel. 08 51955304, www.myntkabinettet.se. Wie und womit zahlte man in früheren Zeiten? Wie unterscheidet sich echtes von Falschgeld? Zu sehen direkt am Reichstagsgebäude. Mo–So 10–16 Uhr, 70 Skr.
Abba – The Museum, Djurgårdsvägen 68, www.abbathemuseum.com. Nach langem Vorlauf und mehreren Verschiebungen hat im Jahr 2013 das langerwartete Abba-Museum eröffnet. In der Ausstellung kann man nicht nur alles über die wohl berühmteste Band Schwedens erfahren, sondern oftmals auch selbst zum Mikrofon greifen und lauthals mitsingen. Tägl. 10–18 Uhr, 195 Skr.

Einkaufen

Hötorgshallen, Hötorget. Markthalle mit internationalem Angebot.
Östermalms Saluhall, Östermalmstorg. Traditioneller geht es mit schwedischen Produkten in dieser Markthalle zu.
Souvenirs und Kunsthandwerk finden sich auf einer Länge von mehreren hundert Metern auf der **Västerlånggatan.**

53 Bredäng Camping ***

N59,295065 E017,924291

Parzellierter Campingplatz zwischen Mälarensee und Hochhaussiedlung. Quick-Stop. **Lage/Anfahrt:** südwestlich der Stockholmer Innenstadt; über die E4 südwärts und bei Bredäng abfahren, dort der Beschilderung folgen; **Platzanzahl:** 250; **Untergrund:** Schotterrasen, Wiese; **Ver-/Entsorgung:** Strom, Trinkwasser, Abwasser, Chemie-WC; **Preise:** 305 Skr. inkl. Dusche, Strom 45 Skr.; **Geöffnet:** Mitte April–Anfang Oktober; **Kontakt:** Stora Sällskapets Väg, 12731 Skärholmen, Tel. 08 977071, Fax 7087262, www.bredangcamping.se

54 Ängby Camping **

N59,33776 E017,90168

Ruhiger und angenehmer Campingplatz. Quick-Stop. **Lage/Anfahrt:** nördlich von Drottningholm am Ufer des Mälarensees; über die Drottningsholmvägen Richtung Drottningholm (Straße 275); **Platzanzahl:** 120; **Untergrund:** Wiese; **Ver-/Entsorgung:** Strom, Trinkwasser; **Preise:** 270 Skr., Strom 45 Skr.; **Geöffnet:** ganzjährig; **Kontakt:** Blackebergsvägen 25, 16850 Brommä, Tel. 08 370420, Fax 378226, www.angbycamping.se

Stellplatz Långholmens Husbilscamping
N59,320382 E018,032028
Sehr günstig gelegener Stellplatz auf der Insel Långholmen westlich der Altstadt. Gamla Stan ist von hier in 20 Minuten zu Fuß erreichbar. Der Platz ist nur für Wohnmobile, keine Wohnwagen. **Lage/Anfahrt:** Auf der E4 bis Ausfahrt 160b und weiter über Drottningsholmvägen und Västerbron; **Platzanzahl:** 80 auf Schotter, teilweise unter der Straßenbrücke. Reservierung empfehlenswert; **Ver-/Entsorgung:** Strom, Trinkwasser, Abwasser; **Preise:** 280 Skr., Strom 30 Skr.; **Geöffnet:** Anfang Mai–Mitte September; **Kontakt:** Skutskepparvägen 1, 11733 Stockholm, Tel. 08 6691890, www.husbilstockholm.se

Stellplatz Tantolundens Husbilscamping
N59,312499 E018,052986
Ebenfalls zentral gelegener Stellplatz für Wohnmobile, jedoch deutlich kleiner. **Lage/Anfahrt:** Am südöstlichen Ende des Tantolunden-Parks auf der Insel Södermalm; **Platzanzahl:** 13 Plätze, Reservierung empfehlenswert; **Ver-/Entsorgung:** Strom; **Preise:** 280 Skr., Strom 30 Skr.; **Geöffnet:** ganzjährig; **Kontakt:** Ringvägen 24, 11867 Stockholm, Tel. 0760 506608, www.husbilstockholm.se

ABSTECHER NACH DALARÖ (hin und zurück 46 km)

So wie es viele Sehenswürdigkeiten in Stockholm zu besichtigen gibt, so gibt es natürlich auch zahlreiche Ausflugstipps für die nähere Umgebung der Hauptstadt. Dalarö ist so ein Tipp. Zu erreichen ganz einfach über die südwärts führende Straße 73 in Richtung Nynäshamn, übrigens der Ort von dem aus man mit der Fähre nach Gotland übersetzen kann. Kurz nachdem man das Stadtgebiet von Stockholm verlassen hat, erscheint der Abzweig auf die Straße 227 nach Dalarö. Dieser kleine **Badeort** befindet sich im südlichen Bereich des **Stockholmer Schärengartens** und lädt zum Spazieren an der Promenade ein. Ursprünglich handelte es sich nur um eine Zollstation, die von russischen Truppen zu Beginn des 18. Jahrhunderts besetzt und bis auf die dazugehörende Kirche zerstört wurde.

Stellplatz südlich von Nynäshamn
N58,877528 E017,927932
direkt an der Küste bei einem Café, Hamniksvägen, 150 Skr.

DROTTNINGHOLM (12 km - km 224)

Ein anderes Ausflugsziel, das zudem zum Pflichtprogramm Stockholms gehören sollte, ist das **Schloss Drottningholm.** Vom Stadshuset fährt man die Hantverkargatan einfach geradeaus in westliche Richtung, bis man auf die Straße 275 gelangt. Dieser hier Drottningholmsvägen heißenden Straße folgt man bis zum großen Kreisverkehr, an dem die Straße 261 nach links abzweigt. Zwei Brücken sind zu überqueren und schon befindet man sich auf der **Insel Lovön.** Auf der zweiten Brücke sieht man bereits das prächtige Barockschloss mit seinen grünen Dächern. Hinter der Brücke hat man die Parkplät-

Schloss Gripsholm

ze auf der linken Seite. Das Schloss Drottningholm wurde im ausgehenden 17. Jahrhundert erbaut. Im Inneren sehenswert sind das prunkvolle Schlafzimmer und die Bibliothek im Rokoko-Stil. Hinter dem Schloss erstreckt sich das weite Grün des gepflegten Parks mit einem Teich und zahlreichen Wegen durch den angrenzenden Wald.

Einer dieser Wege führt zum **China-Schloss,** einem ehemaligen Lustschloss, das als Geburtstagsgeschenk an Königin *Luise Ulrike* gedacht war. Allerdings war es in den Anfängen ein Holzgebäude, das im Jahr 1760 durch das heutige Bauwerk ersetzt wurde. Das China-Schloss und Schloss Drottningholm wurden in die Liste des UNESCO-Weltkulturerbes aufgenommen.

- **Schloss Drottningholm,** Tel. 08 4026280, Mai bis August tägl. 10–16.30 Uhr, September tägl. 11–15.30 Uhr, sonst nur am Wochenende 12–15.30 Uhr, 100 Skr.
- **China-Schloss,** Tel. 08 4026270, Mai bis August tägl. 11–16.30 Uhr, Sept. 12–15.30 Uhr, 80 Skr.

Kurt Tucholsky

Der Schriftsteller und Publizist Kurt Tucholsky wurde 1890 in Berlin geboren und veröffentlichte zahlreiche Werke. Als überzeugter Pazifist stellte er sich schon früh gegen eine mögliche Machtübernahme durch die Nationalsozialisten. Noch lange bevor Hitler Reichskanzler wurde, begab er sich unter anderem deswegen nach Schweden und kritisierte von dort aus die Verhältnisse in Deutschland. Im Dezember 1935 starb Tucholsky an einer Überdosis Schlaftabletten. Auf seinem Grabstein steht die Inschrift „Alles Vergängliche ist nur ein Gleichnis" aus Goethes Faust.

Ein weiteres UNESCO-Weltkulturerbe liegt gar nicht weit weg von Drottningholm, kann aber trotzdem nur von Stockholm aus erreicht werden. In der Hauptstadt, genauer gesagt am Stadshuset, startet das Ausflugsschiff zur **Insel Björkö,** die sich ebenfalls im Mälarensee befindet und nicht über eine Brücke mit einer anderen Insel beziehungsweise dem Festland verbunden ist. Auf Björkö befindet sich das **Wikingerdorf Birka,** eine archäologische Ausgrabungsstätte. Birka wurde Mitte des 8. Jahrhunderts von Wikingern angelegt und galt lange Zeit als wichtiges Machtzentrum für den Ostseehandel. Während seiner Blütezeit hatte der Ort sogar bis zu 1000 Einwohner.

MARIEFRED (54 km - km 278)

Information (TC)

Mariefreds Turistbyrå, Rådhuset, 64730 Mariefred,
Tel. 0159 29699, Fax 29795, www.strangnas.se,
im Sommer Mo-Fr 9-19, sonst 10-18 Uhr, Sa und So 9-16 Uhr

Vom Schloss Drottningholm muss man erst wieder den Weg nach Stockholm zurückfahren und sich dort auf die Straße E4 in Richtung Helsingborg bzw. auf die E20 Richtung Göteborg begeben. In der Hafenstadt Södertälje, in der sich kein längerer Aufenthalt lohnt, teilen sich die beiden Straßen und es geht fortan nur noch auf der E20 weiter. In Läggesta wird die gut ausgebaute Straße wieder schmaler und eine einfache Landstraße führt in die Stadt Mariefred.

Wer auf direktem Weg zum Campingplatz ist, wird an der Zufahrt zum **Friedhof** vorbeikommen. Dieser befindet sich auf der linken Seite und beherbergt unter einer Eiche das Grab von *Kurt Tucholsky.* Ohne Übernachtung auf dem Campingplatz empfiehlt sich die Fahrt zum Gästehafen, wo man einen schönen Blick auf **Schloss Gripsholm** werfen kann. Hierfür biegt man von dem Stallarholmsvägen rechts in die Kärnbogatan und sofort wieder rechts in die Nygatan ab. Besonders lohnenswert ist der Anblick in den Abendstunden, wenn die Türme des Schloss im Sonnenuntergang strahlen und sich das Bild im Mälarensee spiegelt.

Vom Gästehafen zum Friedhof gelangt man über die Kyrkogatan und anschließend rechts in die Djurgårdsgatan und wiederum links in die Straße mit dem fast unaussprechlichen Namen Slottsträdgårdsgatan.

Das Schloss, das durch den gleichnamigen und verfilmten Roman von *Tucholsky* auch in Deutschland bekannt wurde, ist im Auftrag von *Gustav I. Wasa* an einer Stelle errichtet worden, an der sich zuvor eine Burg befand. Daher hat das Schloss auch heute noch eine burgähnliche Form, markant sind beispielsweise die vier Rundtürme, die wiederum alle einen anderen Dachstuhl besitzen. Im Inneren kann man einige Gemächer aus der Zeit der Wasakönige besichtigen. Zu den Höhepunkten des Interieurs gehören die Porträtsammlung mit über 200 Gemälden sowie das Theater von *Gustav III.*

› **Gripsholms slott,** Mariefred, Mitte Mai bis Mitte September tägl. 10-16 Uhr, sonst an Wochenenden und Feiertagen 12-15 Uhr. Eintritt 100 Skr.

Stellplatz

Auf dem weiteren Weg passiert man den Ort Botkyrka. Dort darf neben dem Freibad „Lida friluftsgård“ ein kostenloser Wohnmobilstellplatz mit Zugang zu einem Toilettenhäuschen genutzt werden. Duschen kostet 40 Skr.

(55) Mariefreds Camping ***

N59,26412 E017,25425

Angenehmer Campingplatz, teils mit Parzellen und teils mit einer leicht unebenen Wiese. **Lage/Anfahrt:** nördlich von Mariefred am Mälarensee; nach Mariefred hinein und der Ausschilderung folgen; **Platzanzahl:** 130; **Untergrund:** Wiese; **Ver-/Entsorgung:** Strom, Trinkwasser, Abwasser, Chemie-WC; **Preise:** 210 Skr. inkl. Dusche, Strom 50 Skr.; **Geöffnet:** Ende April–Mitte September; **Kontakt:** Mariefreds Camping, 64793 Mariefred, Tel. 0159 13530, Fax 241005, www.mariefredscamping.se

STRÄNGNÄS (17 km – km 295)

Mariefred gehörte zur Kommune von Strängnäs, dem etwas größeren Hafenstädtchen, ebenfalls am Ufer des Mälarensees. Zu erreichen ist Strängnäs über die weitere Verbindung der E20, geprägt ist die Stadt genau wie Mariefred von nur einem einzigen Bauwerk. Doch hier ist es kein Schloss, sondern ein **Dom,** der weithin sichtbar ist, was natürlich auch daran liegt, dass das Gotteshaus auf einer Erhebung am südlichen Stadtrand errichtet wurde. Der Bau aus Backstein stammt aus dem 13. Jahrhundert und beherbergt mit dem Flügelaltar und einigen schönen Statuen eine prächtige Innenausstattung. Mit Fertigstellung des Domes erhielt Strängnäs seine Stadtrechte und ist damit eine der ältesten Städte Schwedens. Bedeutend für das Land war der **6. Juni 1523,** als *Gustav Wasa* an dieser Stelle zum König gewählt wurde. Aufgrund dieses Ereignisses ist das Datum heute Nationalfeiertag. Neben dem Dom sieht man die **Roggeburg,** die als Wohnhaus des Bischofs diente und heute Teile der königlichen Bibliothek beherbergt.

Parkplatz Strängnäs
N59,37463 E017,03005

Stellplatz an der Marina
N59,378560 E017,026098
Stellflächen am Gästehafen von Strängnäs für 200 Skr. inkl. Strom.

ESKILSTUNA (25 km – km 320)

Weiter geht es auf der E20 in Richtung Westen. Dabei passiert man das „Solingen Schwedens“, denn Eskilstuna ist bekannt für seine Messer- und Klingenschmieden. Ansonsten ist in dieser Stadt ein längerer Aufenthalt eher unnötig, daher sollte man auf der Straße weiter an den landwirtschaftlichen Feldern vorbei fahren, bis man kurz vor Arboga die Möglichkeit hat, einen Abstecher nach Västerås zu machen. Rund 50 km sind es auf der Straße E18 wieder in Richtung Stockholm – die vierspurige Straße verläuft als Pendant zur E20 nördlich des Mälarensees entlang. Weniger Kilometer sind es, wenn man kurz hinter Hällbybrunn die Straße 53 nach Norden fährt und bei Dingtuna auf die E18 trifft. Schneller ist diese Strecke jedoch nicht, da sie nicht so gut ausgebaut ist. Sie bietet aber den Vorteil, dass man auf der E18 nicht hin- und herfahren muss und so dieselbe Strecke bereist.

Information
Eskilstuna Turistbyrå, Tullgatan 4, 63186 Eskilstuna, Tel. 016 107000, www.eskilstuna.nu, Mo–Fr 10–18 Uhr, Sa–So 10–14 Uhr

Wohnmobilstellplatz am Hafen
N59,446835 E016,625390
Auch am Bootsanleger von Eskilstuna ist das Übernachten im Wohnmobil und damit am Ufer des Mälarensees möglich. 150 Skr. zzgl. 40 Skr. für Strom.

56 Vilsta Camping ****

N59,351319 E016,509426

Ruhiger Campingplatz. **Lage/Anfahrt:** in der Nähe vom Zoo; Eskilstuna Süd zwischen Straße 230 und Straße 53; **Platzanzahl:** 168; **Untergrund:** Schotter, Schotterrasen; fest; **Ver-/Entsorgung:** Strom, Trinkwasser; **Preise:** 275 Skr.; **Geöffnet:** ganzjährig; **Kontakt:** Vasavägen 80, 63229 Eskilstuna, Tel. 016 136227, Fax 513080, www.vilstacamping.se

57 Parken Zoo Tuna Camping ****

N59,370544 E016,471295

Etwas lebhafterer Campingplatz als Vilsta Camping. **Lage/Anfahrt:** in direkter Nachbarschaft zum Tierpark; an der Straße Västerleden und dem Einkaufszentrum Tuna vorbei; **Untergrund:** Schotter, Schotterrasen, Wiese; **Ver-/Entsorgung:** Strom, Trinkwasser, Abwasser; **Preise:** 345 Skr.; **Geöffnet:** ganzjährig; **Kontakt:** Pauline Lindströmsväg 6, 63186 Eskilstuna, Tel. 016 100185, Fax 100186, www.parkenzoo.se

ABSTECHER NACH VÄSTERÅS

(hin und zurück 122 km)

Die in einer Bucht des Mälarensees befindliche Stadt gleicht einer typischen Industriestadt, doch im Stadtkern befindet sich der sehenswerte **Dom.** Genau dieser ist die Sehenswürdigkeit der Stadt und machte die Stadt zu einem Bischofssitz. Der über 700 Jahre alte Bau verfügt über einen 102 m hohen Turm und eine reiche Innenausstattung. Am Ende des fünfschiffigen Kirchengewölbes befindet sich das Grab von König *Erik VIX.* Direkt an das Gotteshaus schließt sich das **Stadtviertel Kyrkbacken** an, das über schön restaurierte Holzhäuser verfügt.

Stellplatz am Gästehafen

N59,601873 E016,544084

In Västerås kann man ebenfalls auf dem Schotterparkplatz der Marina übernachten. 200 Skr.

58 Västerås Mälarcamping

N59,575091 E016,522611

Kleiner, gemütlicher Campingplatz. **Lage/Anfahrt:** am Mälarensee, 5 km südlich vom Zentrum Västerås'; auf der Straße Richtung Tidö-Lindö; **Platzanzahl:** 150; **Untergrund:** Schotterrasen, Wiese; **Ver-/Entsorgung:** Strom, Trinkwasser; **Preise:** 230 Skr. exkl. Dusche, Strom 40 Skr.; **Geöffnet:** ganzjährig; **Kontakt:** Västerås Mälarcamping, Johannisbergsvägen, 72591 Västerås, Tel. 021 140279, Fax 140178, www.nordiccamping.se

ÖREBRO (68 km - km 388)

Information (TC)

Örebrokompaniet, Olof Palmes Torg 3, 70135 Örebro, Tel. 019 212121, Fax 106070, www.orebrokompaniet.se, Juni-Aug. Mo-Fr 10-18 Uhr, Sa-So 10-16 Uhr, Sept.-Mai Mo-Fr 10-18 Uhr, Sa-So 10-14 Uhr

Die imposante Festungsanlage mitten in der Innenstadt von Örebro

Ob man nun den Abstecher nach Västerås macht oder nicht, es geht über die E20 bzw. E18 weiter nach Örebro. Man verlässt im Norden der Stadt die Schnellstraße und folgt der Beschilderung ins Zentrum auf der Östra Bangatan. Dabei passiert man den gestreiften Wasserturm auf der linken Seite. Er dient zugleich auch als Aussichtsturm und kann bestiegen werden. In den rechtwinklig verlaufenden Straßen der Innenstadt befinden sich zwar viele Parkgelegenheiten, doch sollte man sich dennoch rechtzeitig um einen Parkplatz bemühen. Ideal erscheint hierfür die Östra Nobelgatan auf der linken Seite. Sie führt zum Krankenhaus und zu einem Kreisverkehr, wo mehrere Parkplätze angelegt sind, notfalls biegt man am Kreisverkehr links ab und folgt der Straße bis zu den nächsten Gelegenheiten.

Gleichwohl wo man parkt, die Hauptsehenswürdigkeit von Örebro liegt mitten im Zentrum und ist für Fußgänger gut ausgeschildert. Mitten im Fluss Svartån befindet sich eine kleine Insel mit der mächtigen **Burg von Örebro,** in der das Touristenbüro untergebracht ist. Verbunden mit dem Festland ist die Insel über eine Steinbogenbrücke. Errichtet wurde sie ursprünglich als Wachturm, um den Verkehr auf dem Fluss zu kontrollieren. Der Turm erhielt im 14. und 16. Jahrhundert Erweiterungen und so entstand das heutige Aussehen. Rund um die Burg erstreckt sich zu beiden Seiten des Flusses die Innenstadt.

Parkplatz im Zentrum von Örebro
N59,27199
E015,21917

Direkt hinter dem massiven Bauwerk ist das **Örebro-Theater** aus dem Jahr 1853 zu sehen. Geht man vor dem Theater die Storbron hinab, gelangt man zur **St.-Nikolai-Kirche** und zum Rathaus. Wer aber etwas anderes sehen möchte als eine typisch schwedische Innenstadt, der sollte an der Burg dem Flussverlauf auf der Südseite folgen. Über den Kanalvägen gelangt man automatisch zum **Stadtpark.** Direkt dahinter schließt sich das **Freilichtmuseum Wadköping** an und zeigt schöne Holzhäuser und Höfe, die einstmals im Zentrum der Stadt lagen und in den 1960er-Jahren zu diesem Museum zusammengestellt wurden. Zu den Gebäuden gehören auch zahlreiche Kaufmannsläden und Handwerkstätten, in denen gelegentlich verschiedene Ausstellungen veranstaltet werden.

› Mai bis August Di–So 11–17 Uhr, sonst nur bis 16 Uhr, Eintritt frei außer bei Sonderveranstaltungen.

Für die weitere Fahrt hält man sich auf der südlichen Flussseite auf. Dabei gelangt man unweigerlich auf die Rudbecksgatan, an der man links abbiegt. Nach Überquerung der Bahngleise biegt man an der zweiten Möglichkeit links ab in den Hjämarvägen um die Stadt auf der Straße 207 zu verlassen.

(59) Gustavsvik Camping *****

N59,2546 E015,19082

Der Campingplatz gehört zum gleichnamigen Erlebnisbad und hat einen sehr modernen Standard, sehr lebhaft. **Lage/Anfahrt:** 2 km südlich von Örebros Zentrum; der Ausschilderung nach Gustavsvik folgen; **Platzanzahl:** 450; **Untergrund:** Schotterrasen, Wiese; **Ver-/Entsorgung:** Strom, Trinkwasser, Abwasser, Chemie-WC; **Preise:** 305 Skr. inkl. Dusche, Strom 80 Skr. inkl. Sat-TV; **Geöffnet:** Mitte April–Anfang November; **Kontakt:** Sommarrovägen, 70230 Örebro, Tel. 019 196950, Fax 196961, www.gustavsvik.se. Der Campingplatz wurde mehrfach ausgezeichnet und war der erste 5-Sterne-Campingplatz in Schweden.

KATRINEHOLM (92 km – km 480)

Information (TC)

Katrineholms Turistbyrå, Stationsplan 1, 64130 Katrineholm, Tel. 0150 444140, Fax 488300, www.katrineholmcentral.se, im Sommer Mo–Fr 10–18 Uhr, Sa–So 11–14 Uhr, sonst Mo–Fr 9–17 Uhr

Im weiteren Verlauf der 207 trifft man auf die Straße 51 und biegt links ab. Diese verlässt man nach 2 km wieder und nutzt die Straße 52. Kurz hinter der Ortschaft Hampetorp hat man die Möglichkeit links abzubiegen und der Beschilderung nach **Julita** zu folgen. Dabei handelt es sich um das **flächenmäßig größte Museum der Welt.** Es liegt am Nordrand des Öljarensees und zeigt zahlreiche Gebäude, Parks und Ausstellungen innerhalb dieses Landwirtschaftsmuseums wie z. B. das Feuerwehr- oder das Molkereimuseum.

› **Julita,** Djurgårdsvägen 6–16, www.nordiskamuseet.se/julita, Tel. 0150 487500, Mai bis Mitte Juni 11–16 Uhr, Mitte Juni bis Mitte August 11–17 Uhr, Mitte August bis Ende September 11–16 Uhr, Eintritt 100 Skr.

Hinter Julita geht es bei Äs auf die Straße 56 und durch die Landschaft, in der sich Wald mit Landwirtschaft abwechselt, geht es südwärts in die Stadt Katrineholm. Diese erhielt in der Vergangenheit zwar bereits den Titel „Bester Stadtkern" und „Bestes Straßenleben", doch eine wirkliche Sehenswürdigkeit besitzt die Ortschaft im Zentrum nicht. Etwas weiter südlich von Katrineholm liegt allerdings das dreigeschossige **Barockschloss Ericsberg.** Sehr schön anzusehen ist die dazugehörige terrassenförmige Grünanlage.

In Katrineholm gibt es zwei Möglichkeiten zur Weiterfahrt. Einerseits auf der Hauptroute südwärts auf der Straße 55 bzw. 56 direkt nach Norrköping, andererseits auf der Straße 52 mit einem rund 70 km langen Umweg zur Küstenstadt Nyköping.

60 Djulöbadets Camping ***
N58,969194 E016,210155
Kleiner, einfacher und ruhiger Campingplatz. **Lage/Anfahrt:** am Rand von Katrineholm; über die Straße 55 Richtung Eriksberg; **Platzanzahl:** 65; **Untergrund:** Wiese; **Ver-/Entsorgung:** Strom, Trinkwasser; **Preise:** 280 Skr.; **Geöffnet:** Ende April–Anfang September; **Kontakt:** Djulöbadets Camping, 64192 Katrineholm, Tel. 0150 57242, www.djulocamping.se

NYKÖPING (59 km – km 539)

Information (TC)
Nyköpings Turistbyrå, Stadshuset, Stora Torget, 61183 Nyköping, Tel. 0155 248200, Fax 248136, www.nykopingsguiden.se
Turistbyrån Stockholm-Skavsta Flygplats, Ankomsttorget, General Schybergs plan, 61192 Nyköping, Tel. 0155 248727, Fax 248136

Stellplatz
Nyköping bietet Womofahrern verschiedene Stellplätze an: In der **Järnvägsgatan** darf man drei Tage kostenlos stehen. Am unteren Ende der **Idbäcksvägen** darf man gegenüber der Konservenfabrik 24 Std. lang frei parken. Und schließlich befindet sich ein Wohnmobilstellplatz am Schwimmbad (Hjortensbergsbadet) in der **Stockholmsvägen.** Dort ist in der Hochsaison das Nächtigen für 100 Skr. erlaubt. Im Preis ist der Eintritt in das Schwimmbad inbegriffen.

Die Hafenstadt ist sehr einfach zu erreichen. Auf der Straße 52 unterquert man die bereits bekannte E4 und befindet sich kurz darauf mitten im Zentrum an der Västra Storgatan, wo sich mehrere Parkplätze an den Straßenrändern befinden. Geht man die Västra Storgatan hinauf, gelangt man zur **St. Nikolaikirche,** zum Touristenbüro und zum Kulturhaus, dem sogenannten **Culturum.** Überquert man jedoch die Fußgängerzone Västra Storgatan, erreicht man kurz vor der Flussmündung das **Nyköpingshus,** das besonders im Juli im Mittelpunkt der Stadt steht. Jeder Schwede verbindet nämlich mit der Stadt das **Gästabudet.** Es handelt sich dabei um eine Tragödie aus dem Jahr 1317, als der damalige König *Birger Magnusson* seine Brüder zu einem Essen einlud, sie aber nicht bewirtete, sondern aus Angst um seinen Thron im Burgturm verhungern ließ. Dieses Schicksal wird im Juli regelmäßig in der Originalkulisse nachgespielt.

› **Gripes Modelltheatermuseum,** Prästgatan 12, Tel. 0155 248907. Schwedens einziges Museum dieser Art, mit Bastelwerkstatt für Kinder, Mo–Fr 9–13 Uhr, 20 Skr.

Das Nyköpinghus

Essen

Restaurant Ambrosia, Västra Trädgårdsgatan 41, Tel. 0155 212236. Schwedische Hausmannskost.

Restaurant Forsen, Forsgränd 14, Tel. 0155215600. Gehobenes Lokal mit gutem Angebot und Weinen aus der Region.

Parkplatz Nyköping
N58,75298 E017,00262

(61) Strandstuvikens Bad och Camping ***
N58,735007 E017,012501
Kinderfreundlicher und lebhafter Familiencampingplatz. **Lage/Anfahrt:** direkt am Meer, über einen Radweg ist das Zentrum von Nyköping zu erreichen; vom Hafen in Richtung Arnö fahren und der Beschilderung nach Strandstuviken folgen, ca. 10 km vom Zentrum entfernt; **Platzanzahl:** 120; **Untergrund:** Wiese; **Ver-/Entsorgung:** Strom, Trinkwasser, Abwasser; **Preise:** 290 Skr.; **Geöffnet:** Ende April–Mitte September; **Kontakt:** Strandstuviken, 61100 Nyköping; Tel. 0155 97810, Mobil 0739345633, www.strandstuviken.se

NORRKÖPING (59 km – km 598)

Information (TC)
Destination Norrköping, Källvindsgatan 1, Värmekyrkan, 60240 Norrköping, Tel. 011 155000, Fax 155074, www.upplev.norrkoping.se, im Sommer Mo–So 10–18 Uhr, sonst Mo–Fr 10–17 Uhr

Stellplatz in Norrköping
N58,584208 E016,20103
an der Sporthalle, zentral gelegen im Albrektsvägen 19, 60 Skr., zu bezahlen am Parkscheinautomaten

Ohne Abstecher nach Nyköping fährt man geradewegs durch die waldreiche Landschaft südlich von Katrineholm auf der Straße 55 bzw. 56 und trifft am Ende kurz vor den Stadttoren Norrköpings auf die E4. Reisende aus Nyköping benutzen ausschließlich die Autobahn, um nach Norrköping zu gelangen.

Das Zentrum der Stadt befindet sich links neben der Autobahn, ist aber wie die Parkplätze von dort gut ausgeschildert. Die Stadt hat lediglich das Problem, eher unauffällig zu sein und keinen Grund zur Besichtigung zu bieten. Die Geschichte von Norrköping ist sehr stark von Industrie geprägt, daher wurde die Stadt vor hundert Jahren als „Schwedens Manchester“ bezeichnet. Viele Industrieanlagen aus der damaligen Zeit, die heute nicht mehr ihrem eigentlichen Zweck dienen, sind zu Treffpunkten umgebaut worden und beherbergen heute Cafés, Veranstaltungsräume und Museen. Das wichtigste von ihnen

Elch-Info
Der lateinische Name des Elches lautet Alces alces. Er gehört zur Familie der Hirsche und wird in Nordamerika und Eurasien angetroffen. Man sieht ihn selten in Gebirgsregionen, sondern eher in der Nähe von Seen und Sümpfen. Innerhalb Europas kommt er auch verhältnismäßig oft im baltischen Raum vor.
Elche bringen es auf eine Schulterhöhe von bis zu 2,30 m. Dabei sind sie drei Meter lang und haben ein Gewicht von bis zu 800 kg. Das Geweih männlicher Elchbullen kann bis zu 2 m breit sein, Elchkühe hingegen haben kein Geweih. Der Schwanz fällt mit gerade einmal 10 cm äußerst kurz aus. In den Wintermonaten hat das sonst rot- bis schwarzbraune Fell der Elche eine gräuliche Färbung.

ist das **Arbeitsmuseum.** Es dokumentiert das Thema der Arbeit und die Geschichte der Arbeit in einer interessanten Form. Geht man vom Arbeitsmuseum, das direkt am Flussufer liegt, weiter am Fluss entlang, so trifft man auf die Drottninggatan, die die Innenstadt von Nord nach Süd teilt. Auf dieser langen Fußgängerzone befinden sich nicht weniger als 120 Geschäfte, von denen die meisten an allen Tagen der Woche geöffnet haben.

› **Arbeitsmuseum,** Strykjärnet Laxholmen, www.arbetetsmuseum.se, Tel. 011 189800. Auf dem kleinen Inselchen Laxholmen befindet sich das Museum in dem „Bügeleisen" genannten Gebäude, geöffnet tägl. 11–17 Uhr, Eintritt frei.

Essen

Restaurant Hantverkaren, Stohagsgatan 4, Tel. 011 124058, schwedische Küche mit zahlreichen Fischangeboten im Handwerkerhaus

Stellplatz

N58,55333 E016,20138

Nahe der Innenstadt von Norrköping gibt es direkt neben dem Schwimmbad „Medley Centralbad" in der Albrektsvägen einen Wohnmobilstellplatz für 60 Skr. Die maximale Parkdauer beträgt 24 Stunden. Es sind 20 Stellplätze auf Schotter vorhanden. Man fährt auf der E22 ins Stadtzentrum, dann von der Östra Promenaden links in die Södra Promenaden und biegt sofort wieder links ab.

Anschluss

Route 6

AN DER OSTSEITE DES VÄTTERNSEES UND OSTWÄRTS ZUR KÜSTE

Die agrarreiche Landschaft südlich von Stockholm ist wieder waldreicher. Bedeutende Klöster und Naturschutzgebiete am Ufer des Vätternsees sowie der Besuch eines Zuckerstangenherstellers lösen Freude in der gesamten Familie aus. Typische Holzarchitektur und Spuren der bekanntesten Kinderbuchautorin der Welt prägen diese Route, die vom zweitgrößten Binnensee Schwedens erneut an die Ostseeküste führt.

125sw Abb.: fotolia.com © Milan Kuminowski

In der Astrid Lindgrens Värld werden die Schauplätze ihrer Geschichten lebendig

ROUTE 6: DER OSTEN

ZUCKERSTANGEN UND KINDERPARADIESE

Routenübersicht hinterer Umschlag innen

STRECKENVERLAUF

Anschluss
Route 5

Information
Söderköpings Turistbyrå, Stinsen, Margaretagatan 19, 61480 Söderköping, Tel. 0121 18160, Fax 18581, www.soderkoping.se, im Sommer Mo–Fr 10–18 Uhr, Sa–So 10–15 Uhr, sonst Mo–Fr 10–17 Uhr

Strecke:
Söderköping (18 km) – Linköping (47 km) – Vadstena (47 km) – Ödeshög (31 km) – Gränna (27 km) – Eksjö (93 km) – Vimmerby (60 km) – Oskarshamn (72 km)

Streckenlänge:
circa 395 km

SÖDERKÖPING (18 km – km 18)

Wohnmobilstellplatz am Götakanal
N58,479219 E016,414198
Vier Stellflächen im kleinen Weiler Mem östlich von Söderköping. Die Plätze liegen direkt am Götakanal und werden vom dortigen Kanalbüro betreut. Eine Reservierung wird seitens der Betreiber empfohlen. Tel. 0121 27040, www.kanalmagasinet.se, 185 Skr.

Auf dem Weg von Norrköping nach Söderköping überquert man auf der E22 den **Götakanal,** eines der bedeutendsten Bauwerke des Landes. Die Stadt selbst ist gemütlich und verträumt. Das verwinkelte Drothem-Viertel mit den Kirchen St. Laurentii und Drothem aus dem 13. Jahrhundert lässt erahnen, wie die Ortschaft im Mittelalter ausgesehen haben muss. Doch die umstehenden Bauten sind wesentlich jünger, da im ausgehenden 16. Jahrhundert ein Brand fast die gesamte Stadt zerstörte. Was man sich kaum vorstellen kann, ist die Tatsache, dass Söderköping einen der wichtigsten schwedischen Häfen besaß und sich zahlreiche große Schiffe in der Hansezeit bis hierher wagten.

LINKÖPING (47 km – km 65)

Information
Linköpings Turistbyrå, Storgatan 15, 58223 Linköping, Tel. 013 1900070, Fax 206619, www.visitlinkoping.se

Stellplatz
Stellplatz ohne Entsorgungsmöglichkeit außerhalb von Linköping. Von der E4 Ausfahrt 111 nehmen und den Schildern nach Vimmerby, Malmslätt und Skäggetorp folgen. Der Platz liegt 800 m hinter der Kirche von Kaga. Mai–Sept., 50 Skr. Gebühr wird am Automaten bezahlt (Münzen). Für Strom wird ein zweites Ticket fällig.

Die fünftgrößte Stadt Schwedens, Linköping, erreicht man von Söderköping aus über die Straße 210. Diese kann man kurz vor Gistad verlassen und weiter über die E4 fahren. Die E4 ist zwar einen Kilometer länger, aber eiligen Reisenden dennoch der schnellere Weg. Beide Straßen verlaufen schließlich parallel. Wer Linköping aber gar nicht besichtigen möchte, der sollte unbedingt die E4 nutzen, da diese im Gegensatz zur 210 an der Stadt vorbei verläuft. Eine Stadtbesichtigung lohnt wegen des **Doms,** dessen Bauzeit sich auf über dreihundert Jahre beläuft und der die Stadt zum Bischofssitz machte. Südwestlich vom Stadzentrum befindet sich des Weiteren noch das **Freilichtmuseum Gamla Linköping,** wo sich Teile der Linköpinger Altstadt befinden, die teilweise über 250 Jahre alt sind.

› **Gamla Linköping,** Kryddbodtorget 1, Tel. 013 121110, www.gamlalinkoping.se, Mo–Fr 10–17.30 Uhr, Sa–So 12–16 Uhr, Eintritt frei

Der Götakanal

Zwischen dem größten See des Landes, dem Vänernsee, und der Ostsee wurde das größte kulturhistorische Bauwerk Schwedens geschaffen. Der Götakanal verbindet den großen See mit dem kleinen Ort Mem, wenige Kilometer westlich von Söderköping. Der Kanal wurde sogar als schwedisches Bauwerk des Jahrtausends betitelt. Gebaut wurde er in der Zeit von 1810 bis 1832 von fast 60.000 königlichen Soldaten. Rund die Hälfte des 190 km langen Kanals musste in der Tat künstlich ausgehoben werden, der Rest wird von vorhandenen Gewässern bestimmt. 58 Schleusen regulieren heute den Wasserstand. Wer in Mem mit einer Kanalreise beginnt, für die die angrenzenden Touristenbüros eigene Broschüren herausgegeben haben, der wird einige schöne Tage auf dem Wasser verbringen. Die Broschüren beinhalten auch Informationen zum Umgang mit den Schleusen. Drei von ihnen finden sich schon direkt zu Beginn bei der Hafenstadt Söderköping, die einen Höhenunterschied von fast acht Metern überwinden.

067sw Abb.: mm

Typischer als hier am Götakanal kann Schweden nicht aussehen

(62) Glyttinge Camping ****

N58,42125 E015,56111

Großer, aber angenehmer Campingplatz. Quick-Stop. **Lage/Anfahrt:** am Sportzentrum, am Rande der Stadt; vom Zentrum bzw. von der E4 der Beschilderung folgen; **Platzanzahl:** 150; **Untergrund:** Wiese; fest; **Ver-/Entsorgung:** Strom, Trinkwasser; **Preise:** 240 Skr. inklusive Dusche, Strom 50 Skr.; **Geöffnet:** ganzjährig; **Kontakt:** Berggårdsvägen 6, 58437 Linköping, Tel. 013 174928, Fax 175923, www.nordiccamping.se

Köping

Köping bedeutet übrigens nichts anderes als Marktflecken, findet jedoch nur in Ortsbezeichnungen Anwendung. Innerhalb einer Stadt heißt der Markt = *Marknad.*

› Routenatlas Seite VIII

VADSTENA (47 km - km 112)

Sehenswerte Ruine: das Kloster Alvastra

Information

Vadstena Turistbyrå, Rödtornet, Storgatan, 59280 Vadstena, Tel. 0143 31570, Fax 31579, www.vadstena.se, im Sommer tägl. 10–18 Uhr, sonst Mo–Fr 10–14 Uhr

Parkplatz am Kloster
N58,44909 E014,89349

Von Linköping fährt man über die E4 in westliche Richtung. Dabei passiert man die **Rennstrecke Mantorp Park** und biegt kurz vor dem gleichnamigen Ort auf die Straße 206 ab, die geradewegs auf die Ortschaft Vadstena zuführt, die sich an der Ostseite des Vätternsees befindet.

Nachdem bereits am Vänernsee die drei größten Binnengewässer Europas genannt wurden (s. Route 2, Kapitel „Vänernsee"), hier noch zur Ergänzung, dass der estnisch-russische Peipussee auf Platz 4 steht, dicht gefolgt vom hiesigen Vätternsee, der damit natürlich der zweitgrößte Schwedens ist. Nur zum Vergleich sei an dieser Stelle erwähnt, dass der Vätternsee damit immer noch mehr als dreimal so groß ist wie der Bodensee.

Vadstena sollte auf einer Schwedenrundreise nicht verpasst werden, da sich hier mit der Klosterkirche und dem Wasa-Schloss gleich zwei mächtige und besondere Sehenswürdigkeiten befinden. Am Ende der Straße 206 biegt man einfach links ab und befindet sich sogleich in der Stadt. Direkt die erste Möglichkeit nach rechts und schon steht man vor dem ersten Bauwerk, dem Birgitta-Kloster oder auch Blaue Kirche genannt, wo man relativ gut parken kann. Die Stadt selbst ist sehr klein und überschaubar. Zu sehen gibt es hier jedoch die **Klosterkirche** des Birgitta-Ordens aus der ersten Hälfte des 15. Jahrhunderts, die einst 50 Altäre innehatte und heute noch die Überreste der *Heiligen Birgitta* beherbergt.

› Kernöffnungszeit 11–15.30 Uhr, im Juli 9–20 Uhr, Juni/August 9–19 Uhr

Direkt daran schließt sich das Mönchskloster an. Geht man daran vorbei, trifft man auf das Ufer des Vätternsees und sieht schon die mächtige Anlage des **Wasa-Schlosses.** Auf dem Weg dorthin passiert man die **malerische Altstadt** Vadstenas mit dem **ältesten Rathaus Schwedens.** Das Wasserschloss wurde im Auftrag von *Gustav Wasa* erbaut und wird als weltlicher Gegenpol zum Kloster betrachtet. Heute beinhaltet das Schloss das Landesarchiv und ist gleichzeitig der Gästehafen der Stadt. Es kann nur im Rahmen einer Führung besichtigt werden.

63 Vätterviksbadets Camping ****
N58,464403 E014,93351
Familiencampingplatz am Ufer des Vätternsees mit verschiedenen Aktivitäten. **Lage/Anfahrt:** zwischen der Straße 50 und dem See, rund 2 km nördlich von Vadstena; von Vadstena Richtung Motala auf der 50, der Platz erscheint links; **Platzanzahl:** 230; **Untergrund:** Wiese; **Ver-/Entsorgung:** Strom, Trinkwasser; **Preise:** 220–290 Skr., Strom 50 Skr.; **Geöffnet:** Mai–August; **Kontakt:** Vätterviksbadet, 59294 Vadstena, Tel. 0143 12730, Fax 14148, www.vadstenacamping.se

ÖDESHÖG (31 km – km 143)

Von Vadstena aus geht es über die Straße 50 in unmittelbarer Nähe des Sees weiter nach Süden. Leider finden sich keine Park- oder Picknickplätze direkt am Ufer, doch kurz nach Vadstena kommt das **Kastad Kulle Naturreservat** und bietet einen schönen Parkplatz mitten im Wald an, von dem aus einige Wanderwege abführen. Etwas weiter südlich befindet sich das 1875 errichtete **Naturschutzgebiet Tåkern** mit dem gleichnamigen See. Er berherbergt ein reichhaltiges Vogelleben und hat an seinem Ufer nicht umsonst einige **Vogelbeobachtungstürme.** Direkt gegenüber, also auf der rechten Seite der Straße 50, erhebt sich der **Ekopark Omberg.** Folgt man der Ausschilderung zum Omberg, geht es steil bergauf.

Doch oben angekommen findet man ebenfalls einen großen Parkplatz und zahlreiche Wanderwege, die über den gesamten Berg führen. Zum Vätternsee fällt der Berg steil ab, seine höchste Erhebung bringt es auf 264 m über dem Meerespiegel, allein wegen des Ausblicks auf den See lohnt schon eine Wanderung auf den Hügel. Im Umkreis von Omberg und Tåkernsee gibt es zahlreiche kleinere Weiler mit hübschen Kirchen. Informationsmaterial dazu findet man am „Naturum“ an der Zufahrt zum Parkplatz. Am Fuß des Berges auf dem weiteren Weg gen Süden ragen die Ruinen der **Alvastra Klosterruine** in den Himmel. Es handelt sich um das älteste Mönchskloster Schwedens, das von Zisterziensern gegründet wurde. Zwischen den alten und zum Teil nur noch hüfthohen Mauern kann man durch die Klosteranlage wandeln.

Ökopark Omberg und Naturum
N58,31017 E014,63637

Wohnmobilstellplatz am Hafen
N58,479219 E016,414198
Auf dem Weg vom Ökopark Omberg nach Ödeshög kommt man an Hästholmen vorbei, wo der Bootshafen einige seiner Parkplätze für Wohnmobile reserviert hat. Es handelt sich aber weiterhin um gekennzeichnete Flächen, die von der Größe her für Pkws bestimmt waren. 165 Skr. zzgl. 50 Skr. für Strom.

64 Öninge Camping **

N58,249966 E014,623575

Ruhiger Campingplatz ohne Parzellen unter Bäumen, hieß vorher „Klockargardsangens Camping“. **Lage/Anfahrt:** am Stadtrand von Ödeshög ohne Anbindung zum Vätternsee; vor der Kirche links abbiegen, über Storgatan und Mjölbyvägen und hinter nächster Kirche rechts; **Platzanzahl:** 165; **Untergrund:** Wiese; **Ver-/Entsorgung:** Strom, Trinkwasser; **Preise:** 230 Skr. inkl. Dusche, Strom 15 Skr.; **Geöffnet:** ganzjährig; **Kontakt:** Öninge Camping, 59991 Ödeshög, Tel. 0144 535111, www.oninge.se

GRÄNNA (27 km - km 170)

Information (TC)
Gränna Turistbyrå,
Brahegatan 38–40, 56322 Gränna, Tel. 036 103860, Fax 103893, www.grenna.se

Wohnmobilstellplatz in Gränna
N58,028425 E014,459547
30 asphaltierte Stellflächen mit Schranke kurz vor dem Fähranleger zur Insel Visingsö. Geöffnet von April bis September, 180 Skr.

Ein Paradies für Naschkatzen

Bei Ödeshög treffen die Straßen 50 und E4 aufeinander und es geht weiter südwärts Richtung Jönköping. Doch schon am Kreisverkehr nach Gränna sollte man rechts abbiegen und in den kleinen Ort hineinfahren bzw. auf dem Parkplatz des ersten Zuckerbäckers auf der rechten Seite anhalten. Denn Gränna ist bekannt für die **Herstellung von Zuckerstangen,** die an jeder Ecke angeboten werden und die gesamte Hauptstraße – aus mehr besteht Gränna im Grunde nicht – beherrschen.

Zur Besichtigung oder zum Einkauf sollte man das Wohnmobil auf dem Parkplatz stehen lassen, da eine Fahrt in die enge Straße stressig sein kann. Doch besichtigen sollte man einen Zuckerstangenhersteller auf jeden Fall, da man sich dort mit den süßen Sachen nicht nur eindecken kann, sondern auch zuschauen darf, wie die Stangen hergestellt werden. Seit 2007 besteht sogar die Möglichkeit, einen Grundkurs in der Zuckerstangenherstellung zu absolvieren. Für rund 225 Skr. darf man den rot-weißen Teig drehen und nach der Fertigstellung mit nach Hause nehmen. Allerdings müssen diese Kurse im Touristenbüro vorab gebucht werden.

104sw Abb.: mm

Am Ende der Straße befindet sich noch der Fährableger auf die **Insel Visingsö,** die größte Insel im Vätternsee, bekannt für frühgeschichtliche Ausgrabungsstätten.

Wer keine Zeit mehr hat, kann in Gränna auf der E4 den direkten Weg in Richtung Heimat antreten. Auf der rund 270 km langen Strecke nach Helsingborg passiert man die Städte Jönköping, Värnamo und Ljungby. Doch auch diese Fahrt sollte man nicht in einem „Rutsch“ machen, denn nördlich von Värnamo lohnt der Besuch des Nationalparks Store Mosse. Mit seinen rund 40 km langen Wanderwegen und einer ruhigen, aber vogelreichen Landschaft handelt es sich um die größte schwedische Moorlandschaft südlich von Lappland.

⑥⑤ Getingaryds Familjecamping ***

N58,02649 E014,45745

Gemütlicher Platz, schöne Lage am Vätternsee. **Lage/Anfahrt:** 9 km nördlich von Gränna; **Platzanzahl:** 120; **Untergrund:** Wiese; **Ver-/Entsorgung:** Strom, Trinkwasser; **Preise:** 180 Skr. exkl. Duschen, Strom 40 Skr.; **Geöffnet:** Mai-Sept.; **Kontakt:** Getingaryd, 56391 Gränna, Tel. 0390 21015, http://getingarydscamping.se

⑥⑥ Grännastrandens Familjecamping ***

N58,02780 E014,45808

Moderner und großer Campingplatz, manche Stellplätze mit Sat-TV. **Lage/Anfahrt:** direkt am Fährhafen zur Insel Visingsö; **Platzanzahl:** 265; **Untergrund:** Wiese; fest; **Ver-/Entsorgung:** Strom, Trinkwasser, Abwasser; **Preise:** 260 Skr. inkl. Dusche; Strom 70 Skr.; **Geöffnet:** 1. Mai-30. Sept.; **Kontakt:** Grännastrandens Camping, 56321 Gränna, Tel. 0390 10706, Fax 41260, www.grannacamping.se

Sehenswertes

Björkenäs Moped- und Motorradmuseum, Björkenäs, Tel. 0390 33043, über 300 Mopeds, Motorräder und Fahrräder, im Sommer tägl. 9-20 Uhr, 40 Skr., www.veteranmopeder.com

EKSJÖ (93 km - km 263)

In Gränna fährt man wieder zurück zum Kreisverkehr und dort zur Straße 133, die quer durch den Wald verläuft und in die Straße 32 mündet, die rechts nach Eksjö abbiegt. An der ersten Ausfahrt von Eksjö fährt man auf den Stockholmsvägen, wo sich am Nordrand der Stadt ein Parkplatz befindet. Geht man am Kreisverkehr dann rechts und folgt dem Stockholmsvägen, führt dieser in die malerische **Altstadt mit ihrer Holzarchitektur,** die bereits durch ein Europa-Nostra-Diplom ausgezeichnet wurde. Dabei handelt es sich um eine Auszeichnung, die an europäische Städte verliehen wird, die sich um Erhalt und Restaurierung ihres Stadtbildes bemühen. Über 50 der hübschen Häuser stehen unter Denkmalschutz, besonders viele und schöne Häuschen sind auf der Regementsgatan zu sehen, dabei lohnt auch ein Blick in einen der vielen Innenhöfe. Der Name der Straße sagt im Übrigen etwas über die Beziehung der Stadt zum Militär aus. Sie hat zwei lokale Auseinandersetzungen überstanden und ist heute bekannt für den Truppenübungsplatz westlich der Gemeinde.

Auch in der Umgebung finden sich viele Holzhäuser, von denen eins 2008 den Titel „ältestes Holzhaus Schwedens" erhielt. Geologen der Universität Lund machten eine Scheune im kleinen Ort Ingatorp als solches aus. Mit der sogenannten C-14-Methode legten sie das Baujahr des Gebäudes auf das Jahr 1229 fest.

Information (TC)

Eksjö Turistbyrå, Norra Storgatan 29, 57580 Eksjö, Tel. 0381 36170, Fax 36179, www.visiteksjo.se, im Sommer Mo-So 8-20 Uhr, sonst Mo-Fr 10-17 Uhr,

Einkaufen

Kunsthandwerk Ljusboden, Kållarp, Tel. 0381 30061, www.ljusbodenihult.se, eigene Kerzenherstellung, gut neun Kilometer vor Eksjö entfernt.

Parkplatz im Stadtzentrum

N57,66901
E014,97116

67 Mycklaflons Camping

N57,589515 E015,245247

Der Campingplatz befindet sich in schöner Lage am Naturreservat Norrsånna. **Lage/Anfahrt:** direkt am gleichnamigen See Mycklaflons; auf der Straße 33, 12 km hinter Hult, kurz vor Bruzaholm rechts abbiegen; **Platzanzahl:** 30; **Untergrund:** Wiese; **Ver-/Entsorgung:** Strom, Trinkwasser; **Preise:** 185 Skr. exkl. Dusche, Strom 40 Skr.; **Kontakt:** Gummarp, 57593 Eksjö, Tel. 0381 30299, Fax 43033, www.mycklaflonscamping.com

Stellplatz Eksjö

N57,63555 E015,10028

Großer, ruhiger und gepflegter Stellplatz im Wald. **Lage/Anfahrt:** 9 km hinter Eksjö auf der rechten Seite; leicht ansteigend auf Schotterweg; **Platzanzahl:** 16; **Untergrund:** Schotterrasen; **Ver-/Entsorgung:** Strom, Trinkwasser; **Preise:** 100 Skr. je Womo (Gebühr auf Vertrauensbasis: Man wirft das Geld in eine Box und kann sich eine Nacht aufhalten, die Toilette benutzen und Wasser entnehmen.); **Max. Stand:** unbegrenzt; **Geöffnet:** ganzjährig

VIMMERBY (60 km - km 323)

Information (TC)

Vimmerby Turistbyrå, Stånggatan 29, Rådhuset 1, 59837 Vimmerby, Tel. 0492 31010, Fax 13065, www.vimmerbyturistbyra.se, Mo-So 9-20 Uhr im Sommer, sonst Mo-Fr 9-18 Uhr

Von Eksjö aus geht es wieder in Richtung Osten bzw. zur Küste. Dabei durchquert man die Wälder des nördlichen Smålands. Bei dem Begriff Småland denken viele mittlerweile an das Kinderparadies von Ikea - ein wahres Kinderparadies befindet sich aber tatsächlich in Småland. Denn fährt man auf der Straße 33 Richtung Vimmerby, dann trifft man bei Marielund erst auf den Abzweig nach rechts in die kleine Ortschaft **Lönneberga** und später sogar bei Pelärne auf den Weiler **Bullerbü.** Beide sind aus den Büchern von *Astrid Lindgren* bekannt und in beiden werden kurze Führungen angeboten. In Bullerbü kann man nur kostenpflichtig parken (20 Skr., Parkplatz am Rande der drei Höfe).

Ein lohnenswerterer Ausflug für Kinder ist aber auf jeden Fall ein Besuch in der **Astrid Lindgrens Värld,** die sich 15 km weiter im Ort **Vimmerby** befindet. In diesem Freizeitpark ist alles aufgebaut und zu bestaunen, was irgendwie mit den Geschichten von *Astrid Lindgren* zu tun hat: ob nun die Villa Kunterbunt, die Krachmacherstraße, das Haus von *Karlsson auf dem Dach* oder auch Bullerbü. Und natürlich darf *Pippi Langstrumpf* nicht fehlen. 2011 feierte „Ronja, die Räubertochter" ihr 30-jähriges Jubiläum, weshalb der Freizeitpark noch deutlich erweitert wurde. In der Mattisburg kann man in die Rolle der Räubertochter schlüpfen oder Schauspielern bei ihren Darbietungen zuschauen.

› **Astrid Lindgrens Värld,** GPS: N57,67458 E015,84167, www.alv.se, sehr unterschiedliche Öffnungszeiten und Preise, die von der Jahreszeit abhängen. Es kann vorkommen, dass alleine im Monat August vier verschiedene Saisonpreise und -zeiten gelten.

Stellplatz

N57,67482 E015,841724

Auf dem Parkplatz von Astrid Lindgrens Värld darf für 130 Skr. im Rahmen des Quick-Stop übernachtet werden.

In Vimmerby steht auch das **Elternhaus der Schriftstellerin Astrid Lindgren.** Da es sich noch immer im Privatbesitz der Familie befindet, ist ein Besuch zwar nicht immer möglich, doch der angrenzende moderne Pavillon kann das ganze Jahr hindurch besichtigt werden. Er zeigt die Ausstellung „Astrid Lindgren für die ganze Welt" und beherbergt neben einem Museumsshop auch ein sehr gemütliches Café.

› **Astrid Lindgrens Näs,** Prästgårdsgatan 24, 59836 Vimmerby, Tel. 0492 769400, www.astridlindgrensnas.se, Di–Fr 11–18 Uhr, Sa–So 11–16 Uhr, 95 Skr. Das hölzerne Geburtshaus kann nur von Juni bis August während einer Führung besichtigt werden.

Nordwestlich von Vimmerby befindet sich der **Nationalpark Norra Kvill.** Er wurde 1927 eingerichtet, allerdings wurden viele Bäume schon länger von der Axt verschont, weshalb manche der dortigen Kiefern bereits ein Alter von über 300 Jahren erreicht. Der Nationalpark rühmt sich, die dickste Eiche Europas, die sogenannte Kvilleken, zu beherbergen. Sie bringt es auf einen Umfang von 14,75 Metern und muss mit Seilen gesichert werden.

Astrid Lindgren und Pippi Langstrumpf

Die Schriftstellerin Astrid Lindgren gehört zu den bekanntesten Kinderbuchautorinnen der Welt. Ihre berühmtesten Werke sind die Geschichten der frechen Pippi Langstrumpf, der Ronja Räubertochter und des Michel aus Lönneberga. Sie setzte sich für Menschenrechte, den Tierschutz und den Kinderschutz ein und war in ihrem Heimatland äußerst beliebt. Im Januar 2002 starb sie im Alter von 94 Jahren in Stockholm.

Die möglicherweise berühmteste Schwedin, Pippi Langstrumpf, hat es in Wirklichkeit nie gegeben. Erfunden von Astrid Lindgren als abendliche Erzählgeschichte für ihre erkrankte Tochter, hat Pippi Langstrumpf in den 1940er-Jahren die Lesewelt der Kinder erobert. Lindgren schrieb mehrere Romane, die verfilmt und in zahlreichen Sprachen übersetzt wurden. Ähnlich wie bei der Geschichte vom „Kleinen Prinzen" gibt es auch heute noch Fans, die Pippi-Langstrumpf-Bücher in allen möglichen Sprachen sammeln.

OSKARSHAMN (72 km – km 395)

Information (TC)

Oskarshamns Turistbyrå, Hantverksgatan 18, 57233 Oskarshamn, Tel. 0491 88188, Fax 88194, http://www3.oskarshamn.com/sv, Mo–Fr 10–16.30 Uhr

In Vimmerby folgt man der Straße 34 gen Süden und passiert Hultsfred, fährt durch die waldreiche Region des östlichen Smålands und hält sich hinter Ryningsnäs links, wenn die 34 rechts abzweigt. Auf der linken Seite wird sie zur Straße 23 und verläuft noch weitere 24 km bis Oskarshamn. Bekannt ist der Ort für eines der schwedischen Kernkraftwerke. Im Mai 2008 geriet es in die Schlagzeilen, als zwei Handwerker einer Fremdfirma mit einer geringen Menge Sprengstoff auf dem Gelände festgenommen wurden. 2015 wurde bekannt, dass zwei der drei Reaktoren bis zum Jahr 2017 dauerhaft abgeschaltet werden sollen. Oskarshamn ist eine reine Hafenstadt und hat ansonsten wenig zu bieten. Von hier besteht allerdings die Möglichkeit einer Überfahrt nach Gotland.

Stellplatz

In Hultsfred existiert das Hesjöns-Badegebiet. Dort darf man für 50 Skr. übernachten und hat Zugang zu einem Plumpsklo.

Anschluss

Route 7, Route 8

EINMAL IM UHRZEIGERSINN RUND UM DIE GRÖSSTE INSEL DER OSTSEE

Es geht in die Hauptstadt Gotlands mit Rundgang durch die Altstadt, die bereits von der Weltkulturerbe-Jury der UNESCO besucht und als schützenswert befunden wurde. Anschließend folgt eine Rundfahrt um die Insel mit Ausflug auf die Nachbarinsel, wo sich grandiose Kalksteinsäulen in die Höhe strecken. Südwärts stößt man auf zahlreiche Badebuchten und Landkirchen, die das Äußere der Insel prägen. Zum Schluss führen dann alle Wege nach Roma, zu einem Kloster, welches sich mitten im Zentrum der Insel befindet. Von Visby aus geht es dann wieder zurück nach Schweden, wie der Gotländer sagen würde. Denn der ist Gotländer und kein Schwede.

121sw Abb.: www.imagebank.sweden.se © Emelie Asplund

Die gut erhaltenen Reste der Stadtmauer um Visby

ROUTE 7: GOTLAND

INSEL DER KIRCHEN

STRECKENVERLAUF

Anschluss
Route 6

Strecke:
Visby - Lummelunda (13 km) - Bunge (48 km) - Fårösund (2 km) - Slite (31 km) - Ljugarn (53 km) - Romakloster (55 km) - Tofta (17 km)

Streckenlänge:
circa 219 km

VISBY

Information
Visby Turistbyrå, Donners Plats 1, 62157 Visby, Tel. 0498 201700, Fax 201717, www.gotland.info

Fahrplan nach Gotland
Die Schiffe fahren ganzjährig zweimal am Tag, in der Regel vormittags und in den Abendstunden. Dabei gibt es zwei verschiedene Verbindungen, entweder ab Nynäshamn bei Stockholm oder ab Oskarshamn. Die Preise variieren je nach Jahreszeit, Anzahl der Passagiere und Größe des Wohnmobils. In der Nebensaison sollte man für zwei Personen mit einem kleinen Wohnmobil jedoch mit mindestens 200 € für die Hin- und Rückfahrt rechnen.Mehr Informationen findet man auch deutschsprachig im Internet unter www.destinationgotland.se, wo auch ganz einfach online gebucht werden kann.

Parkplatz im Zentrum
N57,63852
E018,30257

Stellplatz in Visby
N57,628404 E018,280541
Gutevägen, rund 1,5 km südlich der Altstadt von Visby gelegen. 99 Skr. für 12 Std. und 139 Skr. für 24 Std., April-Okt., www.parkandstay.se

Ähnlich wie bei Stockholm könnte man über Gotland ein eigenes Buch schreiben. Immerhin ist sie nicht nur die größte Insel der Ostsee, sondern hat eine Hauptstadt, die auf der Weltkulturerbeliste der UNESCO steht und eine weitere kleine Insel im Norden (Fårö), für die man alleine schon mindestens einen Tag Aufenthalt planen sollte. Kurz gesagt: Gotland ist eine Reise wert. Jedoch sollte man ausreichend Zeit mitbringen und die Überfahrt ist aufgrund der Entfernung nicht ganz billig. Die **Überfahrt** dauert je nach Schiff etwas mehr oder weniger als drei Stunden und ist auf den modernen Fähren der Gesellschaft Destination Gotland eine angenehme Reise. Zielort auf Gotland ist ausnahmslos die Hauptstadt Visby. Die Fahrt von Oskarshamn oder, wer will, von Nynäshamn sollte unbedingt rechtzeitig gebucht werden. Nicht nur wegen möglicherweise überfüllter Fähren, sondern auch wegen der Kosten. Die Fährgesellschaft handelt nach dem Prinzip der sogenannten Billigflieger, wer also früher bucht, spart unter Umständen eine ganze Menge Geld.

Gotland verfügt über eine Küstenlänge von rund 800 km, wenn man die im Norden vorgelagerte Insel Fårö mit einbezieht. Auf Gotland leben ca. 60.000 Menschen. Rund ein Drittel von ihnen ist in Visby wohnhaft und mehr als 5000 Menschen sprechen gutnisch, eine eigene Sprache, die nicht mit dem gotländischen Dialekt der Schweden verwechselt werden darf. Die höchste Erhebung nennt sich Lojsta Heide und befindet sich mit ihren 82 m Höhe ziemlich zentral auf der Insel.

So viel zur Statistik als kleine Lektüre auf der langen Schiffsfahrt, doch nun geht es auf die Insel. Wer am Nachmittag auf Gotland eintrifft, der sollte nach Verlassen der Fähre der Beschilderung in das Zentrum von Visby folgen. Die Straße steigt hinter dem Anleger leicht an und führt zu einem Kreisverkehr. An diesem geht es links in den Södeväg, daraufhin folgt ein weiterer Kreisverkehr mit vier weiteren Straßeneinmündungen, die dritte (Solbergagatan) ist die richtige. Nach wenigen Metern erscheint auf der linken Seite ein großes Einkaufszentrum mit zahlreichen Parkplätzen. Auf der anderen Seite des Parkplatzes sieht man schon die Stadtmauer, hinter der sich die verwinkelten Gassen der Altstadt befinden. Diese sollte man nicht mit dem Wohnmobil aufsuchen, sondern das Fahrzeug auf dem Parkplatz am Einkaufszentrum stehen lassen.

Abendstimmung auf der Fähre nach Gotland

Für Reisende, die erst die Abendfähre genutzt haben und in der Nacht eintreffen, ist zwischen dem Fähranleger und dem Kreisverkehr ein kleiner Parkplatz auf der rechten Seite eingerichtet, der zudem mit einer Toilette ausgestattet ist. Er ist mit dem Schild „Träffpunkt Gotland" nicht zu übersehen.

Erbaut wurde die Stadt **Visby** auf einem steil abfallenden Kalkberg und der erste Wachturm wurde bereits im 12. Jahrhundert errichtet. Einhundert Jahre später zählte Visby schon zu den wichtigsten Städten der Hanse und verfügte bereits über die imposante Stadtmauer, die noch heute ein Wahrzeichen der Stadt ist. Doch durch die Lage mitten in der Ostsee gab es in den folgenden Jahrhunderten zahlreiche erbitterte Kämpfe um die Insel und demnach auch um die Stadt Visby – so war Gotland zwischenzeitlich dänisch und wurde von Lübeckern geplündert. Erst im Jahr 1645 wurde die Insel wieder schwedisch und es trat etwas Ruhe auf der Insel ein. Im 18. Jahrhundert begann man damit, sich um die Erhaltung der Ringmauer um die Stadt zu kümmern. Aber nicht wegen möglicher Feinde, sondern weil man bereits zu dieser Zeit Touristen locken wollte. Die Mauer ist einer der Gründe, warum Visby im Jahr 1995 von der UNESCO zum Weltkulturerbe erklärt wurde.

Die **Mauer** stammt aus der Mitte des 13. Jahrhunderts und ist fast auf der gesamten Länge von 3,5 km komplett erhalten geblieben. Natürlich war sie am Anfang bedeutend niedriger und die Wände erhielten erst im Laufe der Zeit ihre heutige Höhe von rund 11 m.

Ein weiteres Merkmal für die Stadt sind die zahlreichen **Kirchen.** In keiner schwedischen Stadt befinden sich mehr Gotteshäuser als in Visby, dreizehn sind es an der Zahl.

Vom Parkplatz am Einkaufszentrum geht man zum Österport, dem östlichen Stadttor, halblinks. Nach Durchschreiten des Tores befindet man sich auf der Hästgatan, die leicht abfallend weiter in das quirlige Leben der Altstadt führt. In einer Linkskurve erreicht man den Wallers plats, an dem die Fußgängerzone beginnt. Hier merkt man auch die **ehemalige Zugehörigkeit zur Hanse,** da manche Gassen nach anderen Hansestädten benannt sind, wie die Stettinergränd, Bremergränd oder auch die Hamburgergränd.

☑ Die Kirche Santa Maria ist die einzige Kirche in Visby, in der noch Gottesdienste stattfinden

Folgt man der Hästgatan, dann steuert man geradewegs auf den St. Hansplan zu, an dem die erste Kirchenruine zu sehen ist. Einstmals standen hier zwei Kirchengebäude, die im Laufe der Zeit durch ständige An- und Umbauten zur größten Kirche der Insel zusammenwuchsen.

Das Ende der Straße mündet auf den Donnersplats, wo es links zum Hafen hinabgeht, dort befindet sich auch die Touristeninformation. Interessanter ist jedoch der Abzweig von der Hästgatan in die Mellangatan nach rechts. Dort geht es zum **Länsmuseum,** das unbedingt besucht werden sollte, da es das wichtigste Museum auf der Insel ist. Es veranschaulicht 8000 Jahre gotländische Geschichte und Kunst.

› Im Sommer tägl. 10–18 Uhr, sonst Di–So 11–16 Uhr, 100 Skr.

Von der Mellangatan geht es durch die schmalen Gassen Rådhusplan, St. Hansgatan und Sta. Katarinagatan zum Stora Torget. Dort ist eine weitere Kirchenruine der Stadt zu sehen und prägt nicht nur den Platz, sondern auch das Stadtbild. Im Inneren des ehemaligen **Franziskanerklosters** kann man eine sakrale Ausstellung besuchen.

Wer den Platz schräg überquert, gelangt in die Södra Kyrkogatan, die geradewegs auf die einzige funktionsfähige Kirche der Stadt führt. Die ursprünglich im 13. Jahrhundert von Deutschen erbaute **Domkirche Santa**

072sw Abb.: mm

Maria ist das Markenzeichen der Stadt. Neben den alljährlichen Orgelfesten gibt es eine Madonna und ein Christusbild aus dem 13. Jahrhundert zu sehen. Rechts neben dem Gotteshaus führt der Weg nach oben und durch den Dalmanstornet hindurch wieder in Richtung Parkplatz.

LUMMELUNDA (13 km – km 13)

Fährt man auf Gotland zuerst nach Norden und bereist die Insel im Uhrzeigersinn, dann kommt als Erstes am Stadtrand von Visby der Flughafen. Diesen passiert man und begibt sich auf die Straße 149. Nach wenigen Kilometern erscheint ein Schild mit dem Hinweis auf die Lummelundagrottan, die **Höhle von Lummelunda.** Oberhalb der Parkplätze kurz vor dem Ufer geht es in eine 8°C kalte Tropfsteinhöhle hinab, die nur bei einer 30-minütigen Führung besichtigt werden kann.

› **Höhle von Lummelunda,** GPS: N57,73835 E018,40332, Kernöffnungszeit 10–15 Uhr, im Sommer 9–18 Uhr, von Oktober bis April geschlossen, 135 Skr., www.lummelundagrottan.se

Stellplatz
N57,79791 E018,54936
an der Mix-Ranch, rund 10 km nördlich der Lummelundagrotte, 150 Skr., Strom 30 Skr., Waschmaschine 10 Skr., www.mixranch.se

BUNGE (48 km – km 61)

Nördlich von Lummelunda verläuft die Straße 149 erst eine Zeit lang durch Wald, schließlich ändert sich die Landschaft teilweise zu einer faszinierenden **Heidelandschaft,** rechts und links der Straße gibt es nichts außer Natur in ihrer schönsten Form. Die Straße 149 mündet bei Lärbro in die Straße 148, wo man an der Tankstelle links abbiegt und der Beschilderung nach Fårösund folgt. Rund 10 km geht es noch nach Norden, doch kurz vor Fårösund befindet sich auf der rechten Seite das **Freilichtmuseum Bunge,** das im Sommer 2014 umfangreich saniert wurde. Die dortigen mit Schneidried gedeckten Gebäude gehören zu einem Gutshof aus dem 17. Jahrhundert und können allesamt besichtigt werden. Zu sehen gibt es Mühlen, einen Kalkofen, eine Schmiede und Sägen.

› **Freilichtmuseum Bunge,** GPS: N57,85431 E019,02881, Bunge Hägur 119, www.bungemuseet.se, Mitte Mai bis Anfang Juni und in den letzten beiden Augustwochen 11–17 Uhr, sonst 11–18.30 Uhr, 100 Skr.

FÅRÖSUND UND FÅRÖ (2 km – km 63)

Der kleine Ort ist meistens gut besucht, so scheint es. Doch die Autoschlange auf der rechten Seite ist lediglich eine Warteschlange für die kostenlose **Fähre nach Fårö,** die jede Viertelstunde am Hafen von Fårösund ablegt. Die Überfahrt geht genauso schnell und sollte bei einem Gotland-Besuch mit eingeplant werden.

Stellplatz
N57,856141 E019,064583
am Bootshafen von Fårösund, Strandvägen, Mitte Juni–Mitte August, 150 Skr.

Statt Sandstrand gibt es auf Fårö Rauk-Abschnitte

Das Innere der kleinen Insel Fårö weist zwar Ähnlichkeiten mit Gotland auf, doch der Küstenstreifen ist ein völlig anderer. Schon vor dem gleichnamigen Hauptort Fårö sollte man links abbiegen und den Hinweisschildern zum **Raukgebiet** folgen. Bei einem Rauk bzw. *raukar* handelt es sich um eine bizarr geformte Kalksteinsäule, von denen es in der Bucht bei Lauterhorn zahlreiche gibt. Die Fahrt führt über Felder und im Boden eingelassene Wildgatter. Keine Angst, es ist erlaubt, hier zu fahren, und man kommt auch mit dem Wohnmobil gut durch. Der 2007 verstorbene Regisseur *Ingmar Bergman* hatte auf Farö ein Anwesen und ließ sich auch beruflich von der kleinen Insel inspirieren. Sechs Filme und eine Fernsehserie drehte er auf dem Eiland. Kein Wunder also, dass mittlerweile ein **Bergmancenter** existiert, welches sich mit dem Leben und Wirken des Regisseurs befasst und (Di und Do 10–14 Uhr) besucht werden kann.

68 Strandskogens Camping Sudersand ***

N57,955452 E019,249957

Kleiner, familiärer 3-Sterne-Campingplatz. **Lage/Anfahrt:** in unmittelbarer Nähe des Hafens; auf der Straße 148 nordwärts; **Platzanzahl:** 60; **Untergrund:** Wiese; **Ver-/Entsorgung:** Strom, Trinkwasser; **Preise:** Im Sommer gibt es nur Standplätze mit Strom, 300 Skr. Ansonsten 160 Skr. und Strom für 50 Skr.; **Geöffnet:** Mitte April–Ende September; **Kontakt:** Sudersand, 62467 Fårö, Tel. 0498 223672, Fax 223840, www.sudersand.se

⑲ Solhaga Camp

N57,896162 E019,093401

Ruhiger, einfacher Campingplatz mit Baumbestand. **Lage/Anfahrt:** im südlichen Teil der Insel Fårö; vom Fähranleger nordwärts, Campingplatz erscheint auf der rechten Seite; **Platzanzahl:** 50; **Untergrund:** Wiese; **Ver-/Entsorgung:** Strom, Trinkwasser; **Preise:** 180 Skr., Strom 40 Skr.; **Geöffnet:** Juni-August; **Kontakt:** Ödehoburga Fårö, Fårösund, Tel. 0498 224143, www.solhagacamping.org

074sw Abb.: mm

SLITE (31 km - km 94)

Zurück geht es wieder mit der Fähre nach Fårösund und dann nach Lärbro, wo man nun der Straße 146 folgt. Dabei passiert man Slite, das getrost links liegen gelassen werden kann, vorausgesetzt der Tank ist voll. Ansonsten sollte man hier einen Tankstopp einlegen, denn Tankstellen sind auf Gotland nicht häufig vorhanden und in der drittgrößten Stadt der Insel gibt es welche, neben der Zementfabrik und der Kalksteingrube. Aufgrund dieser industriellen Landschaftsverunstaltungen sollte man dann schnell weiter Richtung Süden fahren. Auf der 146 kann man bei Kräklingbo links abbiegen und die Halbinsel bei **Östergarn** besuchen. Dort, wie auch an vielen anderen Orten Gotlands, befindet sich eine sehenswerte Landkirche. Die zahlreichen mittelalterlichen Kirchen sind es übrigens auch, die viele Reisende nach Gotland ziehen. Das örtliche Tourismusbüro hat eine deutschsprachige Broschüre mit dem Titel „Schlüssel aller Kirchen im Bistum Visby" herausgegeben, die frei erhältlich ist und sämtliche Gotteshäuser der Insel stichwortartig aufführt.

Picknickplatz

N57,67176
E018,77319

Kleiner Parkplatz mit Kalksteinfelsen, die man besteigen kann.

⑳ Åminne Fritid ***

N57,61362 E018,75715

Große Freizeitanlage, überwiegend Ferienhäuschen. **Lage/Anfahrt:** direkt am Meer; bei Boge in Richtung Åmmine fahren; nach 7 km liegt die Anlage auf der linken Seite; **Platzanzahl:** 46; **Untergrund:** Wiese; **Ver-/Entsorgung:** Strom, Trinkwasser; **Preise:** 290 Skr.; **Geöffnet:** Mitte Juni-Ende September; **Kontakt:** Gothem, 62030 Slite, Tel. 0498 34011, Fax 34323, www.aminnefritid.se

Stellplatz

N57,015132 E018,31354

Sehr schöner und ruhig gelegener Stellplatz auf Privatgrundstück im Süden von Gotland, bei Burgsvik, 120 Skr. Strom 30 Skr. Wiese, auf drei Seiten von Bäumen umgeben, Strom, Ver- und Entsorgung.

LJUGARN (53 km – km 147)

Von Östergarn geht es über kleinere unbenannte Straßen nach **Ljugarn,** ein 300-Seelen-Dorf, das sich zu einem ansehnlichen Badeort entwickelt hat. Trotz der fehlenden Straßennummern gibt es keine Orientierungsprobleme, da man lediglich der Beschilderung folgen muss. Von dort geht es über die 144 weiter ins Inselinnere zur zweitgrößten Ortschaft, **Hemse.** Doch neben einer guten Infrastruktur und der Dorfkirche hat Hemse nichts weiter zu bieten. Noch weiter südwärts könnte man auf die **Halbinsel Storsudret** gelangen, die noch einige schöne Badeplätze zu bieten hat, ähnlich wie die Westküste, die über die Straße 141 (Richtung Norden) bei Klintehamn zu erreichen wäre. Über den höchsten Punkt des Eilandes, Lojsta hed, fährt man auf der Straße 142 bei Lojsta. Am Ende muss man hinter dem Weiler Väte rechts nach Romakloster abbiegen.

Das Romakloster ist nur noch eine Ruine

ROMAKLOSTER (55 km – km 202)

Romakloster
N57,51631 E018,45746

In der Mitte der Insel liegt dieser kleine Ort mit einer **Klosterruine** am Ortsrand. Erbaut wurde das Kloster von Mönchen des Zisterzienserordens in der zweiten Hälfte des 12. Jahrhunderts. Doch während der dänischen Herrschaft wurden Teile des Gebäudes abgerissen und so finden sich heute nur noch Überreste, in denen Theaterstücke aufgeführt werden. Die vorderen Gebäude des Klosters werden als Kulturtreffpunkt genutzt, so findet man z. B. eine Glashütte mit Fabrikverkauf und mehrere **Kunsthandwerkstätten.**

TOFTA (17 km - km 219)

Über mehrere Nebenstraßen geht es der Ausschilderung folgend nach Tofta. Der Ort ist das Ziel der Badetouristen. Daher kann es im Sommer unangenehm voll werden. Kurz gesagt, wenn man auf Gotland von Massentourismus spricht, dann meint man Tofta. Durchquert wird der lang gestreckte Ort von der Straße 140, die nordwärts wieder nach Visby führt.

Essen auf Gotland

Tofta Strandpensionat, Tofta Strand, Tel. 0498 297060. Pension mit angeschlossenem Restaurant inkl. Terrasse mit Blick auf die Ostsee.
Stenkyrkya Mejeri, Tingstäde, Tel. 0498 272424. Gaststätte mit Hotel mit internationalen Gerichten.
Fåröhus, Insel Fårö vor der Kirche, Tel. 0498 224010. Gemütliches Wirtshaus mit Gerichten aus gotländischen Zutaten. Im Sommer werden gotländische Lämmer gegrillt.

71 Tofta Camping ***

N57,48578 E018,13186

Großer, lebhafter Campingplatz mit Supermarkt. **Lage/Anfahrt:** an der Westküste südlich von Visby; über die Straße 140 südwärts, der Platz erscheint auf der rechten Seite; **Untergrund:** Wiese, Sand; fest; **Ver-/Entsorgung:** Strom, Trinkwasser, Abwasser, Chemie-WC; **Preise:** 295-345 Skr. exkl. Dusche inkl. Strom; **Geöffnet:** Mai-Ende September; **Kontakt:** Tofta Bad, 62198 Visby, Tel. 0498 297102, Fax 297106, www.toftacamping.se

Anschluss
Route 8

› Routenatlas Seite XIII

ZURÜCK INS LANDESINNERE UND WIEDER AN DER OSTSEE ENTLANG

Zunächst muss man gegen den starken Wind ankämpfen, der auf Öland, der Insel der Winde, scheinbar ständig herrscht. Daher sind auch Windmühlen auf dem Eiland nicht selten zu finden. Dann kommt man in das legendäre und weltberühmte Glasreich mit seinen zahlreichen Glashütten und später geht es dann durch die Wälder von Süd-Småland und Blekinge an die Küste zurück, wo in der Stadt Karlskrona ein weiteres Weltkulturerbe aufwartet. Die Marinestadt präsentiert sich militärisch, aber sehenswert. Von dort geht es an den letzten Schärenküsten entlang nach Westen bis an die Grenze von Skåne.

☐ *Öland gilt als Insel der Winde*

076sw Abb.: mm

ROUTE 8: DER SÜDOSTEN

GLAS UND WINDMÜHLEN

› Routenübersicht hinterer Umschlag innen

STRECKENVERLAUF

Anschluss
Route 6, Route 7

Strecke:
Kalmar (70 km) - Borgholm (36 km) - Ölands Norden (123 km) - Ölands Süden (117 km) - Nybro (27 km) - Abstecher nach Kosta (<-> 50 km) - Växjö (82 km) - Ronneby (88 km) - Karlskrona (25 km) - Karlshamn (52 km)

Streckenlänge:
ohne Abstecher circa 620 km
mit Abstecher circa 670 km

KALMAR (70 km - km 70)

Stellplatz in Mönsterås
In Mönsterås besteht am Gästehafen *(Gästhamn)* die Möglichkeit, für 80 Skr. eine Nacht zu verbringen. Toiletten, Duschen, Ver- und Entsorgung sowie WLAN sind vorhanden.

Information
Kalmar Turistbyrå, Ölandskajen 9, 39231 Kalmar, Tel. 0480 417700, Fax 417720, www.kalmar.com, in der Hauptsaison Mo-Fr 9-21 Uhr, Sa-So 10-17 Uhr, sonst Mo-Fr 9-17 Uhr

In Oskarshamn angekommen, geht es über die eintönige, aber gut zu befahrene E22 südwärts. Dabei passiert man das wenig spektakuläre Mönsterås und kann bei guter Sicht gelegentlich bereits die Insel Öland erkennen. Doch bevor man das Eiland befährt, sollte ein kleiner Zwischenstopp in Kalmar gemacht werden, der sozusagen der Vorposten Ölands ist.

Dazu nutzt man die zweite Abfahrt hinter IKEA (Trafikplats Kalmar C) und fährt auf dem Erik-Dahlbergs-Väg bis zum Norra Vägen, an dem man rechts abbiegt. Dieser mündet in den Slottsvägen, wo man relativ gut am Straßenrand parken kann. Direkt daneben liegt der **Stadtpark** mit zahlreichen exotischen Bäumen wie Gingkobäumen, Walnussbäumen und Bambus. Beim Gang durch den Stadtpark sieht man schon von Weitem das **Kalmarer Schloss,** umgeben vom Wasser des Slottsfjärden und nur durch eine Brücke mit dem Stadtpark verbunden. Das sagenumwobene Schloss ist bereits über 800 Jahre alt und war eine wichtige Verteidigungsanlage.

› **Schloss,** Kernöffnungszeiten 11-15.30 Uhr, in der Hauptsaison auch 10-18 Uhr, 130 Skr., www.kalmarslott.se

Parkplatz am Schloss
N56,66044 E016,35467

Wohnmobilstellplatz in Kalmar
N56,660293 E016,361163
Gegenüber der Touristinformation am Gästehafen von Kalmar wurden 18 großzügige Stellflächen für Wohnmobile eingerichtet. 160 Skr. zzgl. 40 Skr. für Strom, zu bezahlen im Touristenbüro.

Das heutige Aussehen stammt jedoch aus dem 16. Jahrhundert und entstand durch Umbauten während der Wasa-Dynastie. Es lohnt auf jeden Fall ein kurzer Rundgang auf der alten Wehrmauer, die noch heute mit alten Kanonen bestückt ist. Auf der anderen Seite des Slottsvägen befindet sich die **mittelalterliche Altstadt** mit den hübschen und gut erhaltenen Häusern aus dem 17. Jahrhundert. Geht man den Slottsvägen zurück und biegt hinter der Eisenbahnüberquerung rechts ab, gelangt man nach rund 500 m in den Bereich der

Schloss Kalmar: imposant und trutzig

modernen Innenstadt. Auf dem zentralen Stortorget erhebt sich das zweitwichtigste Bauwerk der Stadt, der barocke **Dom,** der 1702 nach vier Jahrzehnten Bauzeit fertiggestellt wurde.

Nur wenige Meter entfernt über die Långgatan erreicht man das **Kalmar-Läns-Museum.** Die wichtigste Ausstellung im Inneren zeigt Fundstücke aus dem Kriegsschiff Kronan, dass im Jahr 1676 vor der Küste Ölands unterging. Nach der Entdeckung des Wracks hat man mittlerweile über 20.000 Gegenstände geborgen, die in diesem Museum untergebracht sind. Daneben gibt es noch ein mittelalterliches Modell der Stadt und eine Ausstellung über die Künstlerin *Jenny Nyström,* die in Kalmar geboren wurde.

› **Kalmar Läns Museum,** Skeppsbrogatan 51, Tel. 0480 451300, www.kalmarlansmuseum.se. Geschichte der Region und Ausstellung über das Kriegsschiff Kronan, tägl. 10–17 Uhr, in der Nebensaison bis 16 Uhr, freier Eintritt

⑫ Stensö Camping ****

N56,649975 E016,327389

Vier-Sterne-Campingplatz mit Blick auf den Kalmarsund; Internetcafé in der Rezeption. **Lage/Anfahrt:** am Schloss vorbei, weiter in Richtung Süden; **Untergrund:** Wiese; **Ver-/Entsorgung:** Strom, Trinkwasser, Abwasser, Chemie-WC; **Preise:** 210 Skr., Strom 40 Skr.; **Geöffnet:** April–September; **Kontakt:** Stensovägen, 39247 Kalmar, Tel. 0480 88803, www.stensocamping.se

☒ *Wo wären Windmühlen besser platziert als auf einer „Insel der Winde"?*

122sw Abb.: www.imagebank.sweden.se © Tina Stafrén

Stellplätze

Seit 2008 existieren verschiedene Wohnmobilplätze auf Öland, die von der Firma Borgholm Energie verwaltet werden, die auch für die Gästehäfen verantwortlich ist. Für 130 Skr. darf man daher eine Nacht in den Häfen von Byxelkrog (N57,328071 E017,006862), Sandvik (N57,071807 E016,854893), Böda (N57,239815 E017,075124), Borgholm (N56,881839 E016,647403), Källa (N57,109248 E016,995114), Stora Rör (N56,756531 E016,526757) und Kårehamn (N56,956442 E016,887702) verbringen und dieselben Serviceeinrichtungen nutzen wie die Skipper (Strom, WC, Dusche und WLAN).

ÖLAND

Information (TC)

Träffpunkt Öland Färjestaden, Turistvägen, Träffpunkt Öland 102, 38631 Färjestaden, Tel. 0485 89000, Fax 88709, www.olandsturist.se, in der Hauptsaison Mo–Fr 9–19 Uhr, Sa 9–18 Uhr, So 9–17 Uhr, sonst Mo–Fr 9–12 Uhr und 13–17 Uhr

Vom Schloss fährt man zurück über den Norra Vägen, biegt rechts ab auf den Gröndalsvägen und fährt diesen bis zum Ende. Dort wieder links und an der nächsten Möglichkeit rechts Richtung Öland. Nur wenige Augenblicke später sieht man schon die steil aufragende Ölandsbrücke, die die Insel mit dem Festland verbindet. Direkt hinter der Brücke sollte man die erste Abfahrt nutzen, am ovalen Kreisverkehr rechts abbiegen und sich Richtung Campingplatz begeben. Zuvor erscheint auf der rechten Seite das Tourismusbüro für die gesamte Insel und gibt zahlreiche Informationen über das Eiland aus.

Öland wird auch als **Insel der Winde** bezeichnet, was in der Tat zutreffend ist. Markantestes Merkmal sind die zahlreichen **Windmühlen** und das äußere Erscheinungsbild, das so gar nicht zu Schweden passt. Im Norden der 137 km langen und maximal 16 km breiten Insel findet man ein paar kleinere Wälder, doch der Süden gleicht einer Steppe, die aufgrund ihrer Charakteristika den Eintrag in die UNESCO-Weltkulturerbeliste geschafft hat.

Die gesamte Insel wird von der Straße 136 durchzogen, auf der es zuerst nach Norden zur Inselhauptstadt Borgholm gehen sollte.

BORGHOLM (36 km – km 106)

Information

Borgholms Turist/Resecentrum, Storgatan 1, 38731 Borgholm, Tel. 0485 89000, Fax 89010, www.olandsturist.se, Mo–Fr 10–16 Uhr

Picknickplatz

N56,72580 E016,53777

Kurz vor Borgholm befindet sich das **Naturreservat Rönnerum** mit Überresten eines Dorfes aus der Eisenzeit und Schwedens größtem Hainbuchenwald. Kurz darauf folgt schon das nächste **Naturreservat Halltorps hage,** doch danach erscheinen die Stadt **Borgholm** und das am Südrand der Stadt gelegene gleichnamige Schloss.

Entstanden ist das **Schloss Borgholm** im 12. Jahrhundert und es entwickelte sich im Laufe der Jahrhunderte zu einer wehrhaften Festung, die ihre Bedeutung aber im 18. Jahrhundert verlor. Im Oktober des Jahres 1806 brach schließlich ein Feuer aus und zerstörte die gesamte Anlage bis auf die Außenmauern, die noch heute zu sehen sind.

› GPS: N56,87042 E016,64785. April/Sept. 10–16 Uhr, Mai–Aug. 10–18 Uhr, 70 Skr., www.borgholmsslott.se.

079sw Abb.: mm

Die Ruine Schloss Borgholm

Das Wohnmobil kann man an der Burgruine stehenlassen, denn von dort sind es über die Heide nur wenige Schritte bis zu dem anderen herrschaftlichen Gebäude, dem **Solliden Schloss.** Es wurde zu Beginn des letzten Jahrhunderts gebaut, beherbergt mehrere Gärten und kann nur auf einem festgelegten Rundweg von außen besichtigt werden, denn es handelt sich um die Sommerresidenz der Königsfamilie.

ÖLANDS NORDEN (123 km – km 229)

Borgholm selbst hat nicht viel zu bieten, daher geht es direkt weiter auf der 136 nach Norden. Dabei trifft man auf mehrere Naturreservate, die ausgeschildert sind und alle etwas anderes zu bieten haben. So sind manche mit Vogelbeobachtungstürmen ausgestattet, in anderen sieht man Kalksandsteinfelsen oder großartige Blumenwiesen.

Das schönste von ihnen, die **Insel Blå Jungfrun,** ist gleichzeitig Nationalpark und nur per Schiff zu erreichen – von Byxelkrok auf Öland oder von Oskarshamn aus.

Der nördliche Teil Ölands besteht aus einer tief in die Insel hineinragende Bucht namens **Grankullaviken,** die von zwei Landzungen umrahmt wird. Auf der westlichen befinden sich weite Geröllfelder und der Leuchtturm Långe Erik, der den nördlichsten Punkt markiert.

Die andere Landzunge beherbergt das sehenswerte **Naturreservat Trollskogen.** Dieser Kiefernwald erscheint dem Besucher besonders abends bei Dämmerung durch die verwitterten knorrigen Bäume teilweise etwas gruselig.

Essen

Restaurang Sjöstugan, Byxelkrok, Tel. 0485 28330. Gartenlokal direkt am Kalmarsund mit verschiedenen Themenabenden.
Sandviks Kvarn, Sandvik, Tel. 0485 26172. In einer Mühle mit acht Etagen ist das rustikale Restaurant untergebracht und bietet internationale und öländische Kost.

Nationalpark Blå Jungfrun
Blå Jungfrun ist einer der kleinsten Nationalparks in Schweden. Dieses kleine Eiland im nördlichen Kalmarsund trägt auch den Beinamen Blåkulla, was so viel bedeutet wie Blocksberg. Der Name rührt von den vielen Hexengeschichten, die sich um die Insel ranken. Dabei leben auf der Insel nur Fledermäuse und einige kleinere Nagetiere sowie verschiedene Vogelarten.

⑬ Ekerums Camping *****
N56,78812 E016,58201
Lebhafter Platz mit Animationsprogramm. **Lage/Anfahrt:** zwischen der Ölandbrücke und Borgholm an der Straße 136; **Platzanzahl:** 700; **Untergrund:** Wiese; fest; **Ver-/Entsorgung:** Strom, Trinkwasser, Abwasser, Chemie-WC; **Preise:** 270 bis 370 Skr., je nach Lage und Ausstattung der Parzelle; **Geöffnet:** ganzjährig; **Kontakt:** Ekerums Camping, 38792 Borgholm, Tel. 0485 564700, Fax 564701, www.ekerum.nu

⑭ Gröndals Camping ****
N56,879843 E016,719528
Großer, gepflegter Platz am Kalmarsund. **Lage/Anfahrt:** an der nördlich von Borgholm gelegenen Bucht; auf der Straße 136 und am Ortsrand links der Beschilderung folgen; **Platzanzahl:** 150; **Untergrund:** Wiese; fest; **Ver-/Entsorgung:** Strom, Trinkwasser, Abwasser; **Preise:** 275-365 Skr., Strom 40 Skr.; **Geöffnet:** Mitte April-Ende September; **Kontakt:** Köpingevägen 41, 38750 Köpingsvik, Tel. 0485 72227, www.grondalscamping.se

⑮ Kronocamping Böda Sand ****
N57,274252 E017,049558
Sehr großer, lauter Platz. **Lage/Anfahrt:** in der Bödabucht; am Kreisverkehr auf der Straße 136 in Böda rechts abbiegen und der Beschilderung folgen; **Platzanzahl:** 1300 (!); **Untergrund:** Wiese, Sand; fest; **Ver-/Entsorgung:** Strom, Trinkwasser, Abwasser, Chemie-WC; **Preise:** 385-420 Skr., Dusche nur inkl. zwischen 10-15 Uhr, ansonsten ca. 1 Skr./Min.; **Geöffnet:** Mitte April-Anfang September; **Kontakt:** Kronocamping Böda Sand, 38075 Byxelkrok, Tel. 0485 22200, Fax 22376, www.kronocampingoland.se

⑯ Böda Hamns Camping ****
N57,235451 E017,058774
Lebhafter Familiencampingplatz mit Fischverkauf, Kanuverleih, Einkaufsladen, Spielplatz und und separatem Hundestrand. **Lage/Anfahrt:** am Fischereihafen von Böda; an der Abzweigung bei Mellböda Richtung Böda Hamn fahren, der Beschilderung folgen; **Platzanzahl:** 200; **Untergrund:** Wiese; fest; **Ver-/Entsorgung:** Strom,

Trinkwasser, Abwasser, Chemie-WC; **Preise:** 200 Skr., Strom 40 Skr.; **Geöffnet:** Ende April–Anfang Okt.; **Kontakt:** Paul Olofsson, Mellböda 2120, 38074 Löttorp, Tel. 0485 22043, Fax 22457, Mobil 0703800611, www.bodahamnscamping.se

77 Sonjas Camping *****

N57,178401 E017,038218

Großer, aber ruhiger Campingplatz. **Lage/Anfahrt:** an der Bucht Sandviken bei Löttorp; von der Straße 136 bei Löttorp abfahren und 2 km nördlich von Högbys Kirche abbiegen; **Platzanzahl:** 460; **Untergrund:** Wiese; **Ver-/Entsorgung:** Strom, Trinkwasser; **Preise:** 280 Skr. für den günstigsten Platz in der Hochsaison, Strom 50 Skr., Duschen 5 Skr./3 Min.; **Geöffnet:** Ende April–Anfang Oktober; **Kontakt:** Sandby 1280, 38074 Löttorp, Tel. 0485 23212, Fax 23255, Mobil 0703435495, www.sonjascamping.se

ÖLANDS SÜDEN (117 km – km 346)

Wanderparkplatz
N56,71976 E016,71057

Auf der Straße 136 geht es unweigerlich zurück bis zur kleinen Kreuzung bei Föra, wo es links auf einer ebenso gut befahrbaren Straße an der Ostküste bis in den Süden geht. Nach einer längeren Fahrt durch die agrarreiche Landschaft erscheint schließlich das Dorf Gårdby, das den Beginn zur **Weidelandschaft Stora Alvaret** markiert, die Weltkulturerbe ist. Als Alvar wird meist ein flacher, karstiger Untergrund bezeichnet, der an manchen Stellen mit einer dünnen Schicht Muttererde bedeckt ist.

Doch es macht wenig Sinn, mit dem Wohnmobil die ganze Straße bis in den Süden abzufahren in der Hoffnung, etwas von diesem Alvar aus der Fahrerkabine heraus zu entdecken. Daher sollte man einen

Der Süden Ölands ist landwirtschaftlich geprägt

der ausgeschilderten Parkplätze ansteuern wie z. B. in Hulterstad, von wo aus man weit in die Weidelandschaft hineinwandern kann.

Sehr sehenswert ist im südlichen Teil die **Burg Eketorp,** an der man automatisch vorbeikommt und die einen großen Parkplatz bereithält. Sie ist die Nachbildung einer typischen Fluchtburg aus der Eisenzeit mit einigen Holzhäusern inmitten der mächtigen Burgmauer.

› GPS: N56,29210 E016,48399, von Mitte Mai bis Anfang September, 11–17 Uhr, längstens bis 18 Uhr, 95 Skr., www.eketorp.se.

081sw Abb.: mm

So sah die Fluchtburg Eketorp einmal aus

Von Eketorp sollte man noch einen Abstecher an das südliche Ende Ölands machen. Dort befinden sich ebenfalls wie im Norden ein Leuchtturm und ein kleines Café. Angesteuert wird der **Südzipfel** häufig und gerne von Ornithologen. Anschließend geht es auf der Straße 136 wieder nordwärts zur Ölandbrücke, die nach einigen Kilometern am linken Horizont erscheint. Stellplatzmöglichkeiten im südlichen Teil Ölands sind sehr spärlich gesät.

Parkplatz an der Südspitze Ölands
N56,19778 E016,39871

Essen
Kvarn Krogen, Eketorpsvägen 1, Degerhamn, Tel. 0485 661340, www.kvarnkrogen.com, kurz vor dem südlichen Ende der Insel in einer alten Mühle mit typischer Hausmannskost oder frischem Fisch.

78 Camping Stenåsabadet **
N56,501971 E016,622121

Ruhiger, kleiner Campingplatz. **Lage/Anfahrt:** östlich von Stenåsa; südlich von Stenåsa auf die kleine Straße links abbiegen; **Platzanzahl:** 40; **Untergrund:** Wiese; **Ver-/Entsorgung:** Strom; **Preise:** 280 Skr. inkl. Strom; **Geöffnet:** April–Okt.; **Kontakt:** Stenåsabadet, Slagerstad, 38062 Mörbylånga, www.stenasa.com, Tel. 0485 44078, Mobil 0703640154

79 Haga Park Camping ****
N56,582055 E016,412276

Großer, dennoch ruhiger Campingplatz. Quick-Stop. **Lage/Anfahrt:** von Mörbylånga nördlich und an der zweiten Möglichkeit links Richtung Haga park; **Platzanzahl:** 350; **Untergrund:** Wiese; **Ver-/Entsorgung:** Strom, Trinkwasser; **Geöffnet:** Ende April–Anfang Oktober; **Preise:** 290 Skr., Strom 40 Skr.; **Kontakt:** Campingvägen 2, 39062 Mörbylånga, Tel. 0485 36030, www.hagaparkcamping.se

(80) Eriksöre Camping ****

N56,61760 E016,45081

Großer, kinderfreundlicher Platz mit Restaurant und eigenem Hundestrand. Quick-Stop. **Lage/Anfahrt:** 6 km südlich der Ölandbrücke; über die 136 in Richtung Norden und links abbiegen; **Platzanzahl:** 400; **Untergrund:** Wiese; **Ver-/Entsorgung:** Strom, Trinkwasser, Abwasser, Chemie-WC; **Preise:** 250–310 Skr. je nach Standort der Parzelle; **Geöffnet:** Mitte April–Ende September; **Kontakt:** Eriksöre Camping, Semestervägen, 38693 Färjestaden, Tel. 0485 39450, Fax 36507, http://firstcamp.se/campingar/eriksore

(81) Möllstorps Camping ****

N56,66431 E016,47645

Lebhafter Campingplatz mit Blick auf die Ölandbrücke. Quick-Stop. **Lage/Anfahrt:** auf der Südseite der Brücke, hinter der Touristeninformation; am ovalen Kreisverkehr die letzte Ausfahrt nach rechts benutzen und an der Touristeninformation vorbei; **Platzanzahl:** 600; **Untergrund:** Wiese, Sand; fest; **Ver-/Entsorgung:** Strom, Trinkwasser, Abwasser, Chemie-WC; **Preise:** 360 Skr.; **Geöffnet:** Ende April–Anfang Sept.; **Kontakt:** Möllstorps Camping, Turistvägen, 38695 Färjestaden, Tel. 0485 39388, www.mollstorps-camping.se

NYBRO (27 km – km 373)

Öland verlässt man natürlich wieder über die 6 km lange Brücke und durchquert erneut Kalmar. Für ein kurzes Stück geht es auf der E22 südwärts bis nach wenigen Kilometern die Straße 25 nach rechts abzweigt und nach Växjö ausgeschildert ist. In Nybro erreicht man ein weiteres Markenzeichen Smålands, das Glasreich oder auf Schwedisch Glasriket. Über ein Dutzend **Glashütten** liegen hier auf engstem Raum und sind für ihre Glasprodukte weltberühmt geworden. Das ganze Jahr über können die Hütten besucht werden und man darf den Glasbläsern dabei zuschauen, wenn sie aus einem glühenden Klumpen formschöne Skulpturen schaffen. Natürlich bieten die Hütten auch **Werksverkauf** an. Direkt auf dem Weg nach Växjö liegen die Glashütten Nybro, Boda, Åfors und Sandvik bei Hovmantorp. Alle Glashütten haben sich zu einem Verbund zusammengeschlossen, der einen Besucherpass für die Hütten anbietet. Mit diesem ist der Besuch kostenlos und der Einkaufspreis auf die Glasprodukte wird reduziert.

› **Glashütte Boda,** GPS: N56,72980 E015,67704

Souvenir gefällig?

082sw Abb.: mm

Wer bei Eriksmåla, rund 30 km hinter Nybro auf die Straße 28 nordwärts abbiegt, macht nicht nur einen kleinen Abstecher nach **Kosta,** sondern kann dort auch neben zwei weiteren Glashütten den **Grönåsens Älgpark** besuchen. Es ist wohl anzunehmen, dass dies die letzte Möglichkeit sein wird, Elche in Schweden zu sehen, denn noch weiter südlich ist die Chance, den König der nordischen Wälder zu sehen, eher als gering einzuschätzen. Bei Kosta befindet sich dieser Elchpark, der nicht nur die Tiere zeigt, sondern auf einer Führung über die Entwicklung, das Leben und die Gefahren im Straßenverkehr informiert. Zudem gibt es noch einen 1300 m langen Rundweg durch den angrenzenden Wald, in dem Aussichtstürme aufgestellt sind und es gute Chancen gibt, Elche zu entdecken. Abschließend kann man sich natürlich im Souvenirladen mit allen erdenklichen Elch-Andenken eindecken oder in der angrenzenden Grillstube Elchwurst probieren.

82 Gökaskratts Camping ***
N56,784085 E015,131484

Ruhiger Campingplatz am See Rottnen. **Lage/Anfahrt:** südlich von Hovmantorp; auf der Straße 25 links abbiegen und der Beschilderung folgen; **Platzanzahl:** 50; **Untergrund:** Wiese; **Ver-/Entsorgung:** Strom, Trinkwasser; **Preise:** 250 Skr.; **Kontakt:** Bruksallén, 36051 Hovmantorp, Tel. 0478 40807, www.gokaskratt.se

VÄXJÖ (82 km - km 455)

Information (TC)

Växjö Turistbyrå, Stadsbiblioteket, Residenset, Stortorget, Kronobergsgatan 7, 35233 Växjö, Tel. 0470 733280, Fax 796975, www.turism.vaxjo.se, im Sommer Mo–Fr 9.30–18 Uhr, Sa/So 10–14 Uhr, sonst Mo–Fr 9.30–16.30 Uhr

Parkplatz an der Fußgängerzone

N56,87597 E014,80144

Die Stadt Växjö ist relativ schnell bereist. Schon bei der Anfahrt, die von Osten kommend einfach über die Straße 25 vonstatten geht, sieht man die beiden schmalen Turmspitzen des **Domes** in der Sonne blitzen. Diese sind sehr markant und werden auch meist als Doppelturm bezeichnet, da sie sehr eng beieinander stehen. Im Inneren des Gotteshauses aus dem 12. Jahrhundert findet sich ein fünf Meter hoher Altar mit zahlreichen handwerklichen Schmiedearbeiten. Vor dem Dom beginnt die lange Fußgängerzone der Stadt mit ihren zahlreichen Einkaufsmöglichkeiten, welche Växjö als Einkaufsstadt bekannt gemacht hat.

Essen

Restaurang Excelle, Klostergatan 1, Tel. 0470 44966.
Mittagstisch mit Hausmannskost und Salatbuffet.

⍓ *Der Dom überragt die Innenstadt von Växjö*

83 Evedals Camping ***

N56,92203 E014,81860

Ruhiger und gemütlicher Campingplatz, von Wald umgeben. **Lage/Anfahrt:** am Ufer des Sees Helgasjön; über die Sandsbrovägen Richtung nördliches Industriegebiet und am Kreisverkehr links; **Untergrund:** Wiese; **Ver-/Entsorgung:** Strom, Trinkwasser; **Preise:** 320 Skr.; **Geöffnet:** ganzjährig; **Kontakt:** Evedals Camping, 35263 Växjö, Tel. 0470 63034, Fax 63122, www.evedalscamping.com

RONNEBY (88 km - km 543)

Information

Ronneby Turistbyrå, Västra Torggatan 1, 37230 Ronneby, Tel. 0457 617570, Fax 617575, www.ronneby.se, in der Hauptsaison Mo-Fr 10-18 Uhr, Sa 10-14 Uhr, So 11-15 Uhr, sonst Mo-Fr 10-17 Uhr.

Auf dem Weg nach Ronneby geht es südwärts durch die Wälder von Blekinge auf der Straße 30. Ausgeschildert ist zunächst Karlskrona, nicht zu verwechseln mit Karlshamn, beide Ortschaften kommen später und liegen auf dieser Route in entgegengesetzter Richtung. Kurz vor Ronneby unterquert man die E22 und fährt in die Ortschaft hinein. Der Turm der Heiligen Kreuzkirche markiert den Weg ins Zentrum. Am dritten Kreisverkehr biegt man links ins Zentrum ab. Dort kann in der Nähe des Hauptmarktes gut geparkt werden. Doch die eigentliche Sehenswürdigkeit liegt etwas weiter flussabwärts, wohin man vom Zentrum aus in wenigen Gehminuten gelangt. Der Fluss Ronnebyån fließt gemächlich direkt am **Ronneby Brunnspark** vorbei. Hier befindet sich ein prächtiges Hotel, das in der Bevölkerung zu Recht auch den Beinamen Schloss trägt. Es liegt mitten in einem herrlichen **Stadtpark** mit einem Wasserfall, exotischem Baumbewuchs und einem japanischen Garten. Zudem sieht man einige Kurhäuser, da Ronneby ein Kurort ist und im Park eine Quelle mit gesundheitsförderndem Wasser entspringt.

84 Tingsryds Resort ****
N56,528708 E014,961544
Kinderfreundlicher und lebhafter Platz mit Tennisplätzen, Minigolf und Fußballfeld. **Lage/Anfahrt:** direkt am See Tiken, 1,5 km westlich von Tingsryd; auf der Straße 30 bis zur Kreuzung der Straße 120; **Platzanzahl:** 170; **Untergrund:** Wiese; fest; **Ver-/Entsorgung:** Strom, Trinkwasser, Abwasser; **Preise:** 325 Skr., Strom 45 Skr.; **Geöffnet:** ganzjährig; **Kontakt:** Tingsmalavagen 11, 36231 Tingsryd, Tel. 0477 10554, Fax 31825, www.tingsrydresort.se

85 Ronneby Havscamping ***
N56,15615 E015,38532
Campingplatz direkt am Wasser. **Lage/Anfahrt:** bei Listerby auf der Halbinsel zwischen Karlskrona und Ronneby; auf der E22 am Kreisverkehr Richtung Listerby, 9 km über kleine Landstraße; **Platzanzahl:** 175; **Untergrund:** Wiese; **Ver-/Entsorgung:** Strom, Entsorgungsstation; **Preise:** 200 Skr. exkl. Duschen, Strom 40 Skr.; **Geöffnet:** Ende April–September; **Kontakt:** Torkövägen 52, 37294 Listerby, Tel. 0457 30150, Fax 30151, www.ronnebyhavscamping.se

KARLSKRONA (25 km - km 568)

Information (TC)

Turystbyrån Karlskrona, Stortorget 2, 37134 Karlskrona, Tel. 0455 303490, Fax 303494, www.visitkarlskrona.se, Juni–August tägl. 9–19 Uhr, sonst Mo–Fr 12–17 Uhr, Sa 10–14 Uhr

Die weitere Reise wird später zwar nach Westen verlaufen, doch eine vorherige Fahrt in das östlich gelegene Karlskrona ist ein Muss, besonders, da die Stadt über die E22 sehr schnell zu erreichen ist. Ginge es bei der Wahl der Hauptstadt nach der Anzahl der Inseln, dann wäre nicht Stockholm die Hauptstadt Schwedens sondern Karlskrona, das auf 33 Inseln erbaut wurde. Dies macht die Stadt zu Schwedens südlichstem Schärengarten, von nun an kommen weiter südlich wieder lange Sandstrände. Als Erstes fällt auf dem Weg ins Zentrum die Beschilderung nach Gdańsk bzw. Danzig auf – Karls-

[<] *Exponate im Marinemuseum*

krona ist Hafenstadt mit einer Verbindung nach Polen. Zweigt man am Trafikplats Karlskrona Väst rechts ab und folgt der Beschilderung ins Zentrum, passiert man zunächst den Campingplatz und gelangt später ganz automatisch in das Zentrum der Stadt, das sich auf einer der zahlreichen Inseln befindet. Gegründet wurde Karlskrona vom gleichnamigen *Karl XI.* und wurde schnell zu einer Schiffsbaustadt.

Karlskrona Parkplatz im Zentrum
N56,16082 E015,58494

Begonnen hat alles mit der alten Werft „Gamla Varvet", in der Segelschiffe bereits im ausgehenden 17. Jahrhundert gebaut wurden. Gleichzeitig kam die **königliche Marinebasis** in die Stadt und prägt seitdem das Stadtbild, das den Eintrag in die UNESCO-Weltkulturerbeliste fand. Die Jury argumentierte mit dem notwendigen Erhalt eines Stadtbildes, das den militärischen Einfluss deutlich zeigt. So sind zahlreiche militärische Gebäude zu sehen, wie z. B. die **Admiralitätskirche,** die Bastion Aurora und die zahlreichen Offizierswohnhäuser.

Geht man vom Stortorget, dem zentralen Platz der Insel, am Tourismusbüro vorbei auf die Kyrkogatan, dann überquert man eine kleine Brücke und erreicht die vorgelagerte **Insel Stumholmen** mit dem sehenswerten **Marinemuseum.** Es ist eines der ältesten des Landes und präsentierte bereits Mitte des 18. Jahrhunderts Schiffsmodelle. Vor dem Museum befindet sich eine Bootssammlung verschiedener Marineschiffe, während im Inneren die Geschichte der Marine anschaulich und kurzweilig gezeigt wird. Man kann zahlreiche Galionsfiguren bewundern sowie auch einen Unterwassergang vornehmen und bei klarem Ostseewasser Teile eines Schiffswracks erkennen.

› **Marinemuseum,** Stumholmen, Tel. 0455 359300. Das Museum wurde im Jahr 2015 vom Verband der schwedischen Museen zum Museum des Jahres gewählt. Die Geschichte der Marine mit zahlreichen audiovisuellen Präsentationen auf zwei Etagen, 130 Skr., Juni-August tägl. 10-18 Uhr, sonst Di-So 11-17 Uhr, www.marinmuseum.se.

Sehenswertes

Museum Blekinge, Borgmästaregatan 21, 37135 Karlskrona, Tel. 0455 304960, www.blekingemuseum.se. Kunst- und Geschichtsmuseum, zum Teil auf der Insel Stumholmen, zum Teil auf der Altstadtinsel, im Sommer tägl. 10-18 Uhr, Eintritt frei.

86 Skönstaviks Camping ****

N56,201572 E015,605559

Moderner, großer Campingplatz an einer Bucht. **Lage/Anfahrt:** direkt an der Verbindungsstraße zwischen E22 und Karlskrona-Zentrum; **Platzanzahl:** 220; **Untergrund:** Wiese; **Ver-/Entsorgung:** Strom, Trinkwasser, Abwasser, Chemie-WC, Gasversorgung; **Preise:** 255-320 Skr. inkl. Duschen; **Geöffnet:** April-Aug.; **Kontakt:** Ronnebyvägen, 37191 Karlskrona, Tel. 0455 23700, Fax 23792, www.skonstavikcamping.se

(87) Dragsö Bad und Camping ****

N56,172547 E015,568228

Kleiner Platz auf der Insel Dragsö, einem beliebten Angelrevier. **Lage/Anfahrt:** im Zentrum der Beschilderung nach Dragsö folgen; **Untergrund:** Wiese; fest; **Ver-/Entsorgung:** Strom, Trinkwasser, Abwasser, Chemie-WC; **Preise:** 245–320 Skr./Stellplatz je nach Standort, exkl. Duschen inkl. Strom; **Geöffnet:** Mitte April–Mitte Oktober; **Kontakt:** Dragsö Camping, Dragsovägen, 37137 Karlskrona, Tel. 0455 15354, Fax 15277, www.dragso.se

KARLSHAMN (52 km – km 620)

Information

Karlshamns Turistbyrå, Pirgatan 2, 37481 Karlshamn, Tel. 0454 81203, Fax 81225, www.karlshamn.se, in der Hauptsaison Mo–Fr 9–19 Uhr, Sa 10–18 Uhr, So 12–18 Uhr, sonst Mo–Fr 10–17 Uhr

Parkplatz Zentrum
N56,17022 E014,86393

Nach diesem Abstecher geht es wieder auf der E22 nach Westen. Hinter Ronneby erscheint bei Åryd der Abzweig zum **Safaripark Eriksberg,** einem der größten Wildgehege Schwedens mit zahlreichem Rotwild, Wisenten und Wildschweinen.

Karlshamn bietet am Stadtrand das **Kreativum,** in dem vor allem Kinder ihre Freude haben und zahlreiche naturwissenschaftliche Experimente ausprobieren können.

› GPS: N56,19265 E014,85219, tägl. 10–17 Uhr, 150 Skr., www.kreativum.se

Im späteren Verlauf trifft die E22 auf **Sölvesborg,** wo sich eine ehemals dänische Burg befindet, die heute jedoch nur in Überresten vorzufinden ist. Die Gemeinde Sölvesborg bietet mehrere Stellplatzmöglichkeiten für Wohnmobiltouristen an. Am **Torsö Gästehafen** (N55,999578 E014,64883) existieren sechs Stellflächen für 130 Skr. inkl. Duschen und Toiletten.

In **Krokåshamn am Gästehafen** dürfen Wohnmobile ebenfalls stehen (N56,049471 E014,75654), genauso wie am **Hafen von Nogersund** (N56,004491 E014,734905). Auf dem Parkplatz des **Golfclubs** von Sölvesborg ist die Übernachtung gegen ein Entgelt von 100 Skr. erlaubt, inkl. Strom, Dusche und Toilette.

Außerdem gibt es Norden der Ortschaft noch die **Jugendherberge,** bei der man ebenfalls auf dem Parkplatz nächtigen darf (N56,067731 E014,566492), 200–250 Skr. inkl. Strom.

Anschluss
Route 9

AN DER KÜSTE SKÅNES ENTLANG BIS ZUM AUSGANGSPUNKT

Das bereits bekannte Skåne mit seinen goldgelben Feldern ist Beginn und Abschluss einer langen Schwedenreise. Die Küstenform geht wieder in lange Sandstrände über und auf dem Weg befinden sich alte Königsgräber und die größte Schiffssetzung Skandinaviens, die auch als Grabmal dient. Zum Abschluss geht es durch eine Stadt, die nicht nur aufgrund ihres Hafens bekannt ist, sondern auch durch zahlreiche Romane berühmt wurde.

123sw Abb.: mm

Im Gegensatz zu den Schärenküsten weiter nördlich gibt es an der Südküste weite Sandstrände

ROUTE 9: DER SÜDEN

DIE KORNKAMMER SCHWEDENS

STRECKENVERLAUF

Anschluss
Route 8

Strecke:
Kristianstad (53 km) - Kivik (53 km) - Simrishamn (18 km) - Kåseberga (32 km) - Ystad (11 km)

Streckenlänge:
circa 167 km

KRISTIANSTAD (53 km - km 53)

Information (TC)
Kristianstads Turistbyrå, Östra Storgatan 25, 29132 Kristianstad, Tel. 044 135335, Fax 120898, www.kristianstad.se, im Sommer Mo-Fr 10-19 Uhr, Sa 10-15 Uhr, So 10-14 Uhr, sonst Mo-Fr 10-17 Uhr, Sa 10-14 Uhr

Parkplatz im Zentrum
N56,031144 E014,15871

Wie Karlskrona erhielt auch diese Stadt ihren Namen durch den Stadtgründer, in diesem Fall *Christian IV.* Auf der E22 passiert man den tiefsten Punkt Schwedens mit 2,41 m unter dem Wasserspiegel, bekommt aber nicht viel davon mit. Direkt dahinter erscheint die Abfahrt in das Zentrum der Stadt. Am ersten Kreisverkehr biegt man schließlich links ab und fährt später entweder in den Östra Boulevarden oder in den Västra Boulevarden, wo sich mehrere Parkmöglichkeiten befinden.

Stellplatz
Zentral an der Skeppsbron bzw. der Marina gelegen befindet sich ein Stellplatz, auf dem man für 100 Skr. übernachten darf. Ver- und Entsorgung sowie ein Toilettenhäuschen sind vorhanden.

Nun ist man schon im Stadtzentrum, das von einem Kanal umgeben ist. Die Straßen sind rechtwinklig angelegt und beherbergen zahlreiche historische Gebäude. Manche von ihnen stammen aus der Zeit der Stadtgründung durch *Christian IV.* Mancherorts findet man noch Spuren mit seinem Siegel, das die Inschrift „C4" trägt. Das Tourismusbüro hält einen deutschsprachigen Prospekt bereit, in dem alle sehenswerten Gebäude auf einem Stadtrundgang beschrieben werden.

Essen
Artilleristen, Stora Torg, Tel. 044 215400. Gehobenes Restaurant mit internationalen und lokalen Spezialitäten.

(88) Charlottsborgs Camping und Vandrarhem **
N56,019839 E014,125918
Kleiner, ruhiger Campingplatz an einer Jugendherberge. **Lage/Anfahrt:** an der E22, 3 km westlich von Kristianstad; **Platzanzahl:** 25; **Untergrund:** Wiese; **Ver-/Entsorgung:** Strom, Trinkwasser; **Preise:** 160 Skr. inkl. Dusche, Strom 40 Skr.; **Geöffnet:** ganzjährig; **Kontakt:** Slättingsvägen 98, 29160 Kristianstad, Tel. 044 210767, Fax 200278, www.charlottsborgsvandrarhem.com

Im Zentrum von Kristianstad findet sich immer ein Parkplatz

KIVIK (53 km – km 106)

Von Kristianstad sollte man zurück auf die E22 und eine Ausfahrt wieder gen Osten fahren. Dort bei Viby geht es auf die Straße 118, die direkt auf die Küste zuführt und über Åhus und Yngsjö in Küstennähe verläuft. So liegt dort ein Badeplatz am nächsten und es gibt wieder endlose Sandstrände. Später geht es auf die Straße 9 bis Kivik.

Am Rande des Dorfes befindet sich das größte **Königsgrab** (Kungagraven) Schwedens aus der Bronzezeit. Nach einem kurzen Gang durch den Wald trifft man auf ein Café. Dort befindet sich auch die 3000 Jahre alte Grabstätte. Es handelt sich um einen Steinhaufen mit 75 m Durchmesser und einem Gang in die darunter liegende Grabkammer. In dieser dunklen und kühlen Kammer sind zehn aufrecht stehende Steinplatten mit verschiedenen Symbolritzungen zu sehen.

› GPS: N55,68364 E014,23321, Grabkammer und Café sind von Mitte Mai bis Ende August geöffnet, Eintritt frei. Die Grabstätte selbst kann das ganze Jahr hindurch besichtigt werden.

Picknickplatz
N55,71916
E014,13310
auf der Straße 9 hinter Brösarp

(89) Kiviks Camping ***

N55,69028 E014,21192

Gemütlicher Campingplatz mit Blick auf die Ostsee. **Lage/Anfahrt:** an der Straße 9, am nördlichen Rand von Kivik; **Platzanzahl:** 50; **Untergrund:** Wiese; **Ver-/Entsorgung:** Strom, Trinkwasser; **Preise:** 270 Skr./Stellplatz, exkl. Duschen, 45 Skr.; **Geöffnet:** Mitte April–Anfang Oktober; **Kontakt:** Väg 9, 27732 Kivik, Tel. 0414 70930, Fax 70934, www.kivikscamping.se

SIMRISHAMN (18 km – km 124)

Im weiteren Verlauf der Straße 9 trifft man auf Simrishamn, das einen gemütlichen Ortskern besitzt. Die Stadt protzt nicht mit markanten oder mächtigen Sehenswürdigkeiten, sondern besitzt einfach nur eine angenehme Atmosphäre. Am kleinen Hafen unterhalb der Einkaufsstraße befindet sich das Tourismusbüro und am anderen Ende der Fußgängerzone werden regelmäßig Trödelmärkte veranstaltet.

Seit dem Jahr 2008 verfügt das kleine Hafenstädtchen über ein schönes Automuseum. 60 Pkw, aber auch 45 Motorräder und drei Flugzeuge sind dort ausgestellt.

› **Autoseum Simrishamn,** Fabriksgatan 10, 27236 Simrishamn, Tel. 0414 13780, www.autoseum.se, unregelmäßig geöffnet, 130 Skr.

Über die Straße 9, die nach Trelleborg und Ystad ausgeschildert ist, gelangt man nach wenigen Kilometern zur **Burg Glimmingehus.** Schon von Weitem sieht man die hohe Steinburg aus dem 16. Jahrhundert. Sie ist in vielen Teilen noch so erhalten wie bei der Fertigstellung und heutzutage oftmals Kulisse für Mittelalterfeste und Theateraufführungen.

(90) Borrbystrand Camping ***

N55,435856 E014,23296

Zwischen Kiefern in unmittelbarer Strandnähe mit Sandstrand. **Lage/Anfahrt:** auf der Küstenstraße südlich von Simrishamn kurz hinter Skillinge; **Platzanzahl:** 132; **Untergrund:** Sand; fest; **Ver-/Entsorgung:** Strom, Trinkwasser; **Preise:** 290 Skr., Strom 40 Skr.; **Geöffnet:** Mitte April–Mitte September; **Kontakt:** Tel. 0411 521260, www.borrbystrandscamping.com

Information (TC)

Simrishamns Turistbyrå, Varvsgatan 2, 273231 Simrishamn, Tel. 0414 819800, Fax 16364, www.turistbyra.simrishamn.se, www.visitystadosterlen.se, Juni–Aug. Mo–Fr 9–19 Uhr, Sa 10–18 Uhr, So 11–20 Uhr

Stellplatz am Café

N55,466846 E014,210769

Zwei Kilometer außerhalb von Borrby bietet ein B&B mit Café einen kleinen Schotterparkplatz zum Übernachten mit dem Wohnmobil an. Abseits und ruhig gelegen, jedoch nicht an der Küste. 140 Skr. inkl. Strom, WLAN wird auch angeboten, www.catrinegarden.se.

Eine Kutschpartie durch Simrishamn

KÅSEBERGA (32 km – km 156)

Fährt man weiter durch die hügelige Landschaft in Richtung Ystad, dann darf man den Abzweig nach Kåseberga nicht verpassen. Dort liegt hoch oben auf einer Steilküste die geheimnisvolle **Steinsetzung Ales stenar.** 59 Steine, zum Teil über 2 m hoch, wurden in Form eines Schiffes aufgestellt und noch heute ist nicht ganz sicher, wofür dieses 67 Meter lange Monument dienen soll. Es wird zwar grundsätzlich angenommen, dass Steinsetzungen als Grabmal gedacht waren, doch in diesem Fall gibt es auch die Vermutung eines Sonnenkalenders. Vom Parkplatz unterhalb des Bergrückens führt ein steiler Wanderweg über die Wiesen hinauf bis zur Steilküste.

YSTAD (11 km – km 167)

Ystad ist die letzte Stadt auf dieser Schwedenreise und kann nochmals einen ganzen Besichtigungstag beanspruchen. Fährt man nur auf der Straße 9 durch die Stadt, so sieht man bloß den Hafen, der Schweden mit Polen und der dänischen Insel Bornholm verbindet. Doch bei einem Stopp im Zentrum kann man die zwei Merkmale der Stadt ausmachen. Zum einen wären das die zahlreichen **Fachwerkhäuser,** die für Schweden eher untypisch sind, und zum anderen die Geschichten des 2015 verstorbenen Romanautors *Henning Mankell.* Er erfand den **Kommissar Wallander,** der in vielen Romanen in Ystad unterwegs ist. Das Tourismusbüro gibt gerne Informationen heraus, damit man auf den Spuren des Kommissars wandeln kann. Die Bücher haben die Stadt in der ganzen Welt berühmt gemacht. Auf www.visitsweden.com/wallander finden sich weitere Informationen zu den Schauplätzen der Krimis.

Sehenswert sind in der quirligen und verwinkelten Altstadt die dreischiffige **Marienkirche** aus dem 13. Jahrhundert sowie das Gråbrödra-Kloster mit seinem Klostergarten.

088sw Abb.: mm

Fachwerkhäuser findet man in Schweden fast nur in Ystad

Information (TC)

Ystads Turistbyrå, S:t Knuts Torg, 27142 Ystad, Tel. 0411 577681, Fax 555585, www.ystad.se, im Sommer Mo–Fr 9–19 Uhr, Sa–So 10–18 Uhr, sonst Mo–Fr 9–17 Uhr

Sehenswertes

Militärmuseum, Nils Ahlins gata 19, www.ystadsmilitarmuseum.se, Tel. 0411 19014. Im Regimentsgelände im Ostteil Ystads kann man Uniformen und Waffen aus früheren Jahrhunderten besichtigen, geöffnet von Mitte Juni bis Ende August Mo–So 12–16 Uhr, 50 Skr.

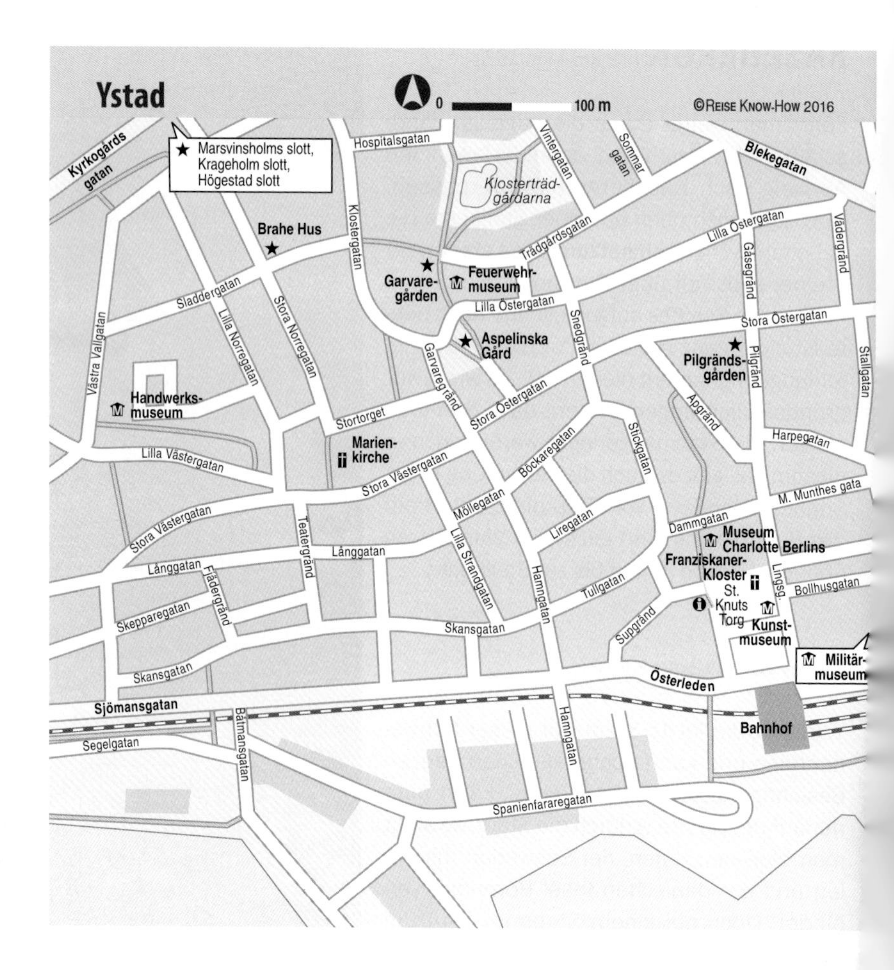

Rund um den nördlichen Teil von Ystad verläuft die Straße 9. Dieser folgt man schließlich auf direktem Wege nach Trelleborg, wo es mit der Fähre wieder zurück nach Deutschland geht. Dabei verläuft die Straße sehr schön an der Ostsee entlang und bietet noch einmal einen schönen Blick auf die schwedische Küste, bevor man schließlich wieder nach Hause fährt.

91 Sandskogens Camping ****

N55,36348 E013,42930

Großer Familiencampingplatz im Wald in der Nähe der Küste. **Lage/Anfahrt:** direkt an der Straße 9 auf dem Weg in die Stadt; **Platzanzahl:** 150; **Untergrund:** Wiese, Sand; fest; **Ver-/Entsorgung:** Strom, Trinkwasser; **Preise:** 285 Skr. exkl. Duschen, Strom 45 Skr.; **Geöffnet:** Ende April–Ende September; **Kontakt:** Österleden, 27180 Ystad, Tel. 0411 19270, Fax 19169, www.ystadcamping.se

Stellplatz

N55,339824 E013,362699

Große Rasenfläche in Smygehuk, am südlichsten Punkt Schwedens, 100 Skr.

TRANSIT

089sw Abb.: mm

109sw Abb.: kw

ANHANG

ÜBERSICHT CAMPINGPLÄTZE

GPS-Koordinaten der im Buch beschriebenen Campingplätze (Kartendatum WGS84)

ROUTE 1: TRELLEBORG - GÖTEBORG

Nr.	Name	Ort	geografische Koordinaten
01	Ljungens Camping	Falsterbo	N55,397222 E012,865344
02	Borstahusens Camping	Landskrona	N55,901093 E012,804614
03	Lerbergets Camping	Höganäs	N56,18217 E012,55809
04	First Camp Mölle	Möllehässle	N56,27074 E012,52921
05	Råbocka	Ängelholm	N56,254026 E012,833523
06	First Camp Båstad	Båstad	N56,433375 E012,635715
07	Skummeslövs Ekocamping	Skummeslövsstrand	N56,45928 E012,93281
08	Skummeslövsstrands Camping	Skummeslövsstrand	N56,45591 E012,91800
09	Marias Camping	Mellbystrand	N56,51944 E012,94640
10	Halmstad Camping	Tylösand	N56,658603 E012,756565
11	Hagöns Camping	Halmstad	N56,63623 E012,899945
12	Olofsbo Camping	Falkenberg	N56,923532 E012,391269
13	Skrea Camping	Falkenberg	N56,88318 E012,51592
14	Hansagårds Camping	Falkenberg	N56,87441 E012,53016
15	Silverlyckans Camping	Kungsbacka	N57,425017 E012,157209
16	Apelvikens Camping	Varberg	N57,087988 E012,247787
17	Getteröns Camping	Varberg	N57,116739 E012,214029
18	Läjets Camping	Varberg	N57,073017 E012,281975
19	Göteborgs Camping Lilleby	Göteborg	N57,743627 E011,756599
20	Lisebergsbyn Kärralund	Göteborg	N57,704508 E012,029985
21	Lisebergs Camping Askim Strand	Göteborg	N57,628476 E011,921484

ROUTE 2: GÖTEBORG - BENGTSFORS

Nr.	Name	Ort	geografische Koordinaten
22	Trollhättans Camping	Trollhättan	N58,29288 E012,29691
23	Ursands Camping	Vänersborg	N58,41470 E012,31986
24	Lidköping SweCamp Kronocamping	Lidköping	N58,51374 E013,14019
25	Filsbäcks Camping	Lidköping	N58,49324 E013,24693
26	Läckö Camping	Lidköping	N58,674852 E013,216499
27	Kinnekulle Camping	Hällekis	N58,631063 E013,432117
28	Unda Camping	Uddevalla	N58,329616 E011,823263
29	Ramsvik Camping	Sotenäset	N58,439322 E011,267692
30	Wiggersviks Familjecamping	Smögen	N58,362621 E011,280931
31	Johannesvik Camping	Smögen	N58,365907 E011,281382
32	Solvik Camping	Kungsham	N58,39111 E011,26250
33	Tanums Camping	Tanumshede	N58,70076 E011,34066
34	Lagunen Camping	Strömstad	N58,91287 E011,20380
35	Daftö Resort	Strömstad	N58,90473 E011,20208

ROUTE 3: BENGTSFORS - TORSBY

Nr.	Name	Ort	geografische Koordinaten
36	Örnäs Camping	Åmål	N59,04692 E012,72176
37	Duse Udde Camping	Säffle	N59,084824 E012,888004
38	Arvika SweCamp Ingestrand	Arvika	N59,62597 E012,61381
39	Karlstad SweCamp	Karlstad	N59,362617 E013,358871
40	Skutbergets Camping	Karlstad	N59,375288 E013,394737
41	Kristinehamn Herrgårdscamping	Kristinehamn	N59,307808 E014,067091
42	Lunedets Camping	Karlskoga	N59,335728 E014,517145
43	Villingsbergsgårdens Camping	Villingsberg	N59,27916 E014,68430
44	Sunne SweCamp Kolsnäs	Sunne	N59,825288 E013,140593

ROUTE 4: TORSBY - SALA

Nr.	Name	Ort	geografische Koordinaten
45	Malungs Camping	Malung	N60,68219 E013,69757
46	Orsa SweCamp	Orsa	N61,120967 E014,598749
47	Mora Parkens Camping	Mora	N61,00829 E014,532133
48	Siljansbadets Camping	Rättvik	N60,89034 E015,10669
49	Enåbadets Camping	Rättvik	N60,888869 E015,133334
50	Leksands Camping	Leksand	N60,750542 E014,972402
51	Lugnets Camping	Falun	N60,620761 E015,651773

ROUTE 5: SALA - NORRKÖPING

Nr.	Name	Ort	geografische Koordinaten
52	Fyrishov Camping	Uppsala	N59,870513 E017,623165
53	Bredäng Camping	Stockholm	N59,295065 E017,924291
54	Ängby Camping	Drottningholm	N59,33776 E017,90168
55	Mariefreds Camping	Mariefred	N59,26412 E017,25425
56	Vilsta Camping	Eskilstuna	N59,351319 E016,509426
57	Parken Zoo Tuna Campinf	Eskilstuna	N59,370544 E016,471295
58	Västerås Mälarcamping	Västerås	N59,575091 E016,522611
59	Gustavsvik Camping	Örebro	N59,2546 E015,19082
60	Djulöbadets Camping	Katrineholm	N58,969194 E016,210155
61	Strandstuvikens Bad och Camping	Nyköping	N58,735007 E017,012501

ROUTE 6: NORRKÖPING - OSKARSHAMN

Nr.	Name	Ort	geografische Koordinaten
62	Glyttinge Camping	Linköping	N58,42125 E015,56111
63	Vätterviksbadets Camping	Vadstena	N58,464403 E014,93351
64	Öninge Camping	Ödeshög	N58,249966 E014,623575
65	Getingaryds Familjecamping	Gränna	N58,02649 E014,45745
66	Grännastrandens Familjecamping	Gränna	N58,02780 E014,45808
67	Mycklaflons Camping	Eksjö	N57,589515 E015,245247

ROUTE 7: GOTLAND

Nr.	Name	Ort	geografische Koordinaten
68	Strandskogens Camping Sudersand	Fårö	N57,955452 E019,249957
69	Solhaga Camp	Fårö	N57,896162 E019,093401
70	Åminne Fritid	Åminne	N57,61362 E018,75715
71	Tofta Camping	Tofta	N57,48578 E018,13186

ROUTE 8: KALMAR - KARLSHAMN

Nr.	Name	Ort	geografische Koordinaten
72	Stensö Camping	Kalmar	N56,649975 E016,327389
73	Ekerums Camping	Ekerum	N56,78812 E016,58201
74	Gröndals Camping	Borgholm	N56,879843 E016,719528
75	Kronocamping Böda Sand	Böda	N57,274252 E017,049558
76	Böda Hamns Camping	Böda	N57,235451 E017,058774
77	Sonjas Camping	Löttorp	N57,178401 E017,038218
78	Stenåsabadet	Stenåsa	N56,501971 E016,622121
79	Haga Park Camping	Haga	N56,582055 E016,412276
80	Eriksöre Camping	Eriksöre	N56,61760 E016,45081
81	Möllstorps Camping	Kalmar/Öland	N56,66431 E016,47645
82	Gökaskratts Camping	Hovmantorp	N56,784085 E015,131484
83	Evedals Camping	Växjö	N56,92203 E014,81860
84	Tingsryds Resort	Tingsryd	N56,528708 E014,961544
85	Ronnebyhavs Camping	Ronneby	N56,15615 E015,38532
86	Skönstaviks Camping	Karlskrona	N56,201572 E015,605559
87	Dragsö Bad und Camping	Karlskrona	N56,172547 E015,568228

ROUTE 9: KARLSHAMN - YSTAD

Nr.	Name	Ort	geografische Koordinaten
88	Charlottsborgs Camping	Kristianstad	N56,019839 E014,125918
89	Kiviks Camping	Kivik	N55,69028 E014,21192
90	Borrbystrand Camping	Skillinge	N55,435856 E014,23296
91	Sandskogens Camping	Ystad	N55,36348 E013,42930

WOMO-WÖRTERLISTE DEUTSCH – SCHWEDISCH

A

Abblendlicht	*halvljus*
abdichten	*täta, isolera*
abschleppen	*bogsera bort*
Abschleppseil	*bogserlina*
Abschleppwagen	*bärgningsnil*
abstellen	*ställa*
Abwasser	*avloppsvatten, spillvatten*
Achse	*axel*
Alarmanlage	*larmanläggning*
Alkoholtest	*alkoholtest*
Ampel	*trafikljus, trafiksignal*
Anlasser	*startmotor*
Anschluss	*anslutning*
Anwohner	*boende*
Auffahrt	*påfart*
Auffahrunfall	*påkörning bakifrån*
Ausfahrt	*avfart, utvart*
Auspuff	*avgassystem, avgasrör*
Auto	*bil*
Autobahn	*motorväg*
Autowerkstatt	*bilverkstad*

B

Batterie	*batteri*
befahrbar	*farbar, framkomlig, trafikabel*
Benzin (verbleites)	*bensin (blyad bensin)*
beschädigt	*skada, defekt*
bleifrei	*blyfri*
Blinker	*blinker*
Blinklicht	*blinkkjus*
Breite	*bredd*
Bremse, bremsen	*broms, bromsa*
Bremsflüssigkeit	*bromsvätska*
Bremslicht	*bromsljus*
Bremspedal	*bromspedal*
Brücke	*bro*

C

Campingwagen	*husbil*
Campingplatz	*campingplats*
Caravan	*herrgårdsvagn, husvagn*
Chemietoilette	*kemitoalett*

D

defekt	*defekt*
dicht	*tät, massiv, kompakt*
Dichtung	*tätning*
Diebstahl	*stöld*
Diesel	*diesel*
Differenzial	*differential*
Dreipunktgurt	*trepunktsbälte*

E

Einbahnstraße	*enkelriktad gata*
Einspritzmotor	*insprutningsmotor*
eng, schmal	*trång, smal, snäv*
entleeren	*tömma*
entsorgen	*hantera*
Entsorgung	*avfallshantering*
erlaubt	*tillåten*
Ersatzrad	*reservhjul*
Ersatzteil	*reservdel*

F

Fahrbahn	*körbana*
fahren	*åka, köra, fara, resa, färdas*
Fahrer	*förare*
Fahrerlaubnis	*körkort*
Fahrrad	*cykel*
Fahrspur	*fil, körfält*
Fahrtrichtung	*körriktning*
Fährschiff	*färja*
Fährverbindung	*färjeförbindelse*
Feder	*fjäder*
Fernlicht	*helljus*
Fernstraße	*riksväg, motorväg*
Feuerlöscher	*brandsläckare, eldsläckare*
Frostschutzmittel	*frostskyddsvätska*
Führerschein	*körkort*

G

Gang	*gång*
Gas	*gas*
Gasflasche	*gastub, gasflaska*
Gaspedal	*gaspedal*

Deutsch	Schwedisch
Gasse	*gränd*
gebrochen	*bruten*
Gebühr	*avgift*
gebührenpflichtig	*avgiftsbelagd*
geöffnet	*öppet*
Gepäckträger	*stadsbud, bärare*
geradeaus	*rakt fram*
Geschlossen	*stängd*
Geschwindigkeit	*hastighet, fart*
Geschwindigkeits-beschränkung	*hastighetsbegränsning*
Getriebe	*växel*
Getriebeschaden	*växellådan*
Gewicht	*vikt, tyngd*
Glühbirne	*glödlampa*
H	
Handbremse	*handbroms*
Hebel	*hävstång*
Heizung	*värme, uppvärming*
Hilfe	*hjälp*
Höhe	*höjd*
Hubraum	*cylindervolym*
Hupe	*signalhorn, tuta*
K	
Kabel	*sladd, kabel*
Kanister	*dunk*
kaputt	*sönder, trasig*
Kardanwelle	*kardanaxel*
Karosserie	*kaross, karosserie*
Keil	*kil*
Keilriemen	*fläktrem*
Kennzeichen	*kännetecken, nummerplåt*
Kfz	*motorfordon*
km/h	*km/t*
Kolben	*kolv*
Kugellager	*kullager*
Kühler	*kylare*
Kühlschrank	*kylskåp*
Kühlwasser	*kylvatten*
Kupplung	*koppling*
Kupplungspedal	*kopplingspedal*
Kurve	*kurva, sväng*
Kurzschluss	*kortslutning*
L	
Länge	*längd*
langsam	*langsåm*
leer	*tom*
Lenkradschloss	*rattlås*
Lenkung	*styrning*
Licht	*ljus*
Lichtmaschine	*generator*
links	*vänster*
Luftdruck	*lufttryck*
Lüftung	*vädring, luftning*
M	
Motor(-haube)	*motor(-huv)*
Motorrad	*motorcykel*
M+S Reifen	*vinterdäck*
(Schrauben-)Mutter	*mutter*
N	
Nabe	*nav*
Nebel	*dimma, töcken*
Nebelscheinwerfer	*dimljus*
Nebelschlussleuchte	*bakre dimljus*
O	
Öl	*olja*
Ölmessstab	*oljesticka*
Ölwechsel	*oljebyte*
P	
Panne	*motorstopp, motorfel*
Pannendienst	*mobil reparations- och bärgningsjour*
parken	*parkera*
Parkgebühr	*parkeringsavfgift*
Parkscheibe	*p-skiva*
Parkschein	*parkeringsbiljett*
Parkuhr	*perkeringsautomat*
Parkverbot	*parkeringsförbud*
Pkw	*personbil*
Polizei	*polis*
Propangas	*gasol*
Q	
Querstraße	*tvärgata*

R

Rad	*hjul*
Radweg	*cykelbana*
Rast	*rast*
Rasthaus	*vägkrog*
rechts	*höger*
Reifen	*däck*
Reifenpanne	*punktering*
Reparatur	*reparation, lagning*
Reparaturwerkstatt	*verkstad*
Rücklicht	*baklyse*
Rückspiegel	*backspegel*
Rückwärtsgang	*backväxel*

S

Schalter	*lucka*
Scheibe	*skiva*
Scheibenwaschanlage	*vindrutespolare*
Scheibenwischer	*vindrutetorkare*
Scheinwerfer	*strålkastare*
Schlauch	*slang*
Schlüssel	*nyckel*
Schneekette	*snökedja*
Schraubenschlüssel	*skruvnyckel*
Schraubendreher	*skruvmejsel*
Sicherung	*säkrande*
Sommerreifen	*sommardäck*
Starthilfe	*starthjälp*
Starthilfekabel	*startkabel*
Steckdose	*uttag*
Stecker	*stickpropp, kontakt*
Stoßdämpfer	*stötdämpare*
Straße	*gata*
Straßenglätte	*halka*
Straßengraben	*dike*
Straßenkreuzung	*gatukorsning*
Straßensperre	*vägspärr*
Straßenzustand	*väglag*
Strom	*ström*

T

Tank	*tank*
Tanksäule	*bensinpump*
Tankstelle	*bensinstation*
Tempolimit	*hastighetsbegränsning*
Trinkwasser	*dricksvatten*

U

übernachten	*övernatta*
undicht	*otät*
Unfall	*olycksfall*
Unfallwagen	*ambulans*

V

Ventil	*ventil, utlopp*
Ventilator	*fläkt, ventilator*
verboten	*förbjuden*
Vergaser	*förgasare*
Verletzte	*skadad, sårad*
Versorgung	*förseende, utrusta*
Vorfahrt beachten!	*Läa företräde!*

W

Wagen	*bil, vagn*
Wagenheber	*domkraft*
Wagenwäsche	*biltvätt*
Wasser	*vatten*
Werkstatt	*verkstad*
Werkzeug	*verktyg*
Winterreifen	*vinterdäck*
Wohnmobil	*husbil*
Wohnwagen	*husvagn*

Z

Zoll	*tull*
Zulassung	*insläppande*
Zündkerze	*tändstift*
Zündschloss	*tändningslås*
Zündschlüssel	*startnyckel*
Zylinder	*cylinder*

REISE
KNOW-HOW
Albanien
Sardinien
Tessin
Lago Maggiore
Nordseeküste
Schleswig-Holstein
Ostseeküste
Schleswig-Holstein
Andalusien
Litauen
England
Norden und Mitte
New York City
POSEN
ROSTOCK · WISMAR
WIESBADEN
PALMA de Mallorca
BUENOS AIRES
GÖTEBORG
ROTTERDAM
TRIER
WARSCHAU
CityTrip
mit Faltplan
Kauderwelsch plus
Brasilianisch plus Wörterbuch
Französisch Slang
Polnisch Slang
Kauderwelsch
Polnisch
Slang

Foto: Werner K. Lahmann

REGISTER

110sw Abb.: kw

R

S

DER AUTOR

091sw Abb.: mm

Michael Moll, Jahrgang 1974, stammt aus Essen, absolvierte dort seine Schullaufbahn und seine Ausbildung. Schließlich gab er seinem langjährigen Fernweh nach und begab sich auf zahlreiche Reisen. Sein alter Arbeitgeber bot ihm mehrfach die Möglichkeit, befristet im Winter Geld zu verdienen, während er im Sommer die Welt erkundete.

Nach einer mehrmonatigen Fahrradreise durch Europa folgte eine Radreise, die ihn für einen karitativen Zweck zu zahlreichen Prominenten wie Harald Schmidt und Michael Mittermeier brachte. Weitere Reisen führten ihn mit einem VW-Bus mehrere Monate durch Schweden, Norwegen und Dänemark. Anschließend lebte er lange Zeit in einem Wohnmobil oder pendelte zu seiner in Krakau lebenden Partnerin und war nur noch selten in seiner Heimatstadt anzutreffen.

Seit 2005 ist er das komplette Jahr über als freiberuflicher Publizist in ganz Europa unterwegs und hat mehrere Fahrrad-, Wohnmobil-, Pilger- und Trekkingreiseführer geschrieben. Darüber hinaus veranstaltet er bundesweit Reisevorträge und Fotoausstellungen. Langfristig wünscht er sich den Kauf eines typisch rot-weißen Schwedenhäuschens oder gar eines Campingplatzes, um sich in seiner Lieblingsregion – Skandinavien – niederzulassen. Hierfür erlernt er seit 2011 fleißig und mit Erfolg die schwedische Sprache.

Zahlreiche Bilder und Berichte seiner Reisen finden sich im Internet auf der Website www.michael-moll.com. Für seine Leser steht er bei Fragen natürlich auch in dem von ihm betriebenen Reiseforum zur Verfügung: www.molls-reiseforum.de.

Bildnachweis

Die Kürzel an den Abbildungen stehen für folgende Fotografen, Firmen und Einrichtungen. Wir bedanken uns für die freundliche Abdruckgenehmigung.

mm	Michael Moll (der Autor)
fo	fotolia.com
dso	Daniels Sven Olsson
kw	Klaus Werner
sl	Scandlines (www.scandlines.de)

Weitere Fotos stammen von der Image Bank Sweden (www.imagebank.sweden.se). Die jeweiligen Fotografen stehen direkt am Bild.

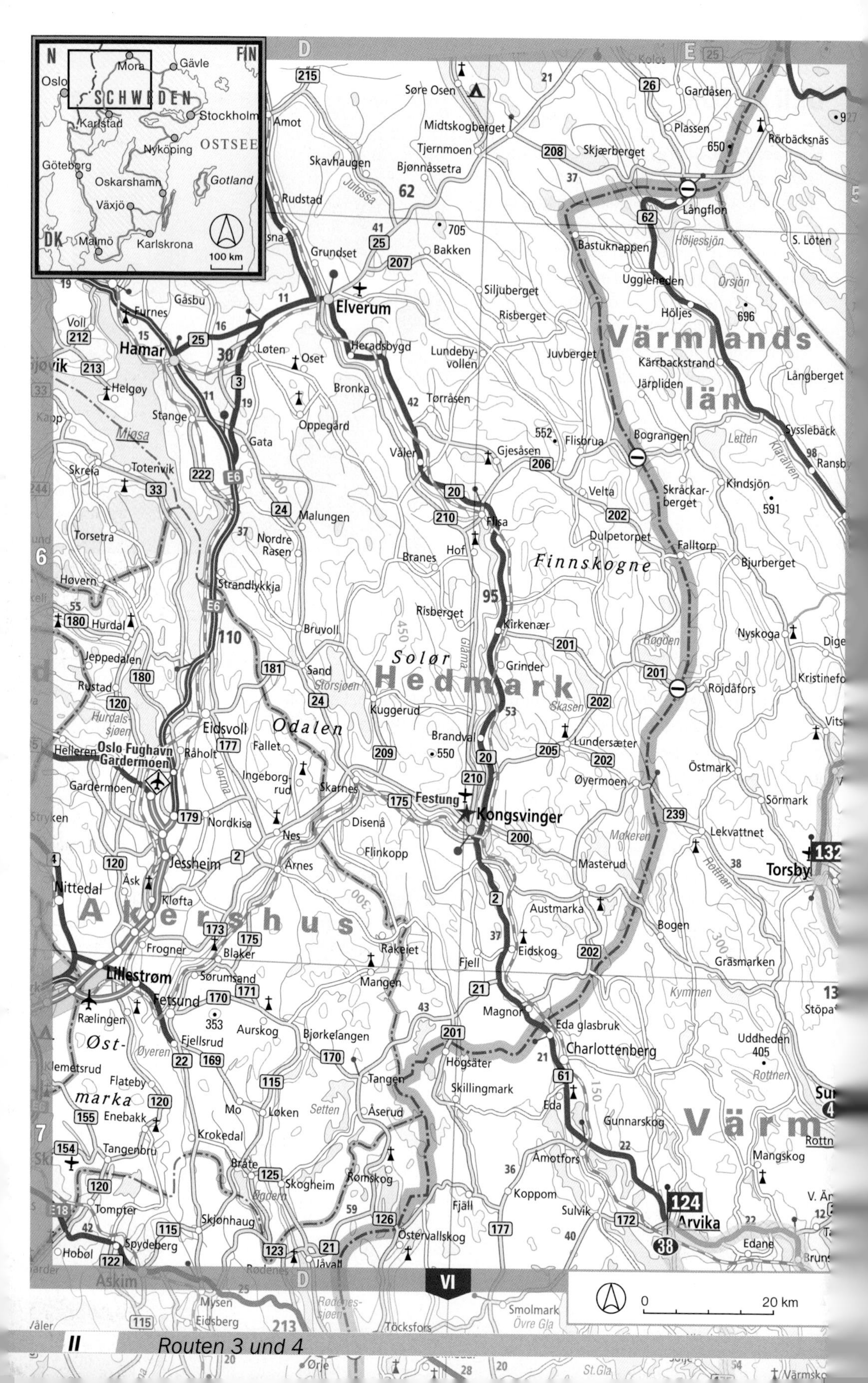

N
FIN
Oslo
Mora
Gävle
SCHWEDEN
Stockholm
Karlstad
Nyköping
OSTSEE
Göteborg
Oskarshamn
Gotland
Växjö
DK
Malmö
Karlskrona
100 km
D
E
Søre Osen
Midtskogberget
Tjernmoen
Bjønnåssetra
Skavhaugen
Amot
Rudstad
Grundset
Bakken
Elverum
Gardåsen
Plassen
Rörbäcksnäs
Skjærberget
Långflon
Höljessjön
S. Löten
Bastuknappen
Uggleheden
Höljes
Örsjön
Siljuberget
Risberget
Värmlands
län
Kärrbackstrand
Järpliden
Långberget
Juvberget
Lundeby-
vollen
Heradsbygd
Løten
Oset
Bronka
Oppegård
Tørråsen
Våler
Gjesåsen
Flisbrua
Bograngen
Letten
Sysslebäck
Ransby
Klarälven
Kindsjön
Skråckar-
berget
Velta
Flisa
Hof
Branes
Dulpetorpet
Falltorp
Bjurberget
Finnskogne
Risberget
Kirkenær
Nyskoga
Solør
Hedmark
Grinder
Røgden
Röjdåfors
Kristinefors
Skasen
Lundersæter
Øyermoen
Östmark
Sörmark
Brandval
Kuggerud
Storsjøen
Sand
Bruvoll
Odalen
Eidsvoll
Fallet
Ingeborg-
rud
Skarnes
Festung
Kongsvinger
Disenå
Flinkopp
Møkeren
Masterud
Lekvattnet
Torsby
Rottnan
Austmarka
Bogen
Eidskog
Gräsmarken
Fjell
Magnor
Kymmen
Eda glasbruk
Charlottenberg
Uddheden
Rottnen
Stöpafors
Högsäter
Skillingmark
Eda
Gunnarskog
Värm
Mangskog
Åmotfors
Koppom
Sulvik
Arvika
Edane
V. Ämtervik
Gåsbu
Furnes
Voll
Hamar
Gjøvik
Helgøy
Kapp
Stange
Mjøsa
Gata
Skreia
Totenvik
Malungen
Torsetra
Nordre
Rasen
Høvern
Strandlykkja
Hurdal
Jeppedalen
Rustad
Hurdals-
sjøen
Helleren
Oslo Fughavn
Gardermoen
Råholt
Vorma
Nordkisa
Nes
Årnes
Jessheim
Nittedal
Åsk
Kløfta
Akershus
Frogner
Blaker
Rakeiet
Lillestrøm
Sørumsand
Mangen
Fetsund
Rælingen
Øst-
marka
Øyeren
Fjellsrud
Aurskog
Bjørkelangen
Tangen
Klemetsrud
Flateby
Enebakk
Mo
Løken
Setten
Åserud
Krokedal
Tangenbru
Bråte
Skogheim
Rømskog
Tompter
Skjønhaug
Fjäll
Östervallskog
Spydeberg
Hobøl
Jåvall
Rødenes
Askim
Mysen
Eidsberg
Rødenes-
sjøen
Smolmark
Övre Gla
Töcksfors
Våler
Ørje
St.Gla
Värmskog
VI
0
20 km

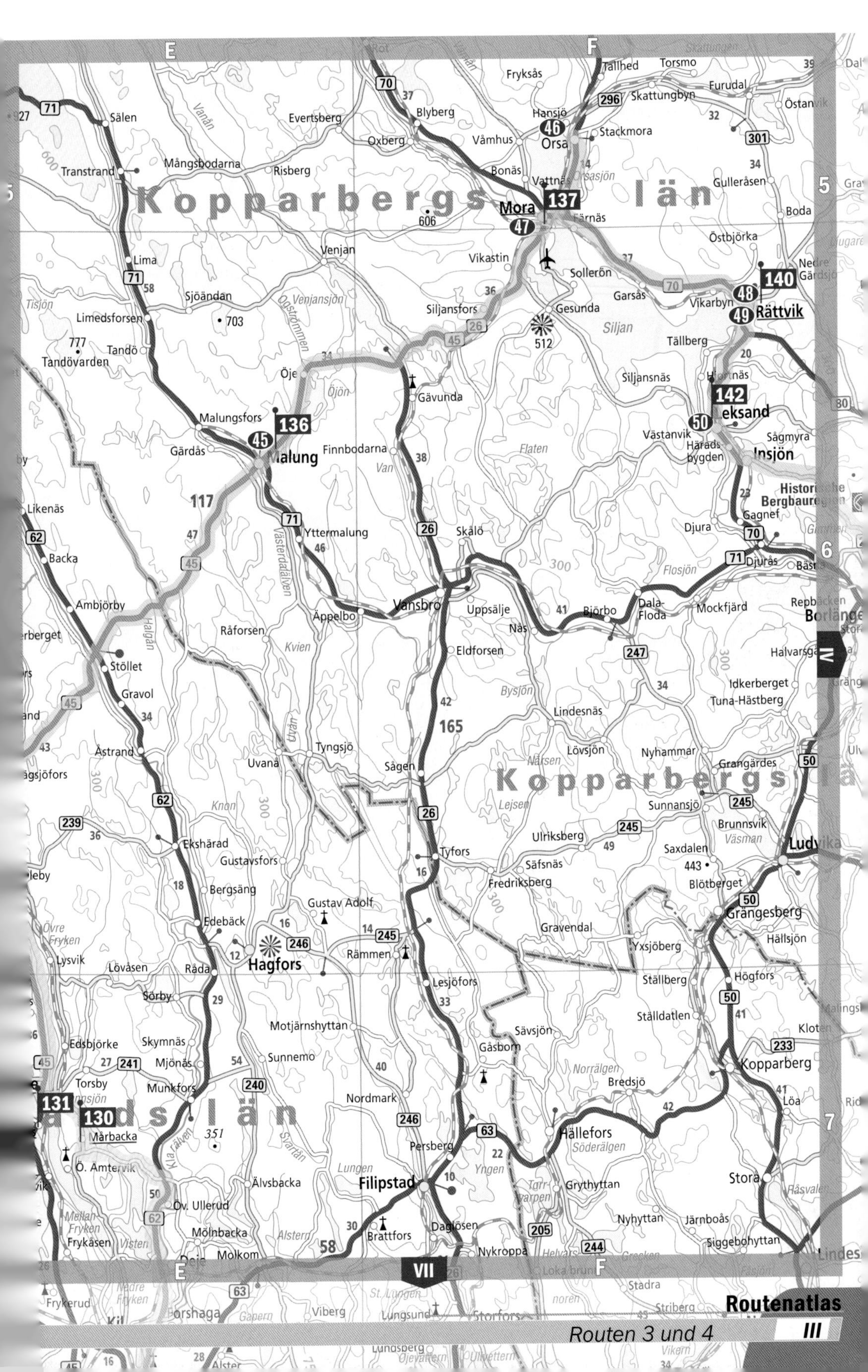
E
F
Kopparbergs län
Kopparbergs län
Sälen
Transtrand
Mångsbodarna
Risberg
Evertsberg
Oxberg
Blyberg
Fryksås
Tallhed
Torsmo
Furudal
Skattungbyn
Östanvik
Hansjö
Våmhus
Orsa
Stackmora
Bonäs
Vattnäs
Orsasjön
Gulleråsen
Boda
Mora
Färnäs
Östbjörka
Vikastin
Sollerön
Garsås
Vikarbyn
Rättvik
Nedre Gärdsjö
Lima
Venjan
Sjöändan
Venjansjön
Limedsforsen
Tandö
Tandövarden
Siljansfors
Gesunda
Siljan
Tällberg
Öje
Öjön
Gävunda
Siljansnäs
Hjortnäs
Leksand
Västanvik
Häradsbygden
Insjön
Sågmyra
Malungsfors
Gärdås
Malung
Finnbodarna
Flaten
Historische Bergbauregion
Likenäs
Backa
Yttermalung
Västerdalälven
Skålö
Gagnef
Djura
Djurås
Flosjön
Ambjörby
Åppelbo
Vansbro
Uppsälje
Björbo
Dala-Floda
Mockfjärd
Borlänge
Råforsen
Kvien
Näs
Eldforsen
Stöllet
Gravol
Halvarsgårdarna
Idkerberget
Tuna-Hästberg
Bysjön
Lindesnäs
Åstrand
Tyngsjö
Uvanå
Uvån
Sågen
Lövsjön
Nyhammar
Grangärdes
Närsen
Lejsen
Sunnansjö
Knon
Brunnsvik
Väsman
Ekshärad
Ulriksberg
Gustavsfors
Tyfors
Säfsnäs
Saxdalen
Ludvika
Bergsäng
Fredriksberg
Blötberget
Gustav Adolf
Grängesberg
Edebäck
Övre Fryken
Gravendal
Hällsjön
Hagfors
Rämmen
Lysvik
Lövåsen
Råda
Yxsjöberg
Sörby
Lesjöfors
Ställberg
Högfors
Ställdatlen
Motjärnshyttan
Sävsjön
Edsbjörke
Skymnäs
Gåsborn
Mjönäs
Sunnemo
Norrälgen
Kopparberg
Torsby
Munkfors
Bredsjö
Nordmark
Löa
Mårbacka
Hällefors
Söderälgen
Persberg
Yngen
Ö. Amtervik
Älvsbacka
Lungen
Filipstad
Grythyttan
Storå
Råsvalen
Öv. Ullerud
Mellan-Fryken
Frykåsen
Mölnbacka
Alstern
Daglösen
Brattfors
Nyhyttan
Järnboås
Siggebohyttan
Molkom
Deje
Nykroppa
Helvars
Loka brunn
Lindesberg
Stadra
Fryksänd
Nedre Fryken
Kil
Forshaga
Gapern
Viberg
St. Lungen
Lungsund
Storfors
Striberg
Lundsberg
Ljusnarsberg
Klarälven
Svartån
Vanån
Ogströmmen
Halgån

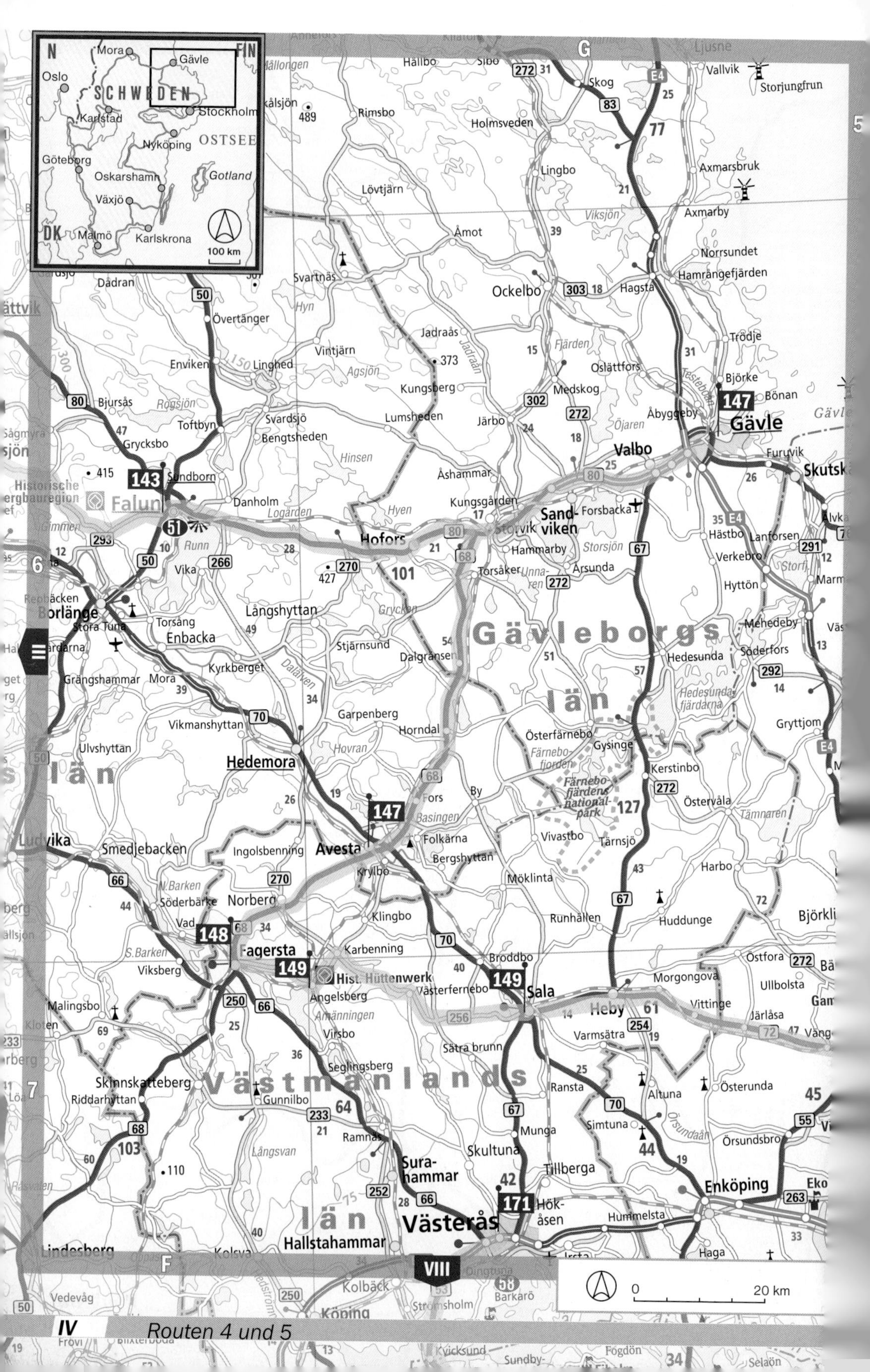
N
FIN
DK
Mora
Gävle
Oslo
SCHWEDEN
Karlstad
Stockholm
Nyköping
OSTSEE
Göteborg
Oskarshamn
Gotland
Växjö
Malmö
Karlskrona
100 km
G
F
Ljusne
Vallvik
Storjungfrun
Hällbo
Sibo
Mållongen
Skog
Rimsbo
Holmsveden
Lingbo
Axmarsbruk
Lövtjärn
Axmarby
Viksjön
Åmot
Norrsundet
Hamrångefjärden
Svartnäs
Dådran
Ockelbo
Hagsta
Övertänger
Hyn
Jadraås
Vintjärn
Trödje
Enviken
Linghed
Agsjön
Fjärden
Oslättfors
Kungsberg
Medskog
Björke
Bjursås
Rogsjön
Bönan
Svardsjö
Lumsheden
Järbo
Åbyggeby
Toftbyn
Bengtsheden
Gävle
Grycksbo
Hinsen
Öjaren
Valbo
Furuvik
Sundborn
Åshammar
Skutskär
Historische Bergbauregion Falun
Falun
Danholm
Logården
Kungsgården
Hyen
Forsbacka
Sandviken
Storvik
Hofors
Älvkarleby
Hästbo
Lanforsen
Runn
Hammarby
Storsjön
Verkebro
Torsåker
Unnaren
Årsunda
Vika
Hyttön
Repbäcken
Borlänge
Stora Tuna
Torsång
Långshyttan
Grycken
Enbacka
Gävleborgs län
Mehedeby
Stjärnsund
Dalgränsen
Hedesunda
Söderfors
Kyrkberget
Dalälven
Grängshammar
Mora
Hedesundafjärdarna
Vikmanshyttan
Garpenberg
Horndal
Gryttjom
Österfärnebo
Gysinge
Ulvshyttan
Hovran
Färnebofjärden
Färnebofjärdens nationalpark
Kerstinbo
Hedemora
Fors
By
Östervåla
Basingen
Tämnaren
Ludvika
Smedjebacken
Ingolsbenning
Avesta
Folkärna
Vivastbo
Tärnsjö
Bergshyttan
Harbo
Krylbo
Möklinta
N. Barken
Söderbärke
Norberg
Klingbo
Runhällen
Huddunge
Björklinge
Vad
Fagersta
Karbenning
S. Barken
Broddbo
Östfora
Viksberg
Hist. Hüttenwerk
Västerfernebo
Morgongova
Ullbolsta
Angelsberg
Sala
Malingsbo
Heby
Vittinge
Åmänningen
Järlåsa
Kloten
Virsbo
Varmsätra
Sätra brunn
Seglingsberg
Ransta
Österunda
Skinnskatteberg
Västmanlands län
Altuna
Riddarhyttan
Gunnilbo
Simtuna
Örsundaån
Munga
Örsundsbro
Ramnäs
Långsvan
Skultuna
Surahammar
Tillberga
Enköping
Hökåsen
Hummelsta
Västerås
Hallstahammar
Lindesberg
Kolsva
Irsta
Haga
Kolbäck
Dingtuna
Vedevåg
Barkarö
Strömsholm
Köping
0
20 km

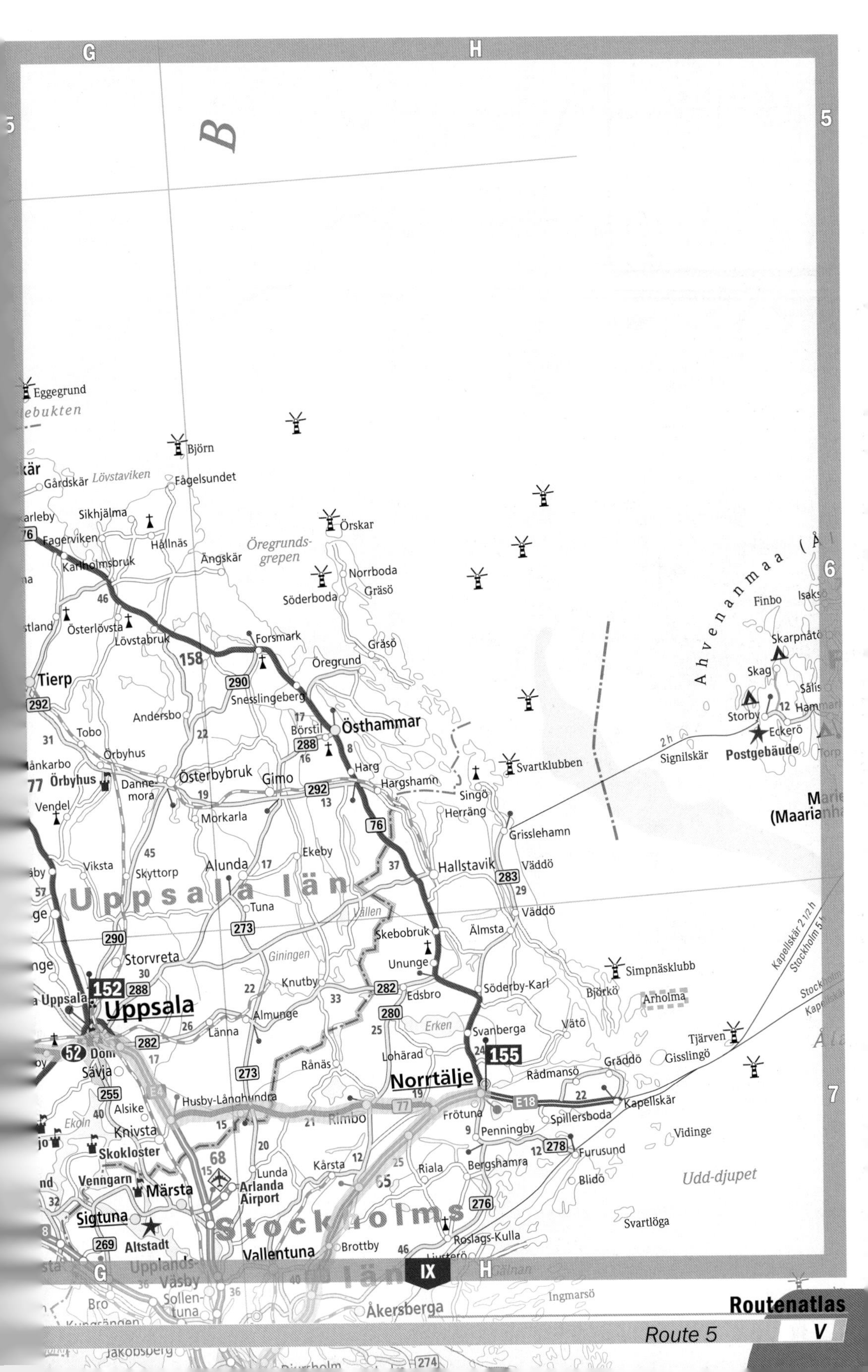
G
H
5
6
7
B
Eggegrund
Björn
Gårdskär
Lövstaviken
Fågelsundet
Sikhjälma
Fagerviken
Hållnäs
Öregrunds-
grepen
Ängskär
Karlholmsbruk
Örskar
Norrboda
Gräsö
Söderboda
Österlövsta
Lövstabruk
Forsmark
Gräsö
Öregrund
158
Tierp
290
Snesslingeberg
292
Andersbo
Tobo
Börstil
Östhammar
288
Örbyhus
Österbybruk
Harg
Örbyhus
Dannemora
Gimo
292
Hargshamn
Svartklubben
Singö
Vendel
Morkarla
Herräng
Grisslehamn
Viksta
Skyttorp
Alunda
Ekeby
76
Hallstavik
Väddö
283
Uppsala län
Tuna
Vällen
Väddö
273
Skebobruk
Älmsta
290
Storvreta
Giningen
Ununge
Simpnäsklubb
Knutby
Söderby-Karl
Björkö
Arholma
152
288
Uppsala
282
Edsbro
Almunge
280
Vätö
Länna
Erken
Svanberga
Tjärven
282
Lohärad
155
Gräddö
Gisslingö
52
Sävja
Rånäs
273
Rådmansö
Norrtälje
255
Husby-Långhundra
E4
77
E18
Kapellskär
Alsike
Rimbo
Frötuna
Spillersboda
Ekoln
Knivsta
Penningby
Vidinge
Skokloster
278
Furusund
Lunda
Kårsta
Riala
Bergshamra
Venngarn
Märsta
Arlanda Airport
Blidö
Udd-djupet
Sigtuna
276
Stockholms
Svartlöga
269
Altstadt
Brottby
Roslags-Kulla
Vallentuna
IX
Upplands-Väsby
Sollentuna
Bro
Åkersberga
Ingmarsö
Ahvenanmaa (Å
Finbo
Skarpnåtö
Skag
Storby
Eckerö
Postgebäude
Signilskär
2 h
Kapellskär 2 1/2 h
Stockholm
M
(Maria

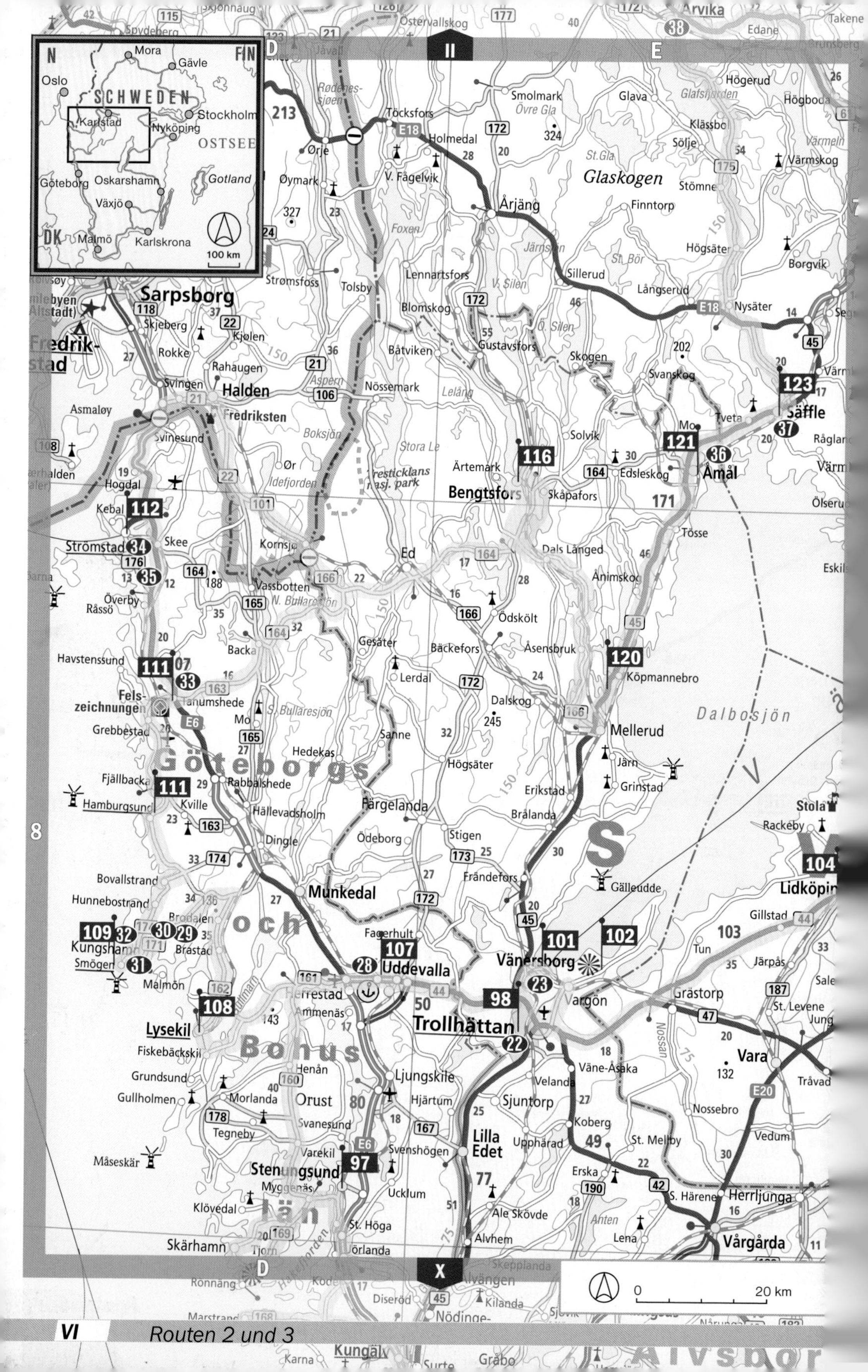

SCHWEDEN
Mora
Gävle
Oslo
Karlstad
Stockholm
Nyköping
OSTSEE
Göteborg
Oskarshamn
Gotland
Växjö
Malmö
Karlskrona
DK
FIN
N
100 km
Arvika
Edane
Östervallskog
Töcksfors
Holmedal
Smolmark
Övre Gla
Glava
Högerud
Högboda
Klässbol
Sölje
Värmskog
Glaskogen
Stömne
V. Fågelvik
Øymark
Ørje
Årjäng
Finntorp
Foxen
Högsäter
Borgvik
Lennartsfors
Sillerud
Långserud
Nysäter
Strømsfoss
Tolsby
Sarpsborg
Blomskog
Fredrikstad
Skjeberg
Kjølen
Gustavsfors
Skogen
Svanskog
Rokke
Rahaugen
Båtviken
Nössemark
Halden
Svingen
Leleång
Tveta
Säffle
Asmaløy
Fredriksten
Svinesund
Boksjön
Stora Le
Solvik
Mo
Rågland
Ør
Ärtemark
Edsleskog
Åmål
Idefjorden
Tresticklans nasj. park
Bengtsfors
Skåpafors
Hogdal
Kebal
Ölserud
Tösse
Strömstad
Skee
Kornsjø
Ed
Dals Långed
Vassbotten
N. Bullaresjön
Ånimskog
Överby
Råssö
Ödsköit
Backa
Gesäter
Bäckefors
Åsensbruk
Havstenssund
Lerdal
Köpmannebro
Felszeichnungen
Tanumshede
Dalskog
S. Bullaresjön
Dalbosjön
Grebbestad
Mellerud
Göteborgs
Hedekas
Sanne
Högsäter
Järn
Fjällbacka
Rabbalshede
Grinstad
Hamburgsund
Kville
Erikstad
Stola
Hällevadsholm
Färgelanda
Brålanda
Rackeby
Dingle
Ödeborg
Stigen
Bovallstrand
Frändefors
Lidköping
Hunnebostrand
Munkedal
Gälleudde
och
Brodalen
Fagerhult
Gillstad
Kungshamn
Bråstad
Uddevalla
Vänersborg
Tun
Järpås
Smögen
Malmön
Herrestad
Vargön
Grästorp
St. Levene
Ammenäs
Lysekil
Trollhättan
Fiskebäckskil
Bohus
Vara
Grundsund
Henån
Ljungskile
Väne-Åsaka
Trävad
Gullholmen
Morlanda
Orust
Hjärtum
Velanda
Sjuntorp
Nossebro
Tegneby
Svanesund
Koberg
Vedum
Måseskär
Varekil
Svenshögen
Lilla Edet
Upphärad
St. Mellby
Stenungsund
Erska
Myggenäs
Ucklum
S. Härene
Herrljunga
Klövedal
län
Ale Skövde
Anten
St. Höga
Lena
Vårgårda
Skärhamn
Tjörn
Alvhem
Störlanda
Rönnäng
Skepplanda
Kode
Alvängen
Diseröd
Kilanda
Marstrand
Nödinge
Kungälv
Karna
Surte
Gråbo
0
20 km

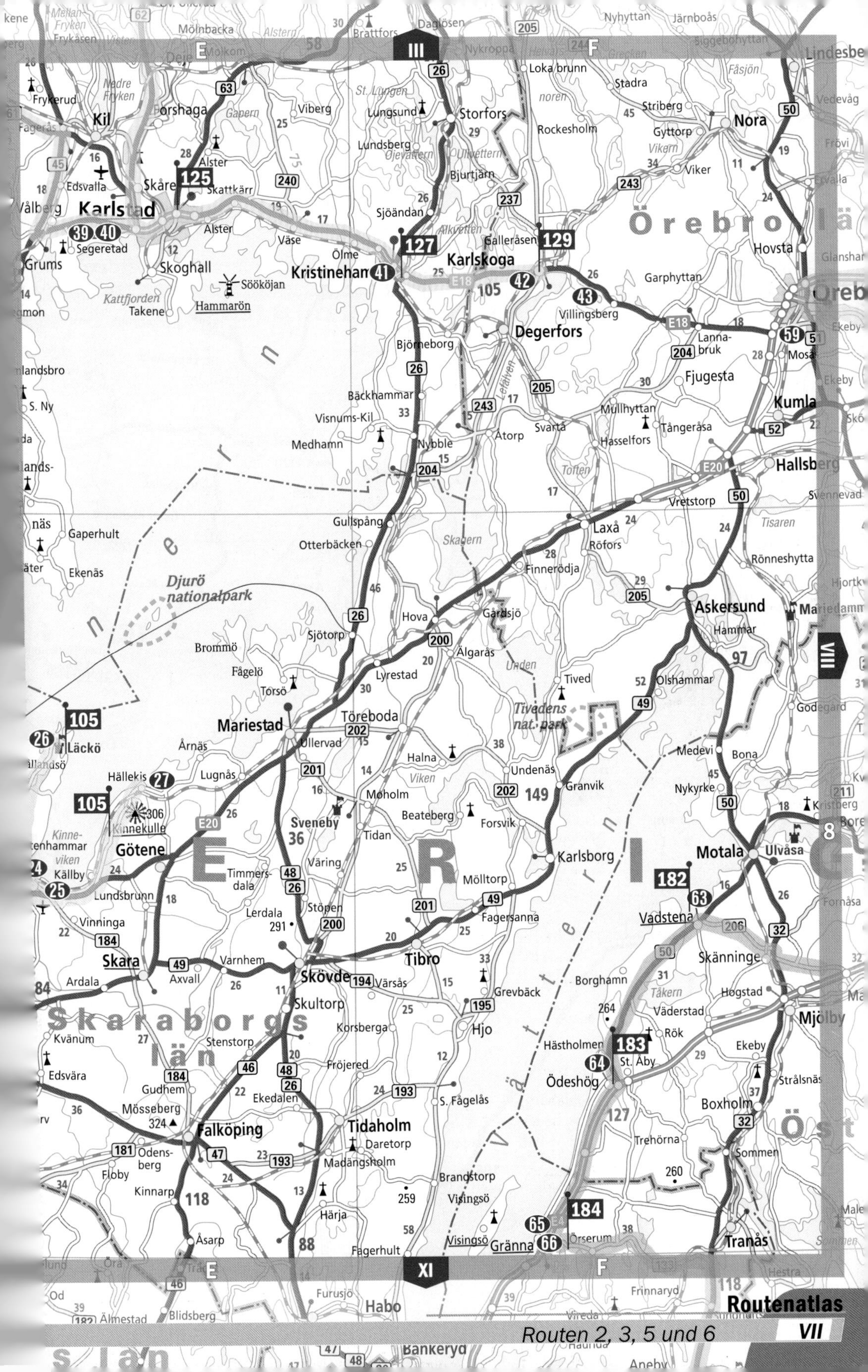

Mölnbacka
Brattfors
Daglösen
Nyhyttan
Järnboås
Lindesberg
Kil
Forshaga
Viberg
Lungsund
Storfors
Loka brunn
Stadra
Striberg
Nora
Frykerud
Edsvalla
Skåre
Alster
Skattkärr
Lundsberg
Bjurtjärn
Rockesholm
Gyttorp
Viker
Karlstad
Sjöändan
Örebro län
Hovsta
Grums
Segeretad
Väse
Ölme
Kristinehamn
Karlskoga
Gälleråsen
Skoghall
Söököjan
Hammarön
Takene
Garphyttan
Villingsberg
Degerfors
Björneberg
Lanna-bruk
Fjugesta
Bäckhammar
Visnums-Kil
Medhamn
Nybble
Åtorp
Svartå
Mullhyttan
Tångeråsa
Hasselfors
Kumla
Hallsberg
Vretstorp
Gullspång
Otterbäcken
Skagern
Laxå
Röfors
Finnerödja
Rönneshytta
Gaperhult
Ekenäs
Djurö nationalpark
Hova
Gårdsjö
Askersund
Hammar
Brommö
Sjötorp
Älgarås
Fågelö
Torsö
Lyrestad
Tived
Olshammar
Tivedens nat. park
Mariestad
Töreboda
Ullervad
Läckö
Årnäs
Halna
Undenäs
Medevi
Bona
Hällekis
Lugnås
Viken
Granvik
Nykyrke
Kinnekulle
Moholm
Sveneby
Beateberg
Forsvik
Götene
Tidan
Karlsborg
Motala
Ulvåsa
Källby
Väring
Timmersdala
Mölltorp
Lundsbrunn
Stöpen
Lerdala
Fagersanna
Vadstena
Vinninga
Tibro
Skänninge
Skara
Varnhem
Axvall
Skövde
Värsås
Borghamn
Ardala
Skultorp
Grevbäck
Tåkern
Hogstad
Väderstad
Mjölby
Skaraborgs län
Kvänum
Stenstorp
Korsberga
Hjo
Rök
Hästholmen
St. Åby
Ekeby
Edsvära
Gudhem
Fröjered
Ödeshög
Strålsnäs
Ekedalen
S. Fågelås
Boxholm
Mösseberg
Falköping
Tidaholm
Daretorp
Trehörna
Odensberg
Madängsholm
Sommen
Floby
Kinnarp
Brandstorp
Visingsö
Härja
Åsarp
Fagerhult
Gränna
Örserum
Tranås
Habo
Furusjö
Frinnaryd
Blidsberg
Bankeryd
Vättern
Vänern

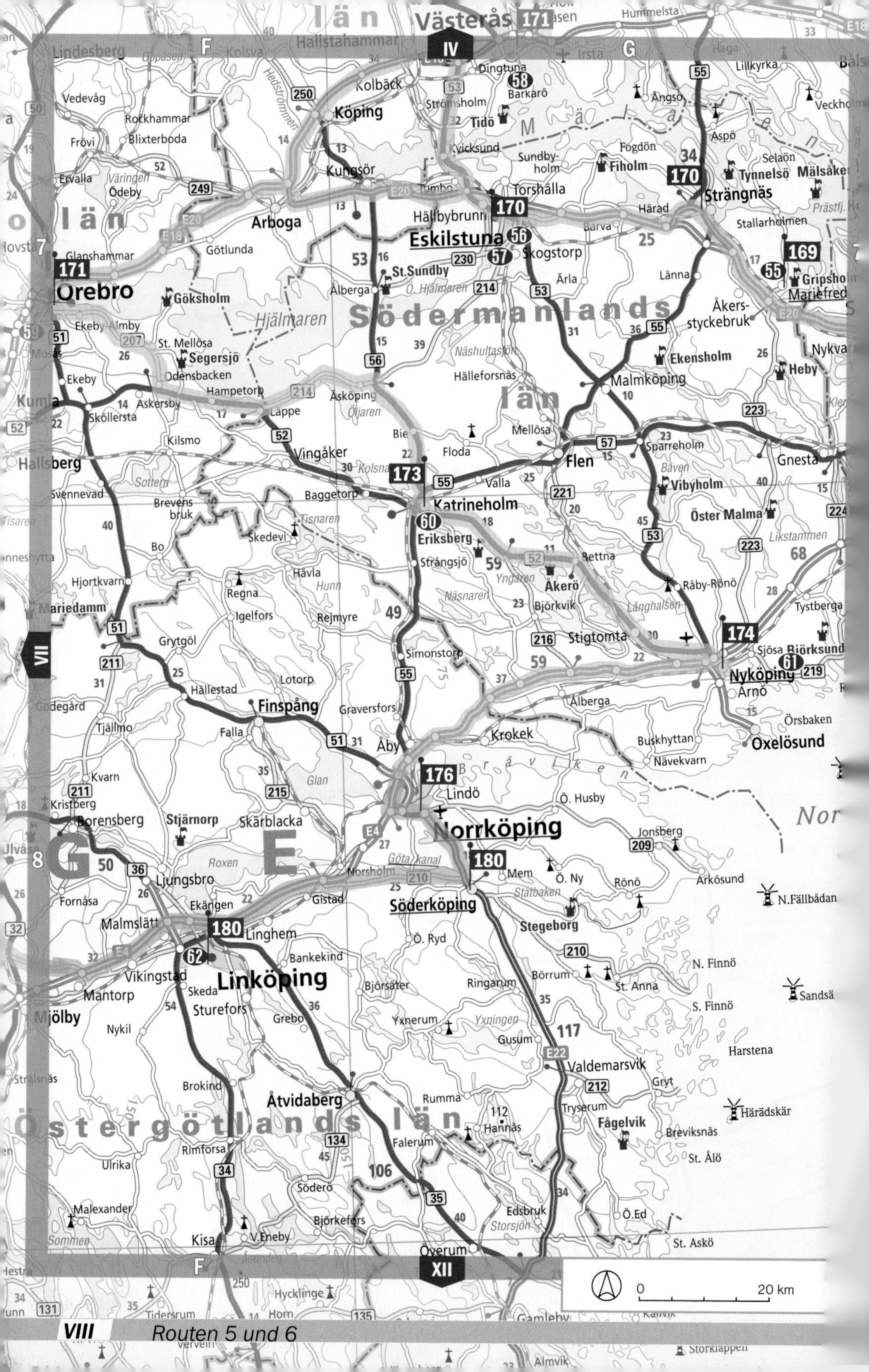

Västerås
Hallstahammar
Lindesberg
Kolsva
Hummelsta
Irsta
Köping
Kolbäck
Dingtuna
Barkarö
Strömsholm
Tidö
Ängsö
Veckholm
Lillkyrka
Vedevåg
Rockhammar
Frövi
Blixterboda
Kvicksund
Fogdön
Aspö
Selaön
Sundbyholm
Fiholm
Tynnelsö
Mälsåker
Ervalla
Ödeby
Kungsör
Torshälla
Strängnäs
Arboga
Hällbybrunn
Härad
Eskilstuna
Skogstorp
Stallarholmen
Glanshammar
Götlunda
Barva
Örebro
Göksholm
St. Sundby
Ålberga
Hjälmaren
Ärla
Länna
Gripsholm
Mariefred
Södermanlands län
Åkers-styckebruk
Ekeby-Almby
St. Mellösa
Segersjö
Odensbacken
Näshultasjön
Ekensholm
Heby
Nykvarn
Ekeby
Hampetorp
Äsköping
Hälleforsnäs
Malmköping
Kumla
Askersby
Sköllersta
Lappe
Öljaren
Mellösa
Kilsmo
Bie
Floda
Flen
Sparreholm
Gnesta
Hallsberg
Vingåker
Kolsnaren
Valla
Båven
Vibyholm
Sottern
Svennevad
Brevens bruk
Baggetorp
Katrineholm
Öster Malma
Tisaren
Skedevi
Tisnaren
Eriksberg
Likstammen
Bo
Strångsjö
Bettna
Hjortkvarn
Hävla
Hunn
Yngaren
Åkerö
Råby-Rönö
Regna
Näsnaren
Björkvik
Tystberga
Mariedamm
Igelfors
Rejmyre
Långhalsen
Grytgöl
Simonstorp
Stigtomta
Sjösa
Björksund
Nyköping
Arnö
Hällestad
Lotorp
Godegård
Finspång
Graversfors
Ålberga
Tjällmo
Falla
Åby
Krokek
Buskhyttan
Örsbaken
Oxelösund
Nävekvarn
Kvarn
Glan
Bråviken
Lindö
Ö. Husby
Kristberg
Borensberg
Stjärnorp
Skärblacka
Norrköping
Jonsberg
Roxen
Göta kanal
Norsholm
Mem
Ö. Ny
Rönö
Arkösund
Ljungsbro
Söderköping
Statbaken
N.Fällbådan
Fornåsa
Ekängen
Gistad
Stegeborg
Malmslätt
Linghem
Ö. Ryd
Bankekind
N. Finnö
Vikingstad
Linköping
Börrum
St. Anna
Sandsä
Mantorp
Skeda
Björsäter
Ringarum
S. Finnö
Mjölby
Sturefors
Grebo
Yxnerum
Yxningen
Gusum
Nykil
Harstena
Valdemarsvik
Stralsnäs
Brokind
Gryt
Åtvidaberg
Rumma
Tryserum
Härädskär
Östergötlands län
Hannäs
Fågelvik
Breviksnäs
Rimforsa
Falerum
Ulrika
St. Ålö
Söderö
Malexander
Edsbruk
Ö.Ed
Björkefors
Storsjön
Sommen
Kisa
V.Eneby
Överum
St. Askö
Hycklinge
Tidersrum
Horn
Gamleby
Almvik
Storklappen
0
20 km

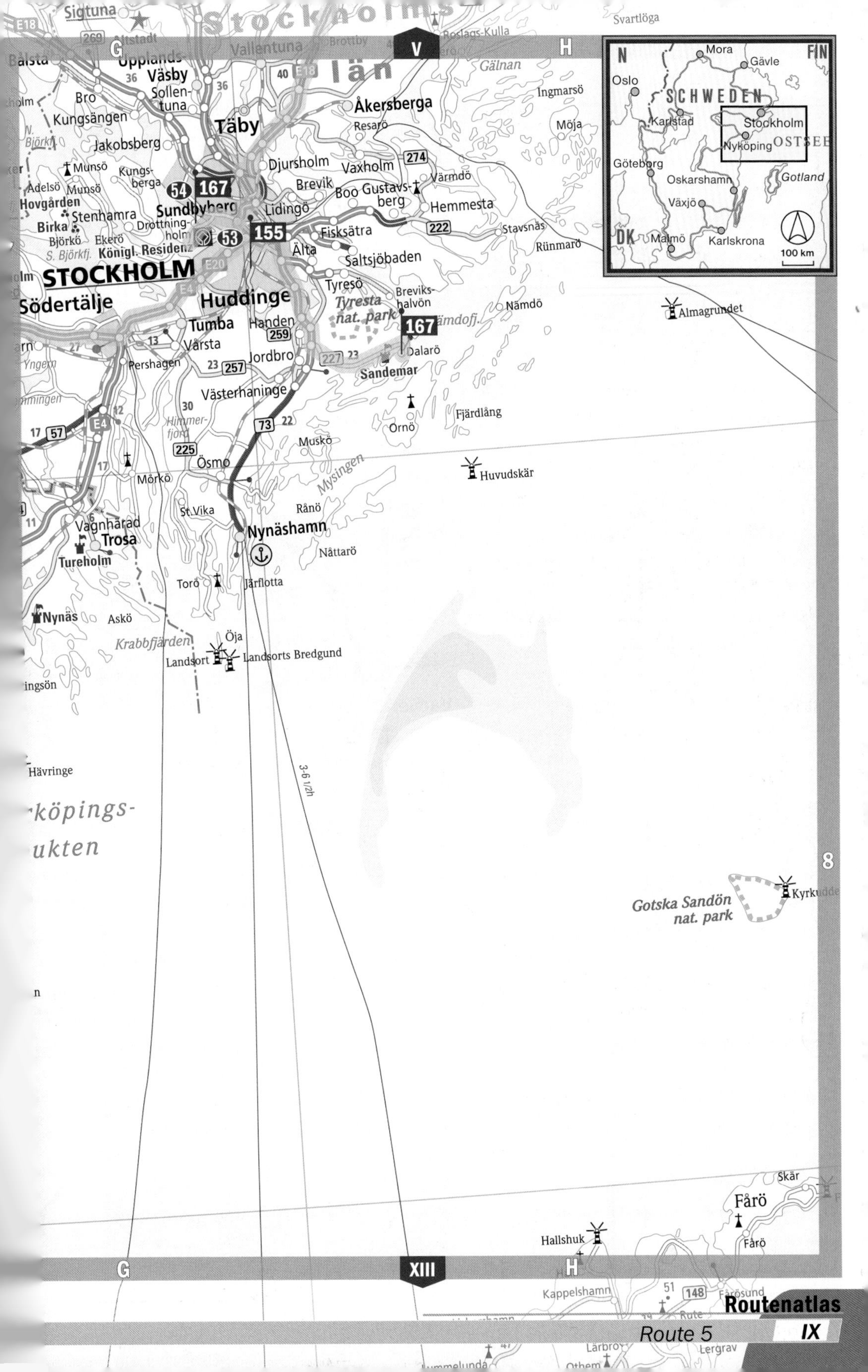

Sigtuna
Stockholms län
V
G
H
Svartlöga
Vallentuna
Brottby
Roslags-Kulla
Gälnan
Upplands Väsby
Sollentuna
Bålsta
Bro
Kungsängen
Jakobsberg
Täby
Åkersberga
Resarö
Ingmarsö
Möja
Munsö
Adelsö
Hovgården
Kungsberga
Stenhamra
Birka
Björkö
Ekerö
S. Björkfj.
Drottningholm
Königl. Residenz
Sundbyberg
Djursholm
Vaxholm
Brevik
Lidingö
Boo
Gustavsberg
Värmdö
Hemmesta
Fisksätra
Älta
Saltsjöbaden
Stavsnäs
Rünmarö
STOCKHOLM
Södertälje
Huddinge
Tyresö
Breviks-halvön
Tyresta nat. park
Nämdö
Almagrundet
Tumba
Vårsta
Handen
Jordbro
Pershagen
Dalarö
Sandemar
Västerhaninge
Himmerfjord
Ornö
Fjärdlång
Muskö
Mysingen
Ösmo
Mörkö
Huvudskär
St. Vika
Rånö
Vagnhärad
Trosa
Tureholm
Nynäshamn
Nåttarö
Torö
Järflotta
Nynäs
Askö
Krabbfjärden
Öja
Landsort
Landsorts Bredgund
Hävringe
3-6 1/2h
8
Gotska Sandön nat. park
Kyrkudden
Skär
Fårö
Hallshuk
Kappelshamn
Fårösund
Rute
Lärbro
Lergrav
Othem
XIII
N
FIN
Mora
Gävle
Oslo
SCHWEDEN
Karlstad
Stockholm
Nyköping
OSTSEE
Göteborg
Oskarshamn
Gotland
Växjö
DK
Malmö
Karlskrona
100 km

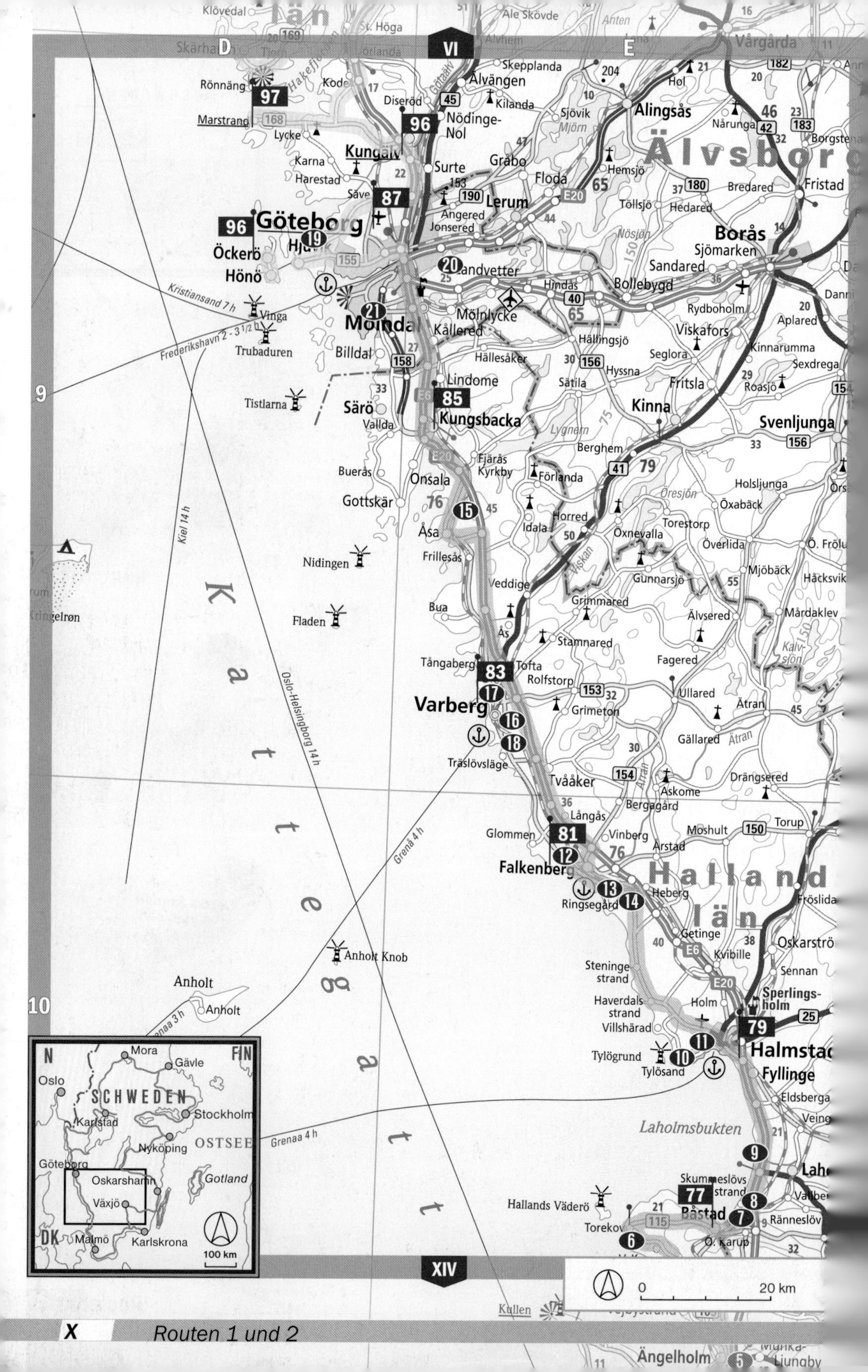
D
VI
E
9
10
Göteborg
Öckerö
Hönö
Kungälv
Marstrand
Rönnäng
Lycke
Karna
Harestad
Säve
Diseröd
Nödinge-
Nol
Surte
Älvängen
Skepplanda
Kilanda
Sjövik
Mjörn
Alingsås
Gråbo
Floda
Lerum
Angered
Jonsered
Hemsjö
Töllsjö
Hedared
Bredared
Fristad
Borås
Sjömarken
Sandared
Bollebygd
Hindås
Landvetter
Mölnlycke
Kållered
Mölndal
Billdal
Hällesåker
Hällingsjö
Rydboholm
Viskafors
Aplared
Kinnarumma
Sexdrega
Seglora
Hyssna
Sätila
Fritsla
Roasjö
Kinna
Svenljunga
Lindome
Kungsbacka
Särö
Vallda
Buerås
Onsala
Gottskär
Fjärås
Kyrkby
Förlanda
Lygnern
Berghem
Holsljunga
Öxabäck
Öresjön
Åsa
Frillesås
Idala
Horred
Öxnevalla
Torestorp
Överlida
Ö. Frölunda
Mjöbäck
Håcksvik
Gunnarsjö
Grimmared
Veddige
Bua
Ås
Älvsered
Mårdaklev
Stamnared
Fagered
Tångaberg
Tofta
Rolfstorp
Varberg
Grimeton
Ullared
Ätran
Gällared
Träslövsläge
Tvååker
Askome
Bergagård
Drängsered
Långås
Glommen
Vinberg
Årstad
Moshult
Torup
Falkenberg
Ringsegård
Heberg
Halland
län
Älvsborg
Getinge
Kvibille
Oskarström
Sennan
Steninge
strand
Haverdals
strand
Villshärad
Holm
Sperlings-
holm
Halmstad
Tylögrund
Tylösand
Fyllinge
Eldsberga
Laholmsbukten
Skummeslövsstrand
Båstad
Torekov
Hallands Väderö
Ö. Karup
Ränneslöv
Vallberga
Laholm
Kullen
Ängelholm
Munka-
Ljungby
Vinga
Trubaduren
Tistlarna
Nidingen
Fladen
Anholt Knob
Anholt
Kattegatt
Kristiansand 7 h
Frederikshavn 2 - 3 1/2 h
Kiel 14 h
Oslo-Helsingborg 14 h
Grenå 4 h
Grenaa 3 h
Grenaa 4 h
Kringelrøn
N
FIN
Mora
Gävle
Oslo
SCHWEDEN
Stockholm
Karlstad
OSTSEE
Nyköping
Göteborg
Oskarshamn
Gotland
Växjö
DK
Malmö
Karlskrona
100 km
XIV
0
20 km

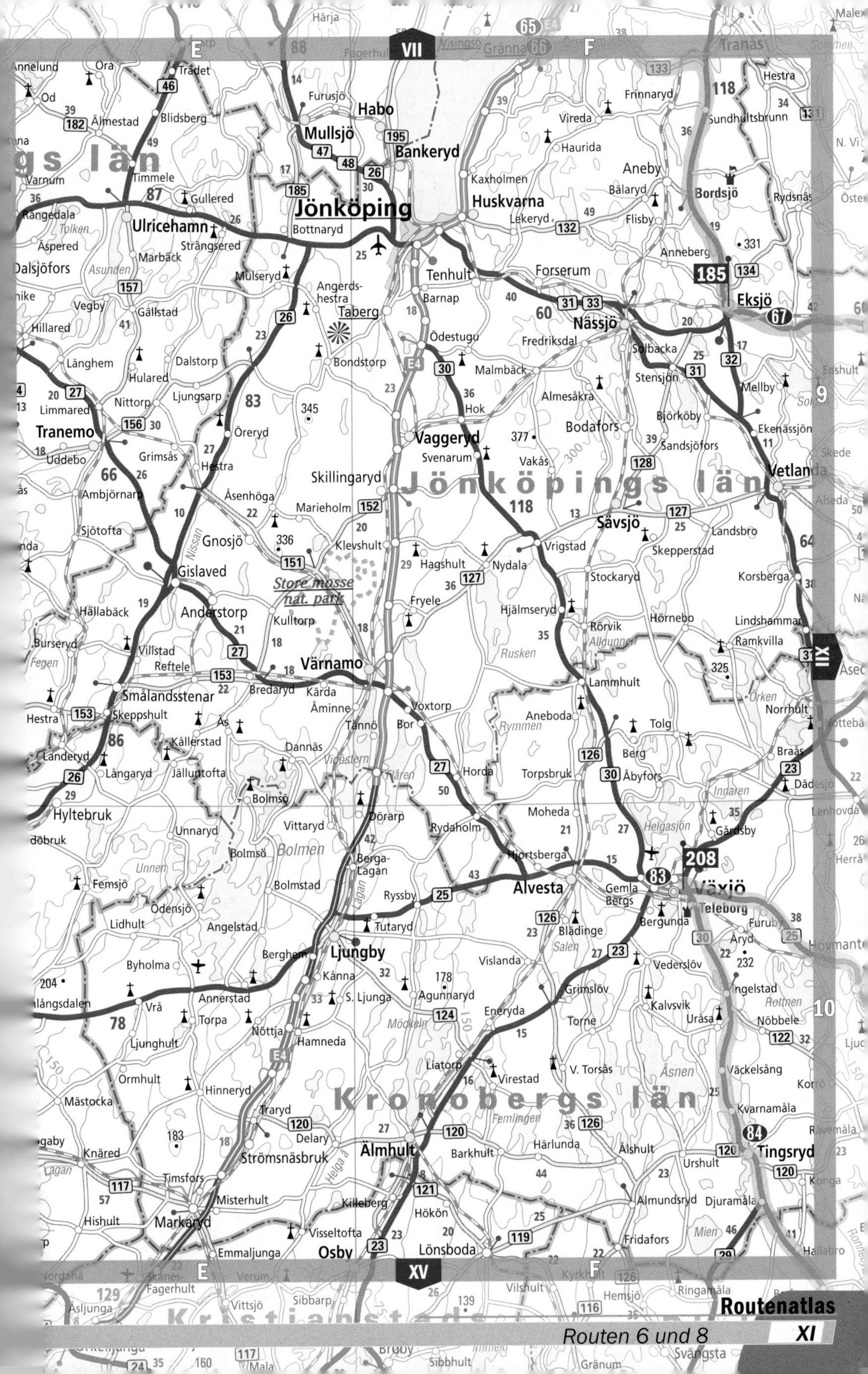

Jönköping
Huskvarna
Habo
Mullsjö
Bankeryd
Ulricehamn
Tranemo
Gislaved
Anderstorp
Gnosjö
Värnamo
Vaggeryd
Skillingaryd
Nässjö
Eksjö
Aneby
Vetlanda
Sävsjö
Alvesta
Växjö
Ljungby
Älmhult
Markaryd
Osby
Lönsboda
Tingsryd
Hyltebruk
Smålandsstenar
Strömsnäsbruk
Jönköpings län
Kronobergs län
Store mosse nat. park
Bolmen
Åsnen
Taberg
Tenhult
Forserum
Lammhult
Braås
Moheda
Rydaholm
Lagan
Dörarp
Vislanda
Bodafors
Gränna
Tranås

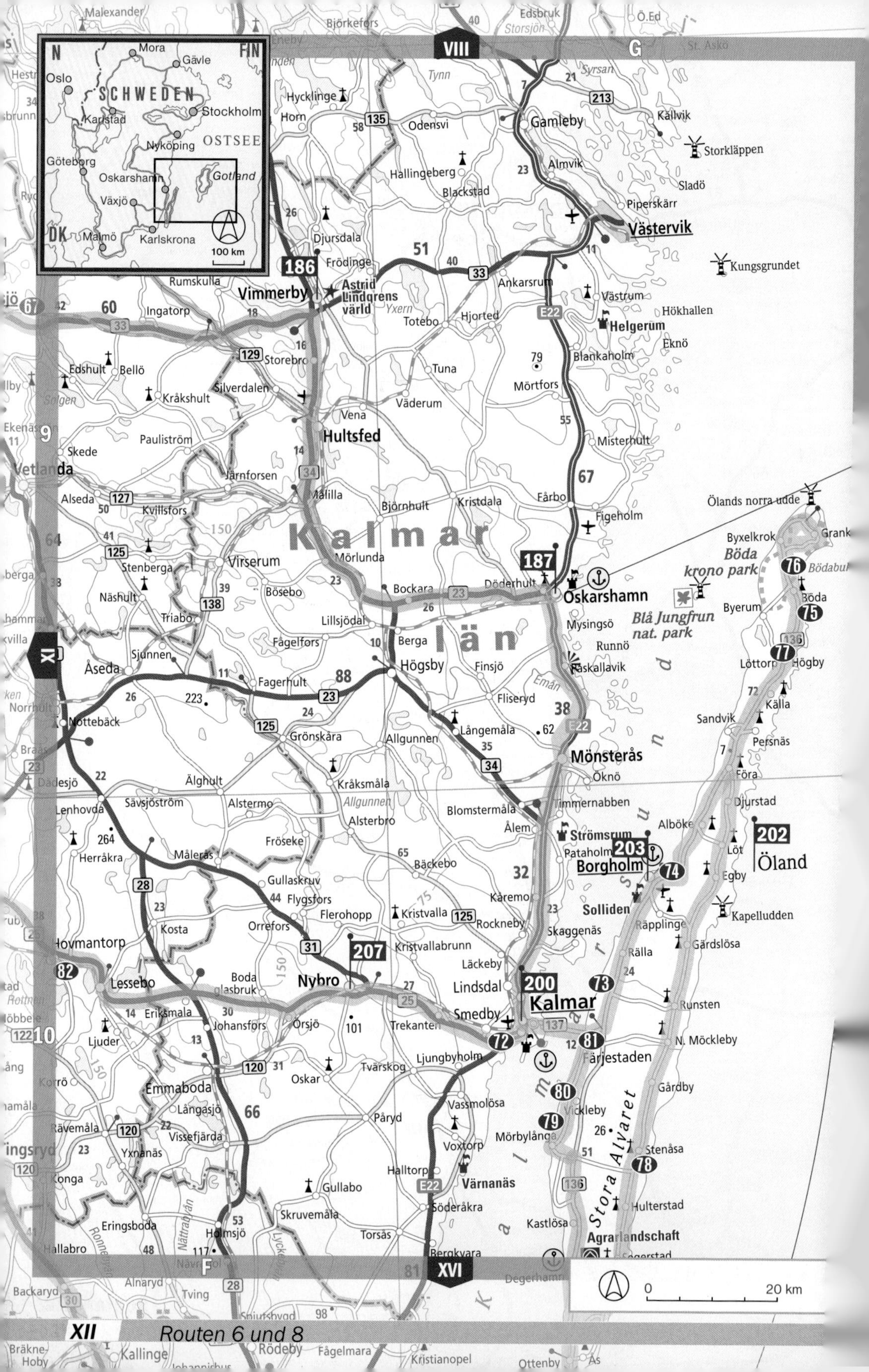

N
FIN
SCHWEDEN
Mora
Gävle
Oslo
Stockholm
Karlstad
Nyköping
OSTSEE
Göteborg
Oskarshamn
Gotland
Växjö
DK
Malmö
Karlskrona
100 km
VIII
G
XI
XVI
F
Kalmar län
Öland
Gamleby
Almvik
Västervik
Vimmerby
Astrid Lindgrens värld
Hultsfed
Virserum
Oskarshamn
Mönsterås
Högsby
Åseda
Nybro
Lessebo
Hovmantorp
Kalmar
Lindsdal
Smedby
Borgholm
Färjestaden
Mörbylånga
Emmaboda
Vetlanda
Blå Jungfrun nat. park
Böda krono park
Stora Alvaret
Ölands norra udde
Kungsgrundet
Storkläppen
Helgerum
Strömsrum
Solliden
Värnanäs
Agrarlandschaft
Kalmarsund
186
187
200
202
203
207
Odensvi
Hallingeberg
Blackstad
Djursdala
Frödinge
Ankarsrum
Totebo
Hjorted
Västrum
Blankaholm
Tuna
Väderum
Mörtfors
Misterhult
Fårbo
Figeholm
Kristdala
Björnhult
Mörlunda
Bockara
Döderhult
Berga
Fagerhult
Grönskåra
Allgunnen
Kråksmåla
Alsterbro
Fröseke
Bäckebo
Kosta
Orrefors
Flerohopp
Kristvalla
Rockneby
Läckeby
Ljungbyholm
Vassmolösa
Påryd
Voxtorp
Halltorp
Söderåkra
Torsås
Bergkvara
Kastlösa
Degerhamn
Byxelkrok
Byerum
Löttorp
Högby
Källa
Sandvik
Persnäs
Föra
Djurstad
Alböke
Löt
Egby
Kapelludden
Räpplinge
Gärdslösa
Rälla
Runsten
N. Möckleby
Gårdby
Vickleby
Stenåsa
Hulterstad
0
20 km

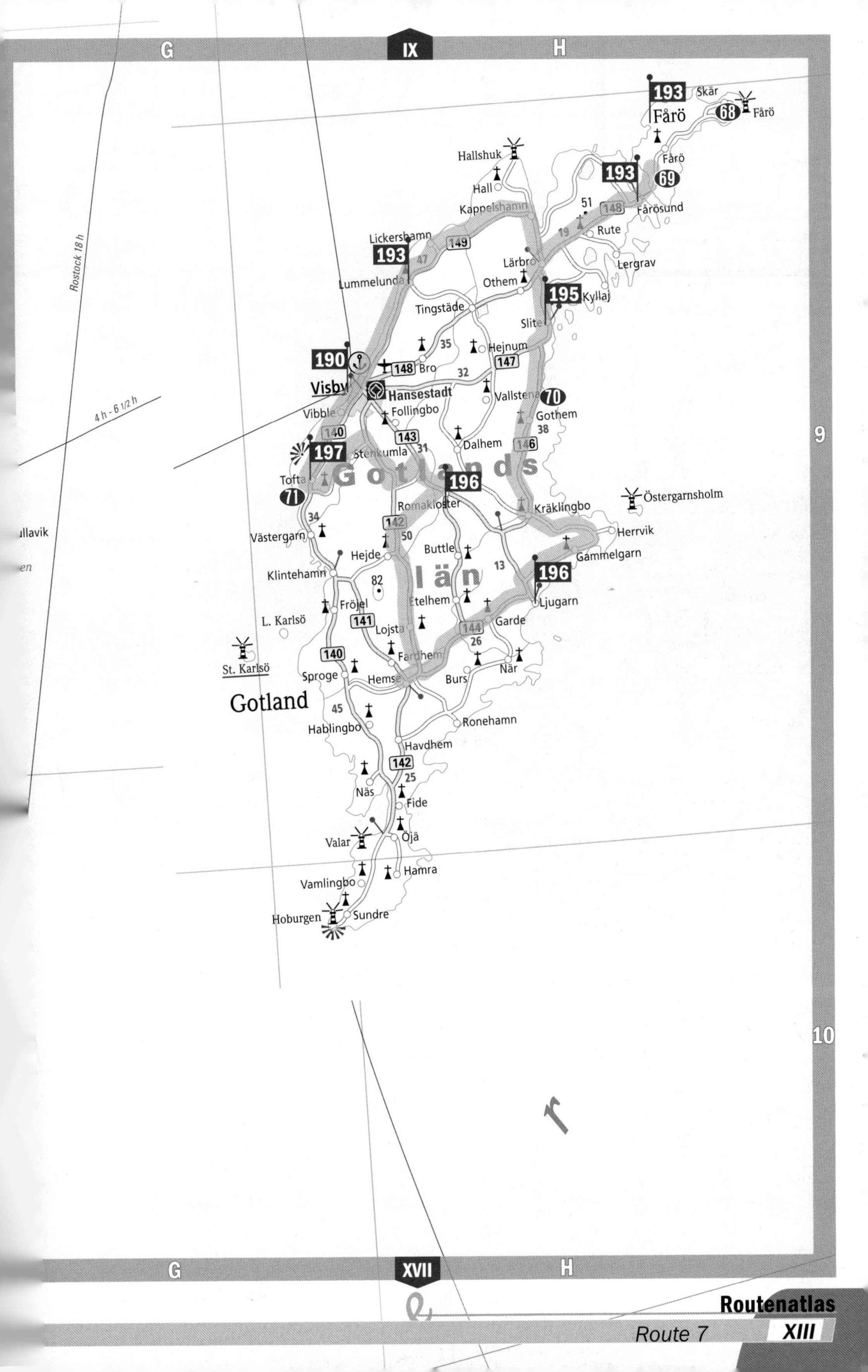
G
IX
H
Skär
Fårö
Hallshuk
Hall
Kappelshamn
Fårösund
Rute
Lickershamn
Lergrav
Lärbro
Othem
Lummelunda
Kyllaj
Tingstäde
Slite
Hejnum
Bro
Visby
Hansestadt
Vallstena
Follingbo
Gothem
Vibble
Dalhem
Stenkumla
Gotlands län
Tofta
Östergarnsholm
Romakloster
Kråklingbo
Herrvik
Västergarn
Buttle
Gammelgarn
Hejde
Klintehamn
Ljugarn
Etelhem
Fröjel
Garde
L. Karlsö
Lojsta
Fardhem
När
St. Karlsö
Sproge
Hemse
Burs
Gotland
Hablingbo
Ronehamn
Havdhem
Näs
Fide
Valar
Öjä
Hamra
Vamlingbo
Hoburgen
Sundre
Rostock 18 h
4 h - 6 1/2 h
XVII
9
10

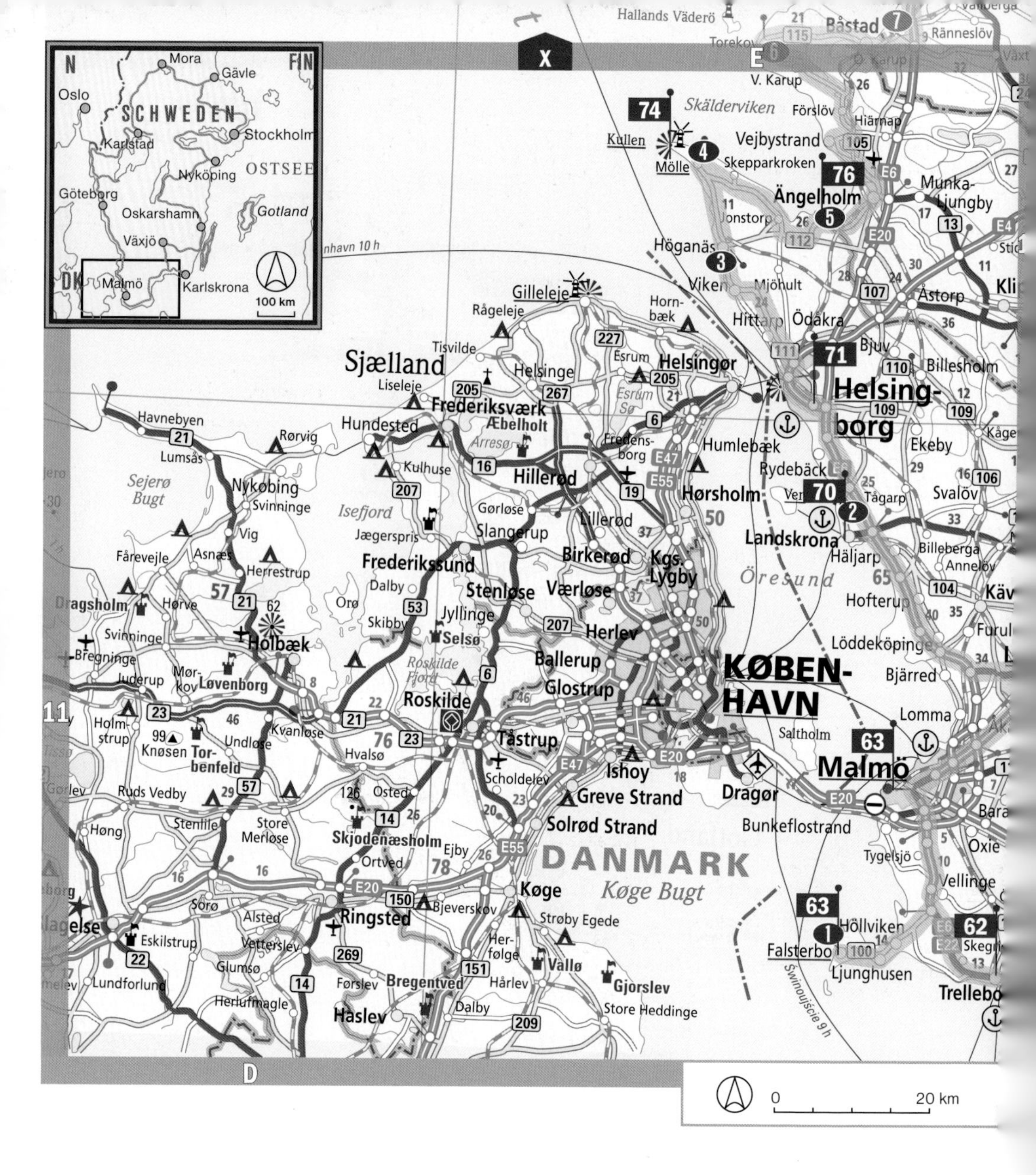
SCHWEDEN
Mora
Gävle
Oslo
Stockholm
Karlstad
Nyköping
OSTSEE
Göteborg
Oskarshamn
Gotland
Växjö
Malmö
Karlskrona
100 km
N
FIN
DK
X
E
D
Hallands Väderö
Båstad
Ränneslöv
Torekov
V. Karup
Skälderviken
Förslöv
Hjärnarp
Kullen
Mölle
Vejbystrand
Skepparkroken
Ängelholm
Munka-Ljungby
Jonstorp
Höganäs
Viken
Mjöhult
Åstorp
Hittarp
Ödåkra
Bjuv
Billesholm
Helsing-borg
Ekeby
Gilleleje
Rågeleje
Hornbæk
Tisvilde
Sjælland
Esrum
Helsingør
Helsinge
Liseleje
Frederiksværk
Æbelholt
Arresø
Esrum Sø
Havnebyen
Hundested
Fredensborg
Humlebæk
Rydebäck
Lumsås
Rørvig
Kulhuse
Hillerød
Hørsholm
Sejerø Bugt
Nykøbing
Svinninge
Isefjord
Gørløse
Lillerød
Landskrona
Tågarp
Svalöv
Vig
Jægerspris
Slangerup
Birkerød
Kgs. Lygby
Häljarp
Billeberga
Annelöv
Fårevejle
Asnæs
Herrestrup
Frederikssund
Øresund
Dalby
Stenløse
Værløse
Hofterup
Dragsholm
Hørve
Orø
Jyllinge
Skibby
Herlev
Löddeköpinge
Svinninge
Holbæk
Selsø
Bregninge
Roskilde Fjord
Ballerup
KØBEN-HAVN
Bjärred
Mørkov
Løvenborg
Juderup
Glostrup
Roskilde
Lomma
Holmstrup
Kvanløse
Tåstrup
Saltholm
Knøsen
Torbenfeld
Undløse
Hvalsø
Ishoy
Malmö
Scholdelev
Gørlev
Ruds Vedby
Osted
Greve Strand
Dragør
Høng
Stenlille
Store Merløse
Skjoldenæsholm
Solrød Strand
Bunkeflostrand
Ejby
Ortved
DANMARK
Tygelsjö
Oxie
Køge
Køge Bugt
Vellinge
Sorø
Alsted
Ringsted
Bjeverskov
Strøby Egede
Höllviken
Slagelse
Eskilstrup
Vetterslev
Herfølge
Falsterbo
Skegrie
Glumsø
Vallø
Ljunghusen
Lundforlund
Førslev
Bregentved
Hårlev
Gjorslev
Trelleborg
Herlufmagle
Dalby
Store Heddinge
Haslev
Swinoujście 9 h
0
20 km

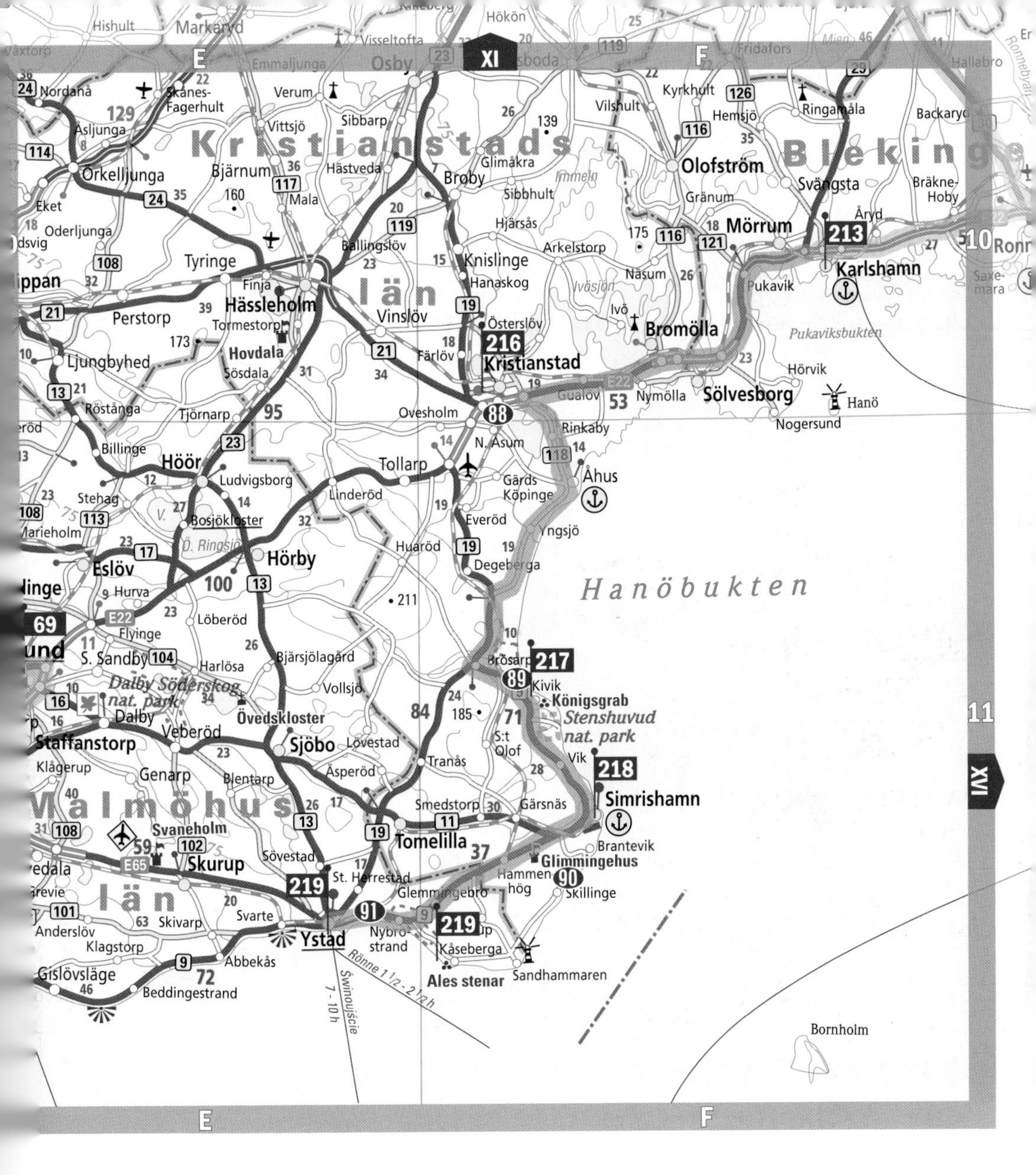
Hishult
Markaryd
Hökön
Visseltofta
Osby
Emmaljunga
XI
Fridafors
Hallabro
Nordanå
Skånes-Fagerhult
Verum
Kyrkhult
Hemsjö
Ringamåla
Backaryd
Åsljunga
Vittsjö
Sibbarp
Vilshult
Örkelljunga
Kristianstads län
Bjärnum
Hästveda
Glimåkra
Broby
Olofström
Svängsta
Blekinge
Bräkne-Hoby
Eket
Mala
Sibbhult
Immeln
Gränum
Åryd
Oderljunga
Hjärsås
Mörrum
213
Karlshamn
Tyringe
Ballingslöv
Knislinge
Arkelstorp
Näsum
Pukavik
Saxemara
Finja
Hanaskog
Ivösjön
Hässleholm
Perstorp
Tormestorp
Vinslöv
Österslöv
Ivö
Bromölla
Pukaviksbukten
Hovdala
Färlöv
216
Kristianstad
Ljungbyhed
Sösdala
Hörvik
Gualöv
Nymölla
Sölvesborg
Hanö
Röstånga
Tjörnarp
Ovesholm
88
Rinkaby
Nogersund
N. Åsum
Billinge
Höör
Tollarp
Åhus
Ludvigsborg
Linderöd
Gärds Köpinge
Stehag
Bosjökloster
Everöd
Yngsjö
Marieholm
Ringsjön
Huaröd
Eslöv
Hörby
Degeberga
Hanöbukten
Hurva
Löberöd
69
Flyinge
Brösarp
217
S. Sandby
Harlösa
Bjärsjölagård
89
Kivik
Dalby Söderskog nat. park
Vollsjö
Königsgrab
Dalby
Övedskloster
Stenshuvud nat. park
Staffanstorp
Veberöd
Sjöbo
Lövestad
S:t Olof
11
Klågerup
Genarp
Blentarp
Äsperöd
Tranås
Vik
218
XVI
Malmöhus län
Smedstorp
Gärsnäs
Simrishamn
Svaneholm
Tomelilla
Brantevik
Skurup
Sövestad
Glimmingehus
219
St. Herrestad
Hammenhög
90
Skillinge
Grevie
Glemmingebro
Anderslöv
Skivarp
Svarte
91
Ystad
Nybrostrand
219
Kåseberga
Klagstorp
Abbekås
Gislövsläge
Beddingestrand
Ales stenar
Sandhammaren
Rönne 1 1/2 - 2 1/2 h
Świnoujście 7 - 10 h
Bornholm

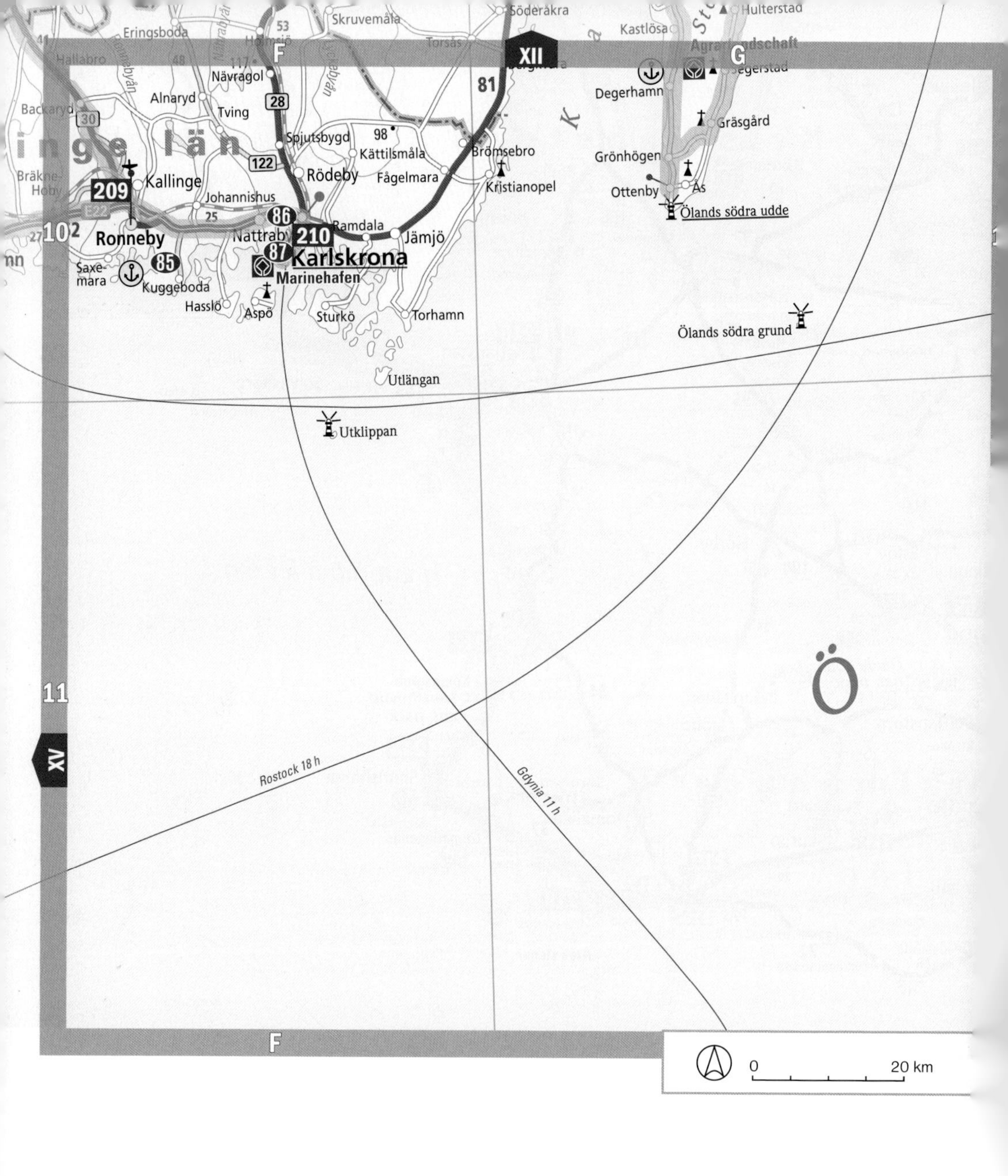

Söderåkra
Hulterstad
Eringsboda
Skruvemåla
Kastlösa
Hallabro
Torsås
XII
Agrarlandschaft
Näyragol
81
Degerhamn
Alnaryd
Tving
Gräsgård
Backaryd
Spjutsbygd
98
Kättilsmåla
Brömsebro
Grönhögen
Rödeby
Fågelmara
Kristianopel
Ottenby
Ås
209
Kallinge
Johannishus
Ölands södra udde
86
Ramdala
102
Ronneby
Nattraby
210
Jämjö
87
Karlskrona
Saxemara
85
Kuggeboda
Marinehafen
Hasslö
Aspö
Sturkö
Torhamn
Ölands södra grund
Utlängan
Utklippan
Ö
11
XV
Rostock 18 h
Gdynia 11 h
F
G
0
20 km

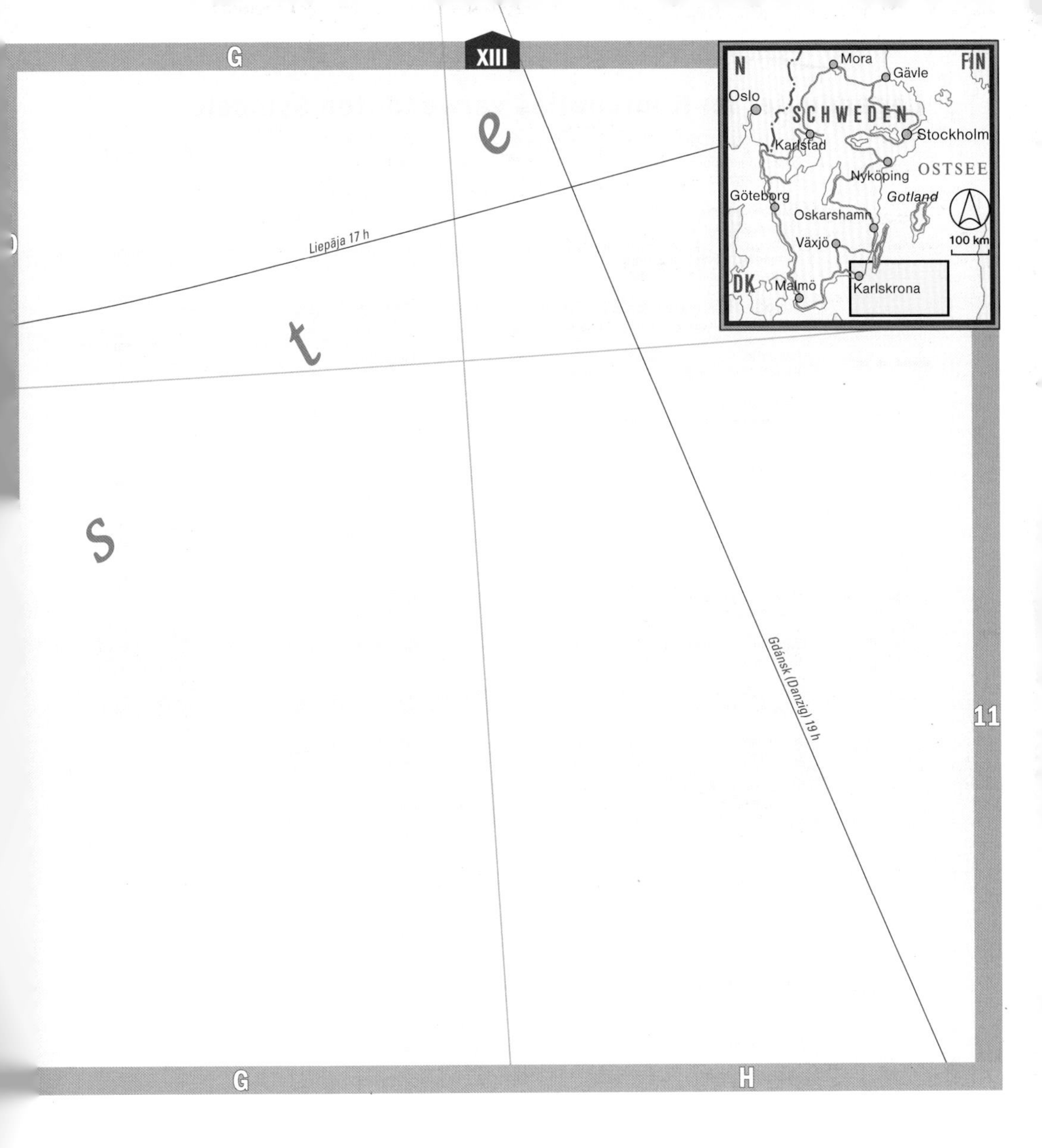
G
XIII
N
Mora
Gävle
FIN
Oslo
SCHWEDEN
Karlstad
Stockholm
OSTSEE
Nyköping
Göteborg
Gotland
Oskarshamn
100 km
Växjö
DK
Malmö
Karlskrona
e
Liepāja 17 h
t
s
Gdánsk (Danzig) 19 h
11
G
H

Legende der im Routenatlas verwendeten Symbole

E60 218 23 Straßennummern / Road numbers

Autobahn mit Anschlussstelle / im Bau / Highway with junction / under construction

Autobahn in Planung / Tunnel / Highway projected / Tunnel

Schnellstr. mit Anschlussstelle / im Bau / Tunnel / Expressway with junction / under construction / Tunnel

Fernstraße / im Bau / Tunnel / Major route / under construction / Tunnel

Nebenstraße / Secondary road

Sonstige Straße / Other road

Fahrweg / Fußweg / Track / Path

Fernwanderwege / Hiking route

Im Winter gesperrt / Closed during winter

10 Entfernung in Kilometern / Distance in kilometres

Eisenbahn / Eisenbahntunnel / Railway / Railway tunnel

Autofähre / Carferry

Fluss / Wasserfall / River / Waterfall

Kanal / Canal

Binnengewässer / Inshore waters

Gletscher / Glacier

• 2072 Höhenpunkt (Höhe in m) / Spot elevation (height in m)

▲ 1244 Stipok Berg (Höhe in m) / Mountain (height in m)

Besiedeltes Gebiet / Populated area

Staatsgrenze mit Grenzübergang / Int. boundary with border crossing

300 Höhenlinie (Höhe in m) / Contour (heights in m)

Verwaltungsgrenze / County boundary

Naturschutzgebiet / Nature reserve

Sperrgebiet / Restricted area

Flugplatz / Airfield

Flughafen / Airport

Internationaler Flughafen / International Airport

Hafen / Harbour

Wintersportort / Winter sports resort

Zoo / Zoo

Leuchtturm / Lighthouse

Bergwerk / Mine

Höhle / Campingplatz / Cave / Campingsite

Aussichtspunkt / Viewpoint

Archäologischer Fundort / Archeological site

Museum / Museum

Kirche sehenswert / Church of interest

Kloster sehenswert / Monastery of interest

Schloss, Burg sehenswert / Palace, castle of interest

UNESCO Welterbe / UNESCO world heritage

Sonstige Sehenswürdigkeit / Other place of interest

Besuch empfohlen von Reise Know-How / Recommended by Reise Know-How: Mandal

Tiefenschichtzahl (Tiefe in m) / Bathymetric tints number (dephts in m): 200

1200-1500 m
900-1200 m
600-900 m
300-600 m
150-300 m
0-150 m

0-200 m
200-300 m
300-500 m
500-1000 m
1000-1500 m
1500-2000 m
> 2000 m

Der in diesem Buch abgedruckte Routenatlas beruht auf der Landkarte „Südschweden/Südnorwegen" 1 : 875.000 aus dem world mapping project™, herausgegeben vom Reise Know-How Verlag. Sie ist auf reiß- und wetterfestem Material gedruckt, GPS-tauglich und verfügt über einen ausführlichen Ortsindex. Erhältlich ist sie in allen Buchhandlungen.

Legende zur Routenübersicht

Route 1 · Route 2 · Route 3 · Route 4 · Route 5 · Route 6 · Route 7 · Route 8 · Route 9

999 Seitenzahl der Stadtpläne im Buch

X Seitenzahl des Blattes im Routenatlas